50대 현직 의사가 다시 바라본 신

50대 현직 의사가 다시 바라본 신

발행일   2019년 11월 27일

지은이   닥터 김요한
펴낸이   손형국
펴낸곳   (주)북랩
편집인   선일영   편집   오경진, 강대건, 최승헌, 최예은, 김경무
디자인   이현수, 김민하, 한수희, 김윤주, 허지혜   제작   박기성, 황동현, 구성우, 장홍석
마케팅   김회란, 박진관, 조하라
출판등록   2004. 12. 1(제2012-000051호)
주소   서울시 금천구 가산디지털 1로 168, 우림라이온스밸리 B동 B113, 114호
홈페이지   www.book.co.kr
전화번호   (02)2026-5777   팩스   (02)2026-5747

ISBN   979-11-6299-853-3 03230 (종이책)   979-11-6299-854-0 05230 (전자책)

잘못된 책은 구입한 곳에서 교환해드립니다.
이 책은 저작권법에 따라 보호받는 저작물이므로 무단 전재와 복제를 금합니다.

이 도서의 국립중앙도서관 출판예정도서목록(CIP)은 서지정보유통지원시스템 홈페이지(http://seoji.nl.go.kr)와
국가자료공동목록시스템(http://www.nl.go.kr/kolisnet)에서 이용하실 수 있습니다.
(CIP제어번호:2019047731)

(주)북랩 성공출판의 파트너
북랩 홈페이지와 패밀리 사이트에서 다양한 출판 솔루션을 만나 보세요!

홈페이지 book.co.kr   •   **블로그** blog.naver.com/essaybook   •   **원고모집** book@book.co.kr

현대인을 위한 과학적인 신학입문서

50대 현직 의사가 다시 바라본 신

닥터 김요한 지음

북랩 book Lab

머리말

저는 이 책에서 신에 대해 이야기를 해보고자 합니다. 과학 시대에 무슨 신에 관한 이야기요? 이렇게 반문하시는 분들도 많으실 겁니다. 하지만 저는 단호하게 말하겠습니다. 지금 21세기 시대야말로 우리가 진정으로 신에 대해 고민을 해야 하는 시기라고요!

무슨 말이냐고요? 그렇습니다. 과학적으로 미개(?)한 근대시대 (1600~1800년대)에 형성된 철학, 과학적 사고방식은 1900년대 이후에 등장한 현대적인 과학에 의해서 다시 재조명이 돼야 한다는 것입니다.

요즈음은 인문학 종말이라는 말을 많이들 하죠? 그렇습니다. 지금 시대의 사람들은 신에 대한 이야기나 철학에 대해 이야기를 하는 것을 싫어하는 것 같습니다. 즉 물질 외의 것에 대해 이야기를 하는 것을 싫어하는 것 같아요.

그런 의미에서 이 책도 단순한 신앙 서적이 아닙니다. 일종의 과학 서적입니다. 물론 철학과 과학, 신학 등 여러 가지 학문을 언급하기는 하였으나 기본적으로는 과학 서적으로 보아주셨으면 합니다. 그리고 이 책은 기본적으로는 기독교인들을 위한 과학 서적입니다. 즉 신앙심을 가지고 보아야 한다는 것입니다. 하지만 그럼에도 불구하고 최대한 과학적인 입장에서 쓰기 위해 노력을 하였습니다.

저는 이 책에서 근대와 현대의 차이점에 대한 이야기를 제일 많이 할 것입니다. 우리는 근대와 현대를 다소 혼동하는 경향이 있습니다. 과학이 사상을 바꾸는 것은 최소 100년에서 300년까지 걸립니다. 지금 21세기를 사는 우리의 사상에 가장 큰 영향을 미치는 존재는 우리 전 시대의 과학과 철학이라는 말입니다. 여기에 현혹이 되어서는 안 됩니다. 저는 이것을 사상 체계의 전통추구 본능이라는 말로 표현했습니다.

이 책의 가장 핵심적인 내용은 물론 시간철학입니다. 사실 물질세계에 사는 우리가 관념의 세계에 존재하는 신을 이해한다는 것은 원칙적으로 불가능합니다. 저는 그 부분을 공간의 세계에 사는 우리와 시간의 세계에 사는 신으로 각각 이야기하였습니다. 그것이 바로 현세와 사후세계의 차이입니다. 우리가 사는 세계에서는 생명이라는 것이 절대 탄생하기 힘들다는 겁니다. 그리고 그 부분을 연결해 주는 것이 바로 생명이라는 거죠. 즉 생명은 다른 차원에서 오는 것입니다. 이를 과학적으로 이야기하자면 다른 차원 세계의 막에서 온다는 것입니다. 그리고 우리가 사는 우주에서 사라져 버린, 그래서 대통일장이론을 못 만들게 하는 중력자가 그사이를 순환한다는 것입니다. 이것이 이 책의 가장 핵심적인 내용입니다.

그래서 과학적인 이론에서는 초끈이론이 가장 중요한 이론입니다. 초끈이론은 우리 인류 역사상 최초로 우리가 사는 세상 이외의 세계가 존재한다는 것을 증명해 준 과학 이론이기 때문입니다. 이 문제는 사실 철학과 종교에서 수천 년 동안 제기해 왔던 물음이죠? 이를 생각은 했지만, 그 누구도 과학적으로 증명해 내지는 못했습니다. 초끈이론의 의의를 한마디

로 한다면 바로 관념의 세계, 즉 사후세계가 존재할 수 있다는 가능성
을 인류 역사상 최초로 이야기하고 있다는 것입니다.

물론 그 세계가 어떠한 세계인지는 더 연구하고 증명해야 합니다.
하지만 초끈이론에서 이야기하고 있는 많은 이야기가 바로 우리의 세
계와 다른 수학적인 세계가 존재할 수 있다는 것입니다. 그것은 플라
톤이 말한 이데아의 세계일지도 모르고, 신이 존재하는 시간의 세계
일지도 모릅니다. 그곳에서는 시간이 거꾸로 흐르고 있는지도 모르
죠. 이 책을 유심히 보시면 그 부분에 대한 의문이 어느 정도 풀리실
지도 모릅니다.

이 책에서 가장 관심을 갖고 보아야 할 것은 시간 문제입니다. 시간
문제는 인류 역사에서 가장 이해하기 힘든 문제이기도 하죠. 왜냐하
면 시간의 세계는 공간의 세계와는 다른 세계이기 때문입니다. 신의
세계는 시간의 세계이거든요. 즉 우리가 신을 이해하지 못하는 것은
신이 우리 공간의 세계에 살지 않고 시간의 세계에 존재하기 때문입니
다. 이 책은 그러한 신에 관해서 쓴 책입니다. 기독교인을 위한 책이에
요. 그래서 이 책은 몇 가지 신조 안에서 쓴 책입니다.

첫째는 개혁주의 신학에 입각한 기독교 정통 보수주의의 성경관과 구원
관, 기독관, 성령론, 종말론, 세계관을 기본 신조로 삼는다.

둘째는 성경은 유일하신 하나님의 말씀이며 유기체인 영감을 받았으므로
저자들의 개개인 차이가 있더라도 그 속에 하나님의 계시가 완전히 들어가
있다. 성경은 그 자체로 온전한 하나님의 뜻을 전달해 주는 말씀이다.

셋째는 예수는 우리의 유일한 구원자이시며, 대속사역 후 부활하심을 믿
으며 장차 최후의 심판자이심을 믿는다.

넷째는 인간은 오로지 예수 그리스도를 믿음으로 구원을 얻을 수 있으며, 그리스도 외에는 어떠한 구원의 통로가 없음을 믿는다.

다섯째는 인류의 종말은 반드시 예수의 재림을 통하여 이루어지고 그 후에 심판을 받는 과정임을 믿는다.

여섯째는 인류의 역사는 이러한 예수의 대속, 부활의 역사, 인류 구원의 역사를 진행시키기 위한 하나님의 인류 구원 계획에 의해서 진행되는 구속의 역사임을 믿는다.

목차

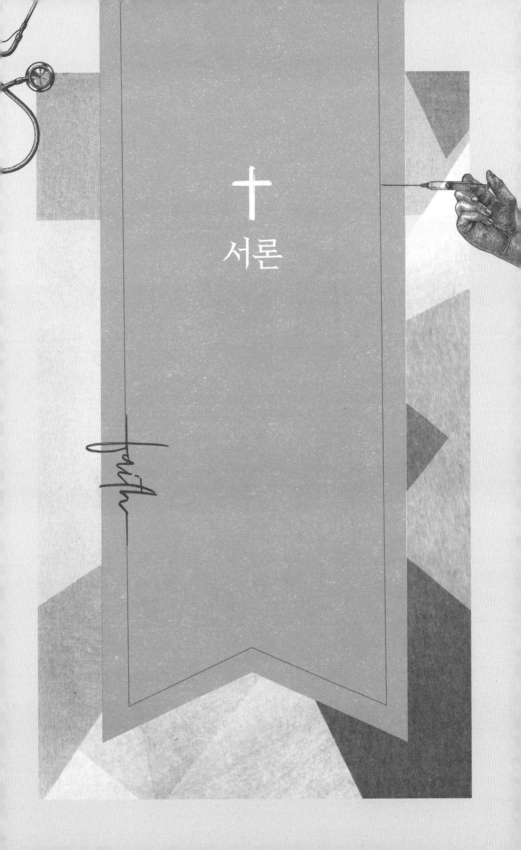

十

서론

시간론

신은 시간의 존재입니다. 신뿐만이 아닙니다. 영혼도 마찬가지로 시간의 존재이지요.

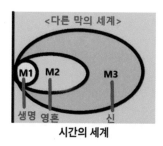

시간의 세계

그림 0-1. 처음에는 시간의 세계만 존재했다. 거기에는 신과 영적인 존재만이 살고 있었다. 하지만 무슨 이유에서인지 신은 생명이라는 존재를 만들어 내게 된다. 생명이라는 존재는 물질세계가 필요하므로 물질세계가 만들어지기 시작한다. 즉 공간우주의 탄생이 일어나게 된 것이다.

처음에 공간의 세계는 존재하지 않았어요. 위의 그림같이 시간의 세계만 존재했습니다. 즉 물질의 세계가 아닌 영의 세계, 신의 세계만 존재했지요. 굳이 물질의 세계가 필요가 없었습니다. 신과 영혼의 존재들만 사는 시간의 세계, 영적인 세계는 영원 전부터 존재해 왔습니다.

하지만 신은 무슨 이유인지 생명을 창조하게 됩니다. 생명의 창조는 반드시 물질세계의 창조를 동반해야 했어요. 그래서 공간의 세계인 이 우주가 만들어지기 시작합니다. 그리고 시간의 세계와 공간의 세계가 결합이 되게 되죠. 그리고 마침내 그 세계 안에 우리 인간이 만들어지게 됩니다.

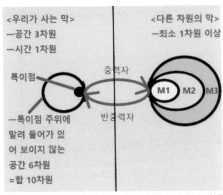

<우리가 사는 막>
—공간 3차원
—시간 1차원

특이점

—특이점 주위에
말려 들어가 있
어 보이지 않는
공간 6차원
=합 10차원

<다른 차원의 막>
—최소 1차원 이상

중력자

반중력자

M1 M2 M3

우리가 사는 공간의 세계   다른 차원인 시간의 세계

그림 0-2. 처음 창조의 과정에는 이렇게 시간의 세계와 공간의 세계가 연결되어 있었다. 영원
불멸의 세계이다. 이때는 시간의 흐름이라는 것이 무의미했다. 그 후 시간의 세계가
공간의 세계와 분리될 때 비로소 시간의 흐름이 일어난다.

　처음에는 이러한 형태의 창조가 일어납니다. 즉 시간의 세계로부터
공간의 세계가 창조된 것입니다. 사실 시간의 세계는 굳이 공간의 세계가 필
요가 없었어요. 시간의 세계는 영원 전부터 영원 후까지 부족함이 없는
세계이기 때문입니다. 공간의 세계가 완벽해지려면 시간 세계의 도움
이 반드시 필요합니다. 그러므로 시간의 세계에 의해서 이러한 완벽한
공간의 세계가 만들어진 것이죠. 즉 태초의 완벽한 영원불멸의 세계
가 만들어진 것입니다.

　이 과정에서 물질세계의 창조가 일어났습니다. 물론 시간이 걸렸지
요. 137억 년이라는 시간이 걸렸습니다. 하지만 신은 시간의 존재라고
했지요? 신은 시간을 실체적으로 소유하고 있어요. 시간이 걸리기는
했지만 그 시간이 신에게는 아무 의미가 없죠. 시간을 무한히 소유한
존재가 바로 신이거든요. 이 시간의 개념에 대해서는 조금 밑에 가시
면 더 자세한 설명이 나와 있으니 참고해 주시고요. 아무튼 태초의 세

계는 시간과 공간이 완벽하게 결합된 영원불멸의 상태였습니다.

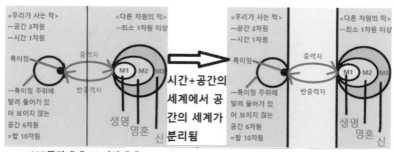

그림 0-3. 시간의 세계는 공간의 세계와 분리되어 존재하게 되었으며, 인간과 우리의 우주는
시계 하나 달랑 차고 공간이라는 차가운 세계로 내던져지게 되었다.

하지만 인간의 문제점으로 인해 이러한 완벽한 시간과 공간의 결합
이 깨지고야 맙니다. 즉 시간의 세계와 공간의 세계가 분리된 것입니
다. 그리고 이 공간의 우주에는 미래로만 흐르는 시간, 즉 0.5차원의
불완전한 형태의 시간만 남게 됩니다.

시간을 공급해 주는 나무
(생명나무)

신의 시간을 지키는 나무
(선악과)

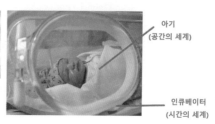

그림 0-4. 인간에게 무한한 시간을 공급해주던 시간나무였던 생명나무와 신의 시간 통제 장치
였던 선악과가 보인다. 인간은 신의 시간 통제 장치인 선악과를 범하는 실수를 하게
된다. 이후 완벽한 신의 시간세계가 인간과 우주로부터 떠나게 되고 인간과 우리 우
주는 인큐베이터에서 내 쫓겨진 신세로 전락하게 된다.

그 후 공간의 세계를 지켜주던 시간의 세계는 우리에게서 멀어져 버리게 되죠. 우리 우주와 인간은 0.5차원의 시간만 남은 차가운 세계로 떨어져 버리게 됩니다. 그 세계는 시간이 미래로만 흐르는 아주 이상한 세계입니다. 즉 비로소 우주에 역사라는 것이 시작된 것이죠. 우리를 지켜주던 3차원의 실체적인 시간이라는 존재는 0.5차원의 미래로만 흐르는 기이한 괴물 같은 형태로 변해버립니다.

그림 0-5. 미래로만 흐르는 시간은 엄청난 비극을 낳게 된다. 시간을 되돌릴 수 없기 때문이다. 서로에 대한 불신은 온갖 오해와 의심을 낳게 되고, 그것은 마침내 전쟁이라고 하는 무시무시한 인류사의 최대 비극까지 일어나게 한다.

우리는 이제 영원히 살 수가 없게 되었습니다. 그뿐만이 아닙니다. 우리는 우리의 과거를 돌이킬 수가 없어요. 그래서 우리는 주위 사람들과의 사이도 어색해져 버리게 됩니다. 사랑했었다는 말도, 미안했었다는 말도 하기가 힘들어지게 되어버렸어요. 시간을 되돌릴 수가 없기 때문이죠. 또한 인간 사회에는 신뢰가 깨지기 시작합니다. 온갖 오해, 미움, 시기, 질투 같은 악이 들어오게 돼요. 드디어 전쟁이라는 무시무시한 인간의 피비린내 나는 역사가 시작됩니다.

그림 0-6. 시간의 세계 안에서는 온순했었던 자연도 자신의 물질적 포악성을 드러내게 된다.
지진, 태풍 등의 온갖 자연재해와 노화, 질병 등으로 인해 인간은 고통받게 된다.

그뿐만이 아닙니다. 자연도 변해 버리게 돼요. 시간의 세계 안에서는 평
온했었던 우리의 공간우주는 확률적, 우연적, 양자역학적, 상대론적인 물질
세계의 포악성을 드러내게 됩니다. 즉 물질의 세계가 원래 상태로 돌아가 버
리게 된 겁니다. 그에 따라 우리 몸도 변하게 돼요. 우리는 건강이라는 것을
상실하게 됩니다. 우리 몸은 늙어가고 아프게 되어 버렸어요. 그뿐만이 아
닙니다. 자연도 변하게 됩니다. 자연은 지진, 해일, 태풍 같은 것으로
우리를 괴롭히게 되죠. 말 그대로 생지옥에 살게 된 것입니다. 하지만
이상하죠? 시간이 흐르면서 사람들은 이러한 사실도 망각하게 돼요.
이 생지옥 같은 데서도 나름대로 적응하면서 살아갑니다.

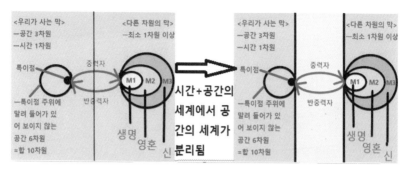

그림 0-7. 타락 이후에 인간의 영혼은 M2라는 두 번째 시간의 세계에 갇혀버리게 된다. 그리고 인간의 육체적 생명적인 부분은 M1의 세계로 가게 되어 버려지게 되는 것이다. 윤회론자들도 깊은 명상을 통해 뭔가 보긴 보았다. 하지만 잘못 보았다. 인간의 영혼은 M2세계에 갇히게 되어 부활하지 못하기 때문이다. 바로 그것이 성서에서 말하는 '정녕 죽은 상태'이다.

하지만 제일 무서운 사실이 있어요. 인간의 영혼이 정녕 죽게 된 거예요. 위의 그림과 같이 시간과 공간의 세계가 분리되면서 제일 문제가 되는 것이 인간 영혼의 문제입니다. 인간의 영혼이 M2라는 세계에 갇혀버리게 된 겁니다. 즉 오고 갈 데가 없어진 것이죠. 이것이 바로 신이 말한 "너희가 정녕 죽게 되리라."라고 하는 사실입니다.

그렇다면 현재 우리가 가지고 있는 시간에 대해서 한번 생각해 봅시다. 일단 시간에 대해서 제가 한 말씀 묻겠습니다. 이 책에서 가장 중요한 질문입니다. 자, '우리가 가지고 있는 시간이라는 것은 실체일까요, 관념일까요?' 이게 언뜻 보면 쉬운 문제 같은데 실제로는 그리 단순한 문제가 아닙니다.

시간이 관념이라고 하면 실체가 아니라는 이야기가 되어 버리죠. 즉 실체적으로 존재하지 않는다는 말입니다. 시간이 존재하는 것이 아닌가요? 우리가 생각할 때 시간이라는 것은 반드시 실체적으로 존재하는 것이죠?

그림 0-8. 위 그림을 보면 시간이라는 것은 실제로 존재하는 것 같다. 하지만 엄밀하게 이야기 하자면 시간이라는 것이 만약 실체한다면 만질 수 있어야 한다. 즉 3차원적인 실체 로 만질 수 있는 입자의 형태로 존재해야만 한다는 것이다. 하지만 우리 공간우주 에 있는 시간은 미래로만 흐르는 편도 1차원 즉 0.5차원적인 것이다. 여러분 중에 0.5차원적인 것을 만져본 적이 있는 사람이 있는가? 그래서 우리 공간우주에 있는 시간이라는 것은 실체적이 아니고 관념적이라는 것이다.

바로 이렇게 사람은 시간의 변화에 따라서 늙어가고 있잖아요? 그러니까 시간은 실체적으로 존재해야 하는 것입니다.

하지만 만약 "시간이 실체다."라고 이야기하면 더 골치가 아파집니다. 무슨 말이냐고요? 시간이 실체라고 하는 것은 시간이 만질 수 있는 존재라는 것 이잖아요? 즉 실제적인 물체로 존재해야 한다는 말이지요. 즉 실체라는 것 의 의미는 3차원적인 존재, 즉 만질 수 있는 입자의 형태로 존재해야 한다는 것입니다. 그렇다면 시간이 입자로 만져지는 존재라는 것은 무엇을 의미하 는 것일까요?

시간을 실체적으로 만질 수 있는 3차원적인 존재라는 것의 의미는 시간이 지금처럼 미래로만 가는 편도 1차원의 존재, 즉 0.5차원의 존재가 아니고 3 차원의 실체로 존재하여야 한다는 것입니다. 즉 시간이 앞뒤, 위아래로 움직 일 수 있는 존재라는 것이에요. 즉 시간이 실체라고 하는 것은 바로 시간이 라는 것이 되돌릴 수도 있고, 위아래로 뛰어넘을 수도 있는 3차원의 존재라 는 것입니다. 그 말의 의미는 뭐죠? 즉 만약에 우리 우주에 존재하는 시간이

3차원적인 실체라면 우리는 시간을 앞뒤로 되돌릴 수도 있고, 시간을 위아래로 뛰어넘을 수도 있어야 한다는 것입니다. 모순적인 이야기가 되어 버리는 거죠.

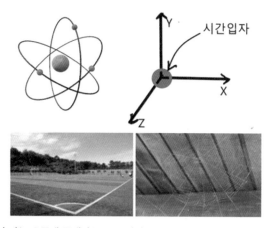

그림 0-9. 우리가 사는 우주에 존재하는 모든 실체는 3차원적인 실체이다. 사실 공간우주에서는 1차원이나 2차원적인 것도 실체가 아니다. 그들은 단지 3차원적인 것을 설명하기 위한 관념에 지나지 않는다. 운동장이나 거미줄을 흔히 2차원이나 1차원에 비교를 많이 하는데 실제로 운동장이나 거미줄이 2차원이나 1차원적인 존재인가? 아니다. 그들도 실제로 만질 수 있는 3차원적인 실체이다. 그런데 왜 유독 편도 1차원 즉 0.5차원인 시간에 대해서는 우리가 실체라고 생각하는 것일까? 시간의 입자라는 것이 없는데도 말이다.

즉, 위의 그림처럼 시간이 만일 실체라면 시간은 오른쪽의 원자 그림처럼 3차원의 구조를 가져야 합니다. 즉 시간의 입자를 가져야 한다는 것이지요. 하지만 우리가 가지고 있는 시간은 이러한 3차원 구조가 아닙니다. 바로 미래로만 흐르는 기이한 형태의 시간 변형입니다. 바로 이 세상에는 없는 편도 1차원, 전체적으로는 0.5차원이라는 기이한 형태를 띠고 있어요.

그림 0-10. 시간은 원래는 3차원적인 완벽한 형태로 우리와 함께 존재했었다. 하지만 지금은 그 완벽한 3차원의 시간은 우리의 곁을 떠나고 없다. 우리가 가지고 있는 시간은 미래로만 흐르는 '시계'라는 기이한 형태의 괴물이다. 즉 3차원적인 시간원형의 화석일 뿐이다. 화석이라는 것은 과거에는 존재했었지만 지금은 존재하지 않는 것을 보여주는 증거물이다. 위의 그림을 보면 3차원 실체로 존재했었던 공룡에 대해서 1차원적인 형태로 보여주는 것을 볼 수 있다. 그처럼 우리가 가진 시계라는 개념도 원래 3차원적으로 존재했었던 시간의 원형을 0.5차원이라는 화석의 형태로 보여주고 있을 뿐이다.

이것은 실체가 아닙니다. 바로 화석과 같은 것이지요. 즉 예전에는 존재했었지만 지금은 실체가 아닌 것. 바로 그것을 우리가 시간의 흔적인 '시계'라고 부르는 것입니다. 가만히 생각을 해보세요 우리가 가지고 있는 시간은 시계라는 장치일 뿐입니다. 단지 지구가 태양을 도는 공전주기를 1년 365일로 나눈 것에 불과한 겁니다. 즉 시간이라는 개념을 공간적으로 표현한 것에 불과해요. 실체적인 시간이 아니라는 말이 바로 그 말입니다.

그림 0-11. 우리가 가지고 있는 시간의 개념을 잘 생각해보자. 우리가 가진 시간의 개념이라는 것은 지구가 태양을 중심으로 하는 공전을 1년 365일로 나누고, 또한 지구의 자전을 24개로 분할한 것일 뿐이다. 즉 엄밀히 이야기하자면 공간적인 개념을 시간이라는 새로운 개념을 만들어 거기에 집어넣은 것이다. 시간이라는 존재의 원형적인 모습은 이것이 아니다. 시간은 원래 3차원적인 실체로 존재했었다.

우리가 가지고 있는 시간은 시간의 실체가 아니라는 것이죠. 3차원적인 만질 수 있는 존재가 아니고 미래로만 흐르는 시간의 돌연변이체입니다. 그렇게 실체적인 시간이라는 것이 돌연변이체인 시계로 변하면서 인간과 우주의 불행이 시작된 겁니다. 바로 우리를 지켜주던 실체적 시간이라는 것이 우주와 인간을 제일 괴롭히는 존재로 전락해버린 것이죠.

초끈이론,
이데아의 세계

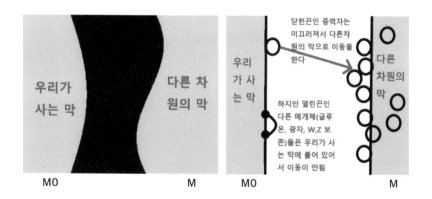

그림 0-12. 초끈이론은 아주 중요한 이론이다. 왜냐하면 초끈이론은 인류 역사상 최초로 우리가 사는 세상 외에도 다른 세계가 존재한다는 것을 밝혀준 이론이기 때문이다. 좌측 그림에서 우리가 사는 세계를 M0의 세계라고 하고 초끈이론에서 밝혀준 다른 차원 세계는 M의 세계라고 부르기로 하자. 우측 그림에서는 우리가 사는 세계에서 다른 차원의 세계로 중력자가 흘러 들어가는 모습을 보여주고 있다.

최근 과학이론 중에서 인류 역사상 최초로 우리가 사는 세상 이외에 다른 세상이 존재한다고 이야기해주는 이론이 나왔습니다. 바로 초끈이론입니다. 위에서 본 그림이 바로 초끈이론에 의해서 만들어진 그림입니다. 즉 우리가 사는 세상의 막 외에 다른 세상의 막이 있다는 거죠. 실로 놀라운 일이 아닐 수 없습니다. 마치 플라톤이 말한 이데아의 세계를 발견한 것과도 같죠. 그 중심에 있는 것이 바로 중력입니다. 중력자가 우리가 사는 막에서 새어 나간 후 다른 차원의 막으로 흘러 들어간다는 것입니다.

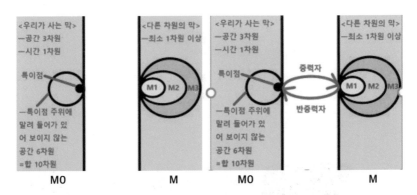

그림 0-13. M0의 세계는 우리가 사는 공간의 세계이며 M의 세계는 다른 차원의 세계, 즉 시간의 세계이다. 처음에는 같이 존재했던 세계가 어떠한 이유로 인해 분리가 되어버린 것이다. 그리고 그 세계 사이를 연결해주는 것이 바로 중력이다. 그리고 이 중력자는 두 세계 사이를 순환하고 있다. 생명체는 엄청난 양의 에너지가 필요하며 우주에 존재하는 거의 모든 중력에너지는 이 생명체를 유지하는 데 쓰인다.

　그래서 지금까지의 밝혀진 초끈이론을 정리해 보면 위의 그림과 같습니다. M0라고 부르는 우리가 사는 세계가 있고, M이라고 부르는 다른 차원의 세계가 있으며, 이 두 세계를 중력자가 순환하는 구조입니다. 자세히 보시면 중력자가 이 세상과 다른 세상을 잇는 핵심이죠.

바로 이 중력자가 우리가 사는 우주의 생명의 비밀을 풀어주는 존재입니다. 엄청나게 중요한 사실이죠. 우리가 사는 공간의 막인 M0와 다른 막인 M의 세계는 어떤 세계일까요?

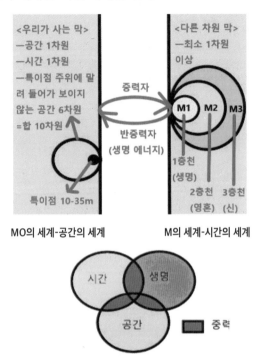

MO의 세계-공간의 세계　　　M의 세계-시간의 세계

그림 0-14. 위의 그림과 같이 우주의 모든 존재는 모두 연결이 되어있다. 즉 우리가 사는 공간의 세계와 다른 차원의 세계인 시간의 세계는 일단 중력으로 연결이 되어 있다. 그리고 그 사이 생명의 세계는 반중력자라는 생명에너지로 연결이 되어 있다. 그리고 인간의 영혼은 언어라는 시간장으로 연결이 되어 있다(10장 참조).

이를 알아듣기 쉽게 말씀드리면 MO의 세계는 현세, 즉 공간의 세계를 말하고, 중력자가 새어나가는 다른 차원의 세계는 M의 세계, 즉 사후의 세계입니다. 바로 시간의 세계이지요. 사후의 세계는 시간의 세계이며 시간이 거꾸로 흐를 수도 있고, 시간의 변형도 일어나는 세계입니다.

그림 0-15. <인터스텔라>라는 영화를 보면 주인공이 블랙홀의 특이점으로 떨어진 후 가게 되는 이상한 형태의 세계가 보이는데 그곳이 바로 테서렉트라는 세계이다. 바로 이곳이 초끈이론에서 말하는 제11차원의 세계 즉 다른 차원의 세계이다.

<인터스텔라>라는 영화는 이러한 초끈이론을 바탕으로 다른 차원의 존재가 있음을 보여주는 영화입니다. 이 영화의 끝부분을 보면 주인공이 블랙홀의 특이점으로 떨어진 후에 뭔가 이상한 세계로 흘러 들어가게 되지요? 그곳이 흔히 부르는 테서렉트라는 세계입니다. 이것이 바로 앞에서 이야기한 다른 차원의 세계를 알기 쉽게 이야기한 겁니다. 이 테서렉트가 초끈이론에서 나오는 다른 차원의 막, 즉 제11차원의 세계를 묘사하는 거예요. 그리고 11차원에 있는 아버지와 우리 차원에 있는 딸이 대화하는 방법이 나오는데 그것은 바로 중력을 통해서만 말하게 된다는 거예요.

여기에서 중요한 대사가 나오는데 "중력은 시공을 초월해서 다른 공간이나 시간으로 이동할 수 있다."라는 대사입니다. 그리고 실제로 이들은 서로 중력을 이용하여 대화하게 되죠. 아버지가 책장에 있는 책을 떨어 뜨리는 등의 행위를 통해서 대화를 하게 됩니다.

그림 0-16. 11차원의 세계에 있는 아버지와 우리 차원에 있는 딸이 대화를 나누는 방법은 바로 중력을 이용한 것이었다. 중력이야말로 우리 차원과 다른 차원을 연결해주는 유일한 도구이기 때문이다.

그런데 그때 사용한 부호가 바로 모스 부호죠? 즉 다른 차원이지만 중력자는 두 차원을 왔다 갔다 하기 때문에 중력을 이용한 정보교환은 가능했던 것입니다.

신천동설-
생명의 탄생을 위해
우주 전체의 중력이 필요함.
즉 우주는 쓸데없이 크지 않다

여기에서 신천동설이 도출이 됩니다. 즉 우주가 쓸데없이 크지 않다는 것입니다. 이 우주에는 생명을 탄생시킬 만한 에너지가 없어요. 뭔가 다른 에너지가 필요합니다. 우리가 사는 우주에서 사라진 중력에너지야말로 우주의 생명을 탄생시키는 유일한 에너지인 것입니다. 그 중력에너지는 반중력이라는 에너지 변형을 통해서 생명에너지의 원천이 되게 돼요.

인류 역사상 제일 고민했었던 다른 세상이 있다는 게 증명이 되었습니다. 그리고 우리가 사는 세상과 다른 세상을 연결해주는 것이 있을 거라고 생각은 해왔는데 바로 그것이 중력이라는 사실도 최초로 밝혀진 것이죠. 우주에는 반드시 대칭성이 있습니다. 모든 입자에는 반대 입자라는 게 있어요. 그런 면에서 본다면 중력자의 반대 입자는 반중력자라고 할 수 있어요. 바로 생명에너지의 근원이지요.

그림 0-17. 생명에너지는 기본적으로 반중력적이다. 위 그림에서 나무를 보자. 나무가 생명력이 넘칠 때는 반중력적으로 자라다가 생명력이 떨어지면 중력 방향으로 처져 버리게 되지 않는가? 인간의 노화과정도 마찬가지다. 생명력이 넘칠 때는 각종 효소나 호르몬의 영향으로 반중력상태를 유지하지만 생명력이 떨어지게 되면 중력 방향으로 얼굴이 처지는 것을 볼 수 있다.

여담이지만 예전에 도인들이 산에 들어가서 명상을 하고 그러면 막 날아다닌다고 그러죠? 이게 반중력적인 이야기이거든요? 생명체의 가장 큰 특징이 뭡니까? 반중력적인 거죠. 나무가 어떻게 자라요? 중력을 거슬러서 위로 딱 자라잖아요. 하지만 생명력이 떨어지면 어떻게 돼요? 바로 중력 방향으로 처지면서 종국에는 땅속으로 묻혀버리게 되죠.

우리의 몸도 마찬가지입니다. 호르몬이나 효소의 역할로 인해서 생명 반응은 기본적으로 반중력적인 방향으로 일어납니다. 그런데 나이가 들면 어떻게 됩니까? 모든 것이 중력 방향으로 처지게 되죠? 우리가 흔히 하는 말로 몸이 안 좋을 때는 몸이 천근만근 무겁다고 합니다. 그런데 기분이 좋고 그럴 때는 어떻게 됩니까? 몸이 날아갈 듯이 기분이 좋다고 그러잖아요? 이게 전부 다 이유가 있는 거예요. 모든 입자에는 반입자가 있어요. 중력자의 반입자는 뭐다? 바로 반중력자라는 겁니다.

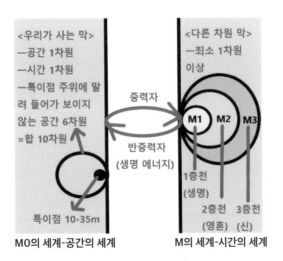

그림 0-18. 우리가 사는 우주에서는 생명력을 키울 에너지가 없다. 그래서 우리가 사는 우주에서 중력이 빠져나가는 것이다. 그리고 반중력자로 증폭이 되어서 돌아온다. 즉 반중력자가 생명에너지의 원천이 되는 것이다. 그래서 우리의 우주가 이렇게 큰 것이다. 엄청나게 많은 중력이 필요하기 때문이다. 우리의 우주는 쓸데없이 큰 것이 아니다.

신천동설은 초끈이론에 바탕을 두고 있습니다. 생명체나 영혼은 우리가 사는 공간의 우주에서는 아주 이질적인 존재이므로 우리 우주에서는 생겨나기가 힘들어요. 생명이나 영혼 그 자체는 다른 세계, 즉 시간의 세계에서 온 것입니다. 우리가 사는 우주에서 빠져나간 중력자는 다른 차원, 다시 말해 시간의 세계에서 빛보다 빠른 입자로 만들어진 시간자(예, 타키온 입자)와 결합하여 생명체를 다시 살려내고 우리가 사는 우주로 다시 보냅니다.

하지만 인간의 영혼은 어떠한 이유로 인해 시간의 세계인 M2에 갇히게 되었습니다. 즉 인간은 영적인 존재이므로 한번 죽으면 다시 살아나지 못하는 이유가 바로 그것이죠.

우리가 사는 우주에서 생명체를 살리기 위해서는 시간세계와의 교류가 필요합니다. 왜냐하면 시간을 되돌리지 않으면 생명체를 다시 살릴 수가 없기 때문이죠. 원래 시간의 세계만 있고 공간의 세계가 없을 때는 굳이 이러한 과정이 필요가 없었어요. 하지만 우주라는 공간의 세계에 생명체라는 이질적인 존재를 정착시키기 위해서는 이러한 중간 과정이 필요하게 된 겁니다. 이것이 신이 우주와 생명체와 인간의 영혼을 창조한 비밀입니다. 그렇기 때문에 우리가 사는 우주의 중력자는 거의 100%가 다른 차원의 막으로 빠져나가야 하는 거에요.

그림 0-19. 우리는 밤하늘에 있는 그 많은 별을 보면서 경이로움을 느낀다. 최근에 밝혀진 바에 의하면 이 우주에는 거의 무한대에 가까운 별들이 있다. 하지만 이 우주는 쓸데없이 큰 것이 아니다. 우주에 존재하는 생명체들을 위해서 그렇게 많은 별이 존재하기 때문이다. 이것을 생명을 중심으로 한 '신천동설'이라고 한다.

그렇기 때문에 우리가 사는 우주의 중력에너지는 거의 무한대에 가까울 만큼 필요하게 된 겁니다. 그래서 우리가 사는 우주에는 별과 행성이 이렇게 많은 거예요. 즉 우리가 사는 우주가 쓸데없이 크지 않다는 것이 신천동설의 주제입니다.

이러한 면에서 생명에너지의 정확한 정의를 말하라 하면 이렇게 답 드릴 수 있겠습니다. '중력자변환 시간확장 에너지'라고요.

그림 0-20. 사람이 죽으면 별이 된다는 말은 어쩌면 사실인지도 모른다. 즉 사람 한 사람의 생명력은 별 하나의 중력에너지가 필요할 수도 있다는 것이다. 예수가 태어난 날에도 동방박사들이 크고 밝게 빛나는 별을 보고 왔었다고 했다. 이때의 별은 일종의 초신성 폭발 같은 것이었을 것이다. 아니 어쩌면 초신성 폭발보다 훨씬 더 큰 폭발이었을지도 모른다. 예수의 탄생이라는 거대한 역사적인 에너지를 분출하는 상황이었기 때문이다.

사람이 죽으면 별이 된다는 말은 어쩌면 사실인지도 모릅니다. 즉 한 사람의 생명력을 만들기 위해서는 별 하나의 중력에너지가 필요할 수도 있다는 것이죠.

예수가 태어난 날에도 동방박사가 크고 밝게 빛나는 별을 보고 왔었다고 하죠? 이때의 별은 일종의 초신성 폭발 같은 것이었을 겁니다. 아니 어쩌면 초신성 폭발보다 훨씬 더 큰 폭발이었을지도 모르죠. 거대한 에너지를 분출하는 전 우주적인 상황이었기 때문입니다.

시간의 세계, 생명, 영혼, 신의 세계

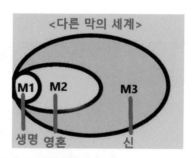

그림 0-21. 앞에서 우리가 사는 공간세계를 M0 라고 부르고, 시간의 세계를 M의 세계라고 부르기로 했었다. 시간의 세계인 M의 세계에는 세 존재가 있는데 생명, 영혼, 신 등이다. 즉 M1의 세계에는 생명이, M2의 세계에는 인간의 영혼이, M3의 세계에는 신이 각각 존재한다.

M의 세계는 우리가 사는 세계와는 분리가 된 다른 차원의 세계(사후 세계)이고, 시간이 실체적으로 존재하는 세계입니다. 또한 생명의 세계이기도 합니다. 생명의 세계는 시간의 세계이기도 하기 때문입니다. 이 시간의 세계는 시간이 거꾸로 흐를 수 있는 입자, 예를 들자면 타키온 같은 입자가 존재하는 세계이기 때문에 시간이 거꾸로 흐를 수가 있습니다. 즉 생명을 살릴 수 있는 것은 시간을 되돌리는 방법밖에 없기 때문입니다.

사후 세계(M의 세계)는 총 3개의 세계로 이루어져 있습니다. 즉 생명의 세계인 M1, 영혼의 세계인 M2, 그리고 신의 영역인 M3의 세계로 되어 있습니다. 이 중에서도 1층 천(M1)의 세계와 우리가 사는 공간(M0) 사이에는 교류가 일어나고 있습니다. 그 교류의 중심에는 중력자의 비밀이 있습니다. 즉 M0 세상의 막과 M1의 세상의 막에는 중력자의 순환이 있다는 것입니다.

M1의 세계는 거미나 개미, 물고기, 인간의 육체 성분 같은 생명체가 죽으면 가는 세계입니다. 그리고 M2의 세계는 영혼의 존재인 인간의 영혼만이 모이는 곳이죠. 동물은 영혼이 없어서 M1의 세계로만 생명체의 흐름이 일어납니다. 하지만 인간은 육체와 영혼을 다 가지고 있어서 육체는 M1의 세계로 가고, 영혼은 M2의 세계로 가게 됩니다. 즉 육과 영이 분리가 되는 거죠.

하지만 원칙적으로 M2(인간 영혼의 세계)와 M3(신의 세계)는 우리 공간의 세계와 교류가 일어나지 않습니다. 즉 우리가 사는 공간의 우주에서는 유일하게 시간의 존재인 인간의 영혼만이 이러한 시간의 세계와 유일한 접촉 수단입니다.

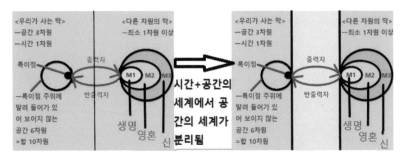

그림 0-22. 태초의 시대에는 시간의 세계와 공간의 세계가 하나로 합쳐져 있었다. 그래서 인간에게도 영원무궁한 삶이 보장되어있었던 것이다. 하지만 인간의 타락 이후에 이 두 세계가 분리되어 버린다. 그리고 인간의 영혼은 시간세계의 두 번째 하늘인 M2라는 곳에 갇히게 된다. 이것이 신이 말한 정녕 죽은 상태이다.

태초에는 시간의 세계와 공간의 세계가 결합이 되어 있었기 때문에 별문제가 없었지만 인간의 타락 이후 시간과 공간의 세계가 분리되면서 문제가 생기게 되는데요. 즉 생명의 순환은 계속 유지가 되나 인간의 영혼이 M2의 세계에 갇히게 된 것입니다.

이것이 성경에서 신이 인간에게 저주하는 말입니다. "네가 정녕 죽으리라" 즉 시간의 세계가 공간의 세계와 분리가 되면서 영원불멸의 세계가 깨어진 것과 동시에 인간의 영혼이 M2의 세계에 갇히게 된 것입니다. 인간이 정녕 죽게 된 것이죠. 이것이 가장 큰 비극이었습니다. 신학적으로 제일 문제가 되는 부분입니다.

빅뱅이론과 창조론의 관계-
초정밀도로 미세조정이 되어서
만들어진 우주

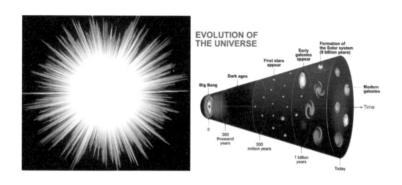

그림 0-23. 빅뱅이론에서 말해 주는 충격적인 사실은 물질에도 시작이 있었다는 사실이다. 이는 1700~1800년대의 사람들이 들으면 기절초풍할 말이다. 근대시대 사람들이 영원하다고 믿었던 물질에도 시작이 있었다니! 그렇다면 '물질에도 끝이 있지 않겠는가?'라는 생각이 드는 것은 당연한 일이다.

빅뱅이론의 의의는 물질에도 시작이 있었다는 것입니다. 사실 그전 1700~1800년대의 근대주의적인 물질 절대주의 사고방식에 의하자면 물질은 영원한 것이라고 생각을 했습니다. 즉 물질은 시작도 없고 끝도 없이 영원 전부터 영원 후까지 존재하는 것이라고 생각을 했죠. 하지만 빅뱅이론에 의해서 이러한 물질에도 시작이 있었다는 것이 밝혀지게 된 것입니다. 물질에 시작이 있었다! 참 이상한 일이지요? 그것도 폭발이라는 극단적인 방법으로 물질이 탄생하게 된 거란 말이에요.

사실 빅뱅이라는 것은 일종의 폭발 현상이죠? 일반적으로 폭발 현상은 엄청난 파괴의 현장이잖아요? 즉 큰 폭발 후에는 폭발물의 잔해, 파편만이 나뒹구는 것처럼 무질서도가 엄청나게 증가하는 것이 훨씬 더 정상적인 것이라는 것이죠.

하지만 지금의 우주를 보면 무질서도가 증가했다기보다는 극단적으로 감소시킨 것으로 보입니다. 그리하여 지금의 물질세계를 만들어 내게 되었고 급기야는 생명 현상까지 만들어 내게 되었죠.

이것을 우주적 우연이라고 말합니다. 더 정확히 말한다면 우주적 기적이라고 말씀드려야겠네요. 더구나 이 표현은 우주 진화론자들이 하는 표현입니다. 현대의 생명 진화론자들이 현대생물학에 깊이 들어갈수록 진화에 대해서 고개를 갸우뚱거리게 되는 것처럼 우주 진화론자들마저도 아무리 생각해 봐도 물질의 진화 과정이 이해가 되지 않는다는 겁니다. 즉 그것을 간접적으로 표현한 말이에요.

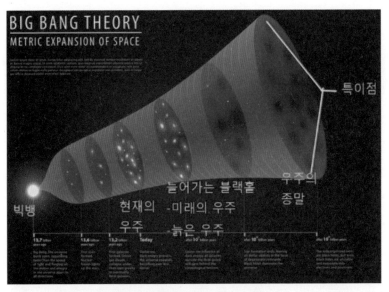

그림 0-24. 빅뱅으로 시작된 역사는 블랙홀로 끝나게 될 가능성이 가장 크다. 그렇다면 역사는 순환적인가? 아니면 직선적인가? 당연히 직선적이다.

빅뱅이론과 블랙홀이론은 이런 면에서 본다면 직선론적인 역사관을 지지하는 것으로 보입니다. 즉 시작이 있으면 끝이 있다는 거예요. 현재는 암흑물질에 의해서 빅 크런치로 끝날 것인지 아니면 무한대로 커져서 아예 사라져버릴 것인지 아직 결론이 안 난 상태입니다. 하지만 둘 다 우주가 사라진다는 사실에는 변함이 없죠. 왜냐하면 우주가 무한대로 커져 버리게 되면 나중에는 원자까지도 분해가 되어 버린다는 것이거든요. 그니까 현재 빅뱅 우주가 팽창으로 가도 끝이 있고, 수축으로 가도 끝이 있다는 겁니다.

그림 0-25. 우리의 우주는 마치 비행기처럼 일정한 운행기준을 가지고 있다. 즉 비행기는 크루즈 자동운전을 위해서 고도, 속도, 방향 등을 정해놓고 운항을 하지 않는가? 그것처럼 우리의 우주도 일정한 상수들을 정해 놓고 우주라는 거대한 비행선을 운행하고 있다는 것이다. 하지만 문제는 그러한 수치들이 상상을 초월할 정도로 작은 값이라는 것이다. 이를 두고 우주진화론자들이 하는 자조적인 말이 바로 '우주적 우연'이라는 말이다. 이는 다른 말로 '우주적 기적'이라고 불러야 마땅하다.

우리가 한 가지 잊지 말아야 할 중요한 점이 있어요. 즉 이 우주라는 이 어마어마한 스케일의 공간이 엄청나게 작은 힘에 의해서 조절되고 있다는 것을 알고 계십니까? 대부분의 사람들은 잘 모르고 있을 건데요. 아마 이것을 알고 나면 경악을 금치 못하실 겁니다.

위 사진에서 보듯이 비행기를 운전하기 위해서는 몇 가지 수치가 필요하지요? 고도와 크루즈 운항 속도 같은 것들을 일정하게 정해 놓아야 합니다. 이 점은 우주에 있어도 마찬가지입니다. 우주를 관리하는 상수들이 있어요. 영국의 저명한 물리학자 마틴 리스(AD 1942~) 경이 제시한 우주의 기적적인 상수들입니다.

비행기의 운항 상수	우주 유지에 필요한 상수
최고 속도의 한계	$\boldsymbol{\varepsilon}$(엡실론), 수소원자 2개가 헬륨으로 핵융합을 일으킬 때 에너지로 전환하는 양. 0.007
비행기 자체의 밀도	$\boldsymbol{\Omega}$(오메가), 현재의 우주 밀도를 유지하기 위해서는 빅뱅 후 1초 때의 우주 전체의 밀도 차이가 0.000000000000001 이상 나면 안 됨.
비행기의 최저 속도	$\boldsymbol{\lambda}$(람다), 아인슈타인의 일반상대성이론에서 나오는 우주상수. $6.2201 \times 10^{-40} \ N \cdot m^{-2} \cdot kg^{-2} \cdot s^{-1}$이다. 반중력으로써 우주의 팽창을 억제함.
비행기의 승강타력	$\boldsymbol{Q}$(큐), 우주배경복사의 불규칙성을 나타내는 값. 즉 우주 전체의 온도 차이. 그 값은 $0.00001(10^{-5})$
비행기 소재 결합력	$\boldsymbol{N}$, 원자 사이의 전자기력과 원자 사이의 중력의 차이. 약 10^{36}배 차이
비행기의 3차원 구조	$\boldsymbol{D}$, 우리 공간의 차원의 수를 나타냄. 3차원

첫째, 상수는 엡실론(ε)이라는 상수가 있습니다. 이것은 한마디로 말하자면 수소와 수소가 합쳐져서 헬륨이라는 것이 되게 되는데 그 전환

비율입니다. 이 수치가 0.007인데요. 수소가 헬륨으로 변화되는 비율이라고 보시면 됩니다. 이것보다 조금이라도 작거나 크면 우주의 생성이 안 된다는 것입니다. 생각해 보세요. 이 우주라는 어마어마하게 큰 스케일의 우주가 이러한 작은 수치에 의해서 조절된다고 하는 것이 신기합니다. 폭탄도 어마어마한 폭탄이죠? 그런데 그렇게 큰 폭탄이 이러한 작은 수치에 의해서 조절이 되냐는 말이죠.

그림 0-26. 일반적으로 폭발이라는 현상은 파괴적인 현상이다. 하지만 우주에서 가장 큰 폭발이었던 빅뱅현상은 아이러니하게도 우주에서 제일가는 질서현상을 만들어 냈을 뿐만 아니라 심지어는 생명현상이라는 고도의 초질서 현상을 만들어 내게 된다.

둘째, 상수는 오메가(Ω)인데요. 이건 우주의 상대적 밀도를 이야기하는 겁니다. 폭발 현상이라는 것은 필연적으로 가까운 곳과 먼 곳에 밀도 차이가 확연하게 날 수밖에 없죠? 하지만 빅뱅은 그 차이가 폭발의 크기에 비해서 이해가 안 될 정도로 작은 차이인 1천 조 분의 1일 정도로 너무 작다는 겁니다. 너무 이상한 현상입니다.

그림 0-27. 일반적으로 폭발현상에서는 폭발지점과 폭발지점에서 먼 곳의 온도와 밀도 차이가 많이 나게 되어있다. 하지만 오메가(Ω) 상수나 큐(Q) 상수를 보면 우주라고 하는 137억 광년이라는 공간에서 폭발지점과 폭발지점에서 가장 먼 곳까지 밀도와 온도 차이가 거의 나지 않았다는 것을 볼 수 있다. 이해가 되는가? 그래서 빅뱅우주를 미세조정된 우주라고 부르는 것이다.

셋째, 상수는 Q라는 것입니다. 이건 우주배경복사의 불규칙성을 나타내는 겁니다. 한마디로 말하면 우주의 온도 차이를 말합니다.

위에서 말씀드린 대로 빅뱅 후의 우주의 밀도 차이가 1천 조 분의 1이라고 했죠? 그와 마찬가지로 빅뱅은 일종의 폭발 현상이니 온도 차이도 있었을 거 아닙니까? 그런데 관측된 바에 의하면 빅뱅 시작점과 우주 끝과의 온도 차이가 10만 분의 1 정도밖에 차이가 안 났다는 거예요.

예를 들자면 화산 폭발 시에는 발화 지점과 먼 곳과는 확연히 온도 차이가 나게 되죠? 하지만 빅뱅 현상에서는 그 차이가 반드시 10만 분의 1 정도만 차이가 납니다. 그리고 이것도 상수이므로 반드시 그래야만 한다는 거죠. 반드시 그래야지만 지금의 우주가 형성된다는 거예요. 이것은 이해가 더 안 되죠.

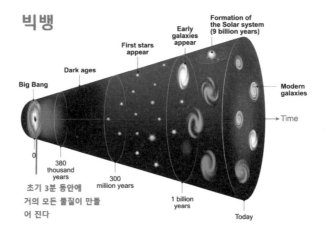

빅뱅

Formation of
the Solar system
(9 billion years)

Early
galaxies
appear

First stars
appear

Dark ages

Big Bang

Modern
galaxies

→ Time

0

380
thousand
years

300
million years

초기 3분 동안에
거의 모든 물질이 만들
어 진다

1 billion
years

Today

그림 0-28. 지금 우리의 우주는 아직도 계속 커지고 있다. 그런데 문제는 이러한 우주라는 커다란 덩치의 비행체가 가진 팽창가속도의 값이 6.2201×10⁻⁴⁰ N·m⁻²·kg⁻²·s⁻¹이라는 작은 값이라는 것이다. 1N이라는 것은 일종의 힘의 단위이다. 1뉴턴이란 1kg의 무게가 1m/s²의 가속도를 내려는 힘을 말한다. 이 힘이 그렇게 세 보이는가? 그런데 이 상수의 단위를 보라. 1N이라는 힘의 마이너스 40승 단위로 시작한다. 실로 작은 값이 아닐 수 없다. 즉 이보다 조금이라도 더 크거나 작으면 우주의 유지에 문제가 생긴다는 말이다.

넷째, 상수는 우주 팽창 가속도를 결정하는 상수인 우주상수 람다 (λ)입니다. 이것도 굉장히 중요한 상수인데요, 바로 우주 팽창의 가속도를 말하는 것입니다. 우주상수 람다의 실제적인 관측값은 대략 6.2201×10⁻⁴⁰ N·m⁻²·kg⁻²·s⁻¹이고 다른 단위로 환산하면 1.19·10⁻⁵²m⁻²인데, 이것 자체도 가만히 보시면 엄청나게 미세한 값이죠? 여러분 1N이라는 것은 일종의 힘의 단위예요. 1뉴턴이란 1kg의 무게가 1m/s²의 가속도를 내는 힘입니다. 이 힘이 그렇게 세 보이시나요? 그런데 이 상수의 단위를 보세요. 1N이라는 힘의 마이너스 40승 단위로 시작하죠? 실로 작은 값이 아닐 수 없습니다.

이를 풀어서 해석을 해 본다면 이 값보다 조금이라도 더 크거나 작으면 우주의 팽창이 너무 빨라지게 되거나, 쪼그라들어서 이 크나큰 우주가 유지가 되기 힘들다는 거예요. 이것 역시 앞의 상수들과 마찬가지로 누군가에 의해서 초미세조정이 되고 있는 우주의 모습을 보여주고 있습니다. 이건 누가 조정하고 있는 것이 맞지요. 이렇게 큰 우주를 어떻게 이렇게 작은 값으로 붙들고 있냐는 말입니다. 상식적으로 이해가 가십니까?

그런데 최근에 들어와서 밝혀진 바에 의하면 더 큰 문제가 발생을 해요. 우주상수의 이론적인 값이 실제로 관측되는 값보다 10^{120}배 정도 큰 것으로 밝혀진 겁니다. 즉 반대로 이야기하자면 우주상수의 실제 값이 이론값보다 10^{-120}배 정도 작다는 말입니다. 이것을 우주상수 문제라고 하는데 물리학에서 해결해야 할 가장 어려운 문제로 알려져 있어요. 차라리 관측값이 정확히 0이라면 오히려 더 쉽겠죠. 하지만 0이 아니고 10^{-120} 값이기 때문에 이렇게 작은 값을 어떻게 찾아내겠어요? 이것이 바로 현대물리학의 최대의 난제입니다.

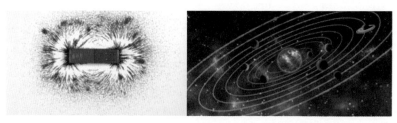

그림 0-29. 그리고 위에서 보는 전자기력 즉 자석의 힘은 이 커다란 우주를 움직이는 힘인 중력보다 반드시 10^{36}배 더 커야 한다. 36배가 아니다. 10^{36}배가 더 커야 한다. 위에서 보는 자석의 힘이 커 보이는가? 그게 전자기력이다. 그런데 중력의 힘이 전자기력보다 그렇게 더 적다는 것이다. 그리고 반드시 그래야만 이 우주가 유지가 된다는 것이다. 이것을 보고 우리가 미세조정된 우주라고 부르는 것이다.

다섯 번째 상수로는 전자기력의 크기에 관한 상수입니다. 전자기력은 중력보다 무려 10^{36}배만큼이나 큽니다. 그런데 반드시 그래야 한다는 겁니다. 즉 전자기력은 반드시 중력보다 10^{36}배만큼 반드시 커야 한다는 거예요.

여러분 전자기력 하니까 아주 어려운 이야기 같은데요, 그렇게 어려운 것이 아닙니다. 어렸을 때 학교 다닐 때 자석 실험 같은 거 많이 해보셨죠? 일종의 자석의 힘이지요. 위 그림을 보시면 바로 이 자석의 힘 정도가 바로 전자기력이거든요.

위 그림에서 보는 전자기력이라는 힘이 세 보이십니까? 여러분, 얼마나 세 보이세요? 제가 보기에는 그렇게 센 힘처럼은 안 보이는데요. 건물을 무너뜨리거나 간판을 날려버리는 태풍의 힘보다는 훨씬 약해 보입니다. 그런데 별 간에 작용하는 중력은 이 힘보다도 10^{36}배만큼이나 약하다는 겁니다.

하지만 이러한 사실을 약간 다르게 해석을 하면 큰 문제가 생기게 됩니다. 즉 중력이 지금보다 조금만 더 강해지거나 약해지면 엄청난 문제가 생기게 된다는 거예요. 즉 태양이나 지구가 지금 가지고 있는 중력보다 조금만 더 강해지면 우주는 찌그러지게 될 겁니다. 그리고 그 중력이 조금이라도 더 약해진다면 우주는 서로 끌어당기지 못하고 멀어져서 없어져 버리게 되는 엄청난 결과가 나오게 됩니다.

좀 이상하지 않으세요? 이 우주를 끌어당겨서 우주의 형태를 이루고 있는 힘이 이렇게 약하다니요. 너무나 약해요. 그 말은 다르게 말해본다면 우주가 아주 미세하게 조절이 되어 있다는 말입니다. 이만큼 큰 우주를 버티게 하는 중력이라는 힘이 이렇게 세밀하게 조종이 되어 있다니요! 힘의 조절이 이렇게 세밀하게 조절되어 있는 기계를 보신 적이 있나요?

앞에서 본 여러 가지 상수들은 굉장히 의미가 있는 숫자들입니다. 바로 이 숫자들이 우주와 생명을 탄생시킨 숫자이지요. 상수라는 것은 반드시 그래야 된다는 것이라고 했죠? 하지만 문제는 이러한 상수들의 값이 너무나 턱없이 작은 값이라는 것입니다. 수소와 수소가 결합하여 헬륨이 되게 하는 전환 비율은 0.007, 빅뱅 후 우주의 상대적 밀도를 나타내는 오메가 상수는 0.000000000000001(1천 조 분의 1)이라고 했죠? 빅뱅 후 우주의 온도 차이를 나타내는 우주배경복사의 불규칙성을 나타내는 상수인 Q는 0.00001이고요. 우주의 팽창 가속도를 결정하는 우주상수인 람다값은 6.2201×10^{-40} N·m^{-2}·kg^{-2}·s^{-1}($1.19 \cdot 10^{-52}$ m^{-2}) 정도로 엄청나게 작은 값이며, 이는 예측되는 우주상수의 값보다 10^{-120}의 1일 정도로 어마어마하게 작은 값이어서 모든 현대 과학자를 어리둥절하게 만들고 있죠. 거기에다가 중력의 크기는 반드시 전자기력의 10^{-36}승만큼 반드시 작아야 한다는 것 등등이죠. 이러한 상수들이 하나도 아니고 수십 개가 뒤얽혀 섞여 있고 이 상수 중에 하나라도 문제가 생기면 우주 자체의 생성이 안 된다는 것입니다. 이러한 숫자들의 의미를 잘 생각해 보시면 '우주진화론'이라는 말보다는 '우주조절론'이 더 맞을 것입니다.

즉, 진화론을 잘 생각해 보시면 기본적으로 우연이 기본적인 전제이지요. 하지만 이 여섯 가지 숫자들은 우연이라고 보기에는 영 꺼림칙합니다. 우연이란 자꾸 반복이 되어서는 안 되는 거잖아요? 우연이 많이 반복이 되면 그게 뭘까요? 네 맞습니다. 바로 필연이 되는 것입니다.

위의 빅뱅 과정을 가만히 보면 이는 누가 만들어 가는 과정이라고 보이지, 저절로 만들어진다는 느낌은 별로 들지를 않습니다. 이건 어찌 보면 과학적인 이야기라기보다는 상식적인 이야기입니다. 상식은 과학 위에 있는 개념이에요. 모든 것을 상식적으로 생각하고 상식 위에 서서 판단해야 건강한 과학이 되어 가는 것입니다. 과학이 상식을 무시하고 자기 멋대로의 길을 갈 때 바로 1차, 2차 세계대전 같은 비극이 벌어지는 것입니다.

다중 이론이란 것은 한마디로 하자면 우주에 나와 같은 존재가 무수히 존재할 수 있다는 가설입니다. 즉 우리의 우주도 무한대의 개수로 존재하고 거기에 사는 우리라는 존재도 무수히 존재한다는 것입니다. 무슨 말이냐고요?

하지만 다중우주론은 기독교적으로는 '자유의지의 문제'로 보시면 됩니다. 즉 신이 인간에게 준 가장 큰 선물은 무엇이죠? 바로 자유의지라는 겁니다. 인간은 인격적인 존재이죠? 그래서 자기의 일을 자기가 선택하는 존재인 것입니다. 다중우주론에 의하면 우주에는 아담과 이브가 타락을 하지 않은 에덴동산이 존재할 수도 있어요. 그리고 이브만 타락한 우주가 존재할 수도 있습니다. 그리고 아침에 멀쩡하게 회사에 출근한 내가 교통사고를 당해서 죽어 있는 우주도 존재할 수도 있다는 겁니다. 즉 우리의 선택에 따라서 우리의 인생이 완전히 다른 삶을 사는 내가 우주에 무한히 존재할 수 있다는 개념입니다.

그것이 바로 자유의지의 삶이지요? 이렇듯이 현대 과학을 잘 연구해 보면 성서에서 보던 많은 개념이 속출하는 것을 볼 수 있습니다.

블랙홀과
종말론

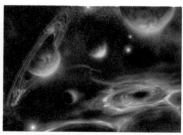

그림 0-30. 블랙홀이 지구에 다가오는 모습. 태양계의 각종 행성이 블랙홀로 빨려 들어가고 있다.

블랙홀이 지구에 다가오는 모습. 각 행성이 블랙홀로 빨려 들어가고 있습니다.

블랙홀이론의 의미는 종말의 의미입니다. 즉 빅뱅이론이 시작을 이야기했다면 블랙홀이론은 종말을 이야기하는 학문입니다. 빅뱅이 어떻게 시작이 됐지요? 갑자기 시작이 됐지요? 블랙홀 이론은 이와는 정반대의 이야기입니다. 갑자기 사라지는 것에 대한 이야기이고 갑작스러운 차원 이동에 대한 이야기입니다. 즉 종말에 관한 이야기라는 거죠.

우리 은하 내부에만 해도 수만 개 이상의 블랙홀이 있다고 합니다. 우리 은하에는 우리의 태양 같은 항성 즉 별이 천억 개 이상 있다고 하죠? 거기에 비해서도 블랙홀의 개수가 적은 건 아니죠. 그중에서 가장 가까이 관찰된 블랙홀은 300광년 떨어져 있다고 합니다.

왜 뜬금없이 블랙홀 이야기를 하냐면요. 바로 역사의 끝을 이야기하려고 하는 겁니다. 빅뱅을 우주의 시작이라고 했죠? 자 이제 역사의 시작이 있었으니 역사의 끝에 대해 이야기해 보려고 하는 거예요.

그림 0-31. 빅뱅이 천지의 시작에 대한 이야기였다면 블랙홀은 천지의 끝에 관한 이야기이다. 블랙홀은 종말의 날에 인간을 다른 차원으로 이동시켜 주는 수단이 될 것이다. 블랙홀은 웜홀이라는 다른 차원으로 이동하는 포인트를 가지고 있기 때문이다.

여러분 혹시 요한계시록이라는 책에 대해서 들어보거나 본 적이 있으신가요? 요한계시록은 성서의 제일 끝에 나와 있는 일종의 예언서인데요. 네 맞습니다. 말도 많고 탈도 많은 책입니다. 종말론자들이 하도 악용을 많이 하는 바람에 일반인들에게는 별로 인식이 좋지 않은 책이기도 하죠. 하지만 분명한 것은 기독교에서는 창세기만큼이나 중요한 책이라는 사실입니다.

아무튼 여기에서 묘사된 인류 종말의 양상이 지금 이야기하려고 하는 블랙홀의 현상과 아주 유사한 면이 있기 때문에 말씀드리려고 합니다. 여기에서 묘사된 속칭 '휴거'라고 불리는 현상에서는 어떤 이유로 인해 사람들이 공중으로 붙들려 올라간다고 이야기합니다.

그리고 새 하늘과 새 땅이 온다고 이야기를 하죠. 앞으로 말씀드리겠지만 블랙홀은 강력한 중력을 가진 중력 덩어리입니다. 즉 사물을 끌어당기는 거죠. 그리고 아직 정확히 규명이 되지는 않았지만 그 중심에는 웜홀이라고 불리는 특이점을 통해서 다른 차원으로 통하는 포인트를 가지고 있습니다. 이 모습을 가만히 보면 요한계시록에 묘사된 종말의 모습과 매우 유사하죠? 즉 중력에 따라 올라간 후에 다른 차원으로 이동하는 모습이요.

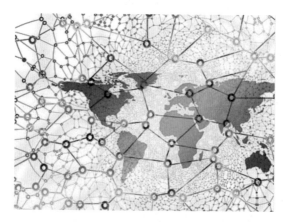

그림 0-32. 지금의 네트워크화된 사회는 종말을 위한 일종의 포석과도 같은 것이다. 지금까지 있어왔던 많은 제국, 즉 몽골제국, 로마제국, 알렉산더 제국, 인도, 중국 등 많은 나라들이 있어왔지만 지금의 지구처럼 한 사람이 전 세계인에게 영향을 미칠 수 있었던 적이 있었던가? 지금까지 존재해왔던 모든 황제들의 힘을 다 합친다 해도 지금의 SNS상의 스타 한 사람의 영향만도 못할 것이다.

종말의 키워드를 생각해 봅시다. 적그리스도, 아마겟돈 전쟁, 경제와 관련된 666의 표식, 그리고 예수 그리스도의 재림, 새 하늘과 새 땅의 도래 등등이 있죠. 이제부터 그 하나하나에 대해서 현대 사회의 흐름과 맞추어서 생각해 보겠습니다.

먼저 적그리스도에 대해서 이야기해 보겠습니다. 지금의 발달된 네트워크는 적그리스도가 나타나기 위한 일종의 사전 포석 같은 것이라고 볼 수 있습니다. 즉 세계 역사를 보면 그 어떤 큰 제국이라 하더라도 지금의 세계처럼 전 세계를 이처럼 하나로 묶어내지는 못했습니다.

즉 알렉산더 제국이나 로마제국, 몽골제국, 중국이나 인도제국처럼 큰 나라라고 해도 전 세계를 지배한 것은 아니었죠. 하지만 지금 돌아가는 전 세계의 추세를 보세요. 발달된 통신이나 네트워크, 인터넷의 발달로 인해 지금은 한 사람이 전 세계를 상태로 영향력을 끼칠 수 있는 정도가 되었죠. 즉 지금까지 지구상에 존재했던 모든 제국을 다 합친 것보다도 더 큰 영향을 미칠 수가 있게 되었습니다. 즉 개인이 마음만 먹으면 전 세계를 조종할 수 있는 시대가 된 겁니다. 최근에는 인터넷뿐만 아니라 SNS가 엄청나게 발달하면서 이 세계가 거의 하나가 된 것처럼 느껴질 정도입니다.

이러한 사회현상들이 바로 적그리스도가 나타나기에 아주 적절한 조건이 아닐까요?

그림 0-33. 우리나라도 이제 애완견 관리를 위해 칩을 심는 것이 의무화되었다. 현대의 보안기술은 불완전하다. 왜냐하면 복제기술이 금방금방 나오기 때문이다. 요즘같이 개인의 정보가 곧 돈인 세상에서는 개인 정보의 보호가 가장 중요하지만 발달된 기술은

자꾸 그것을 복제해버린다. 그래서 제일 확실한 기술은 자기 자신의 몸에 심는 것이 가장 안전하다는 말이 나오는 것이다. 하지만 이는 기독교인들의 격렬한 반대로 시행되지 못하였다. 하지만 언제까지 그럴 수 있을 것인가?

그다음으로는 666 표식에 대해서 말씀드리겠습니다. 우리나라에서도 애완동물을 체계적으로 관리하게 하기 위해서 반도체 칩을 심는 것이 의무화되었습니다.

그렇듯이 지금 현대에 들어와서는 기술의 발전에 의해서 독점적인 보안이 점점 힘들어지게 된 것입니다. 지금은 지문도 모자라 인간의 눈에 있는 홍채인식 장치까지 나온 상태이지 않습니까? 하지만 문제는 시간이 지나면 이러한 기술도 모방 기술이 금방 나온다는 것입니다. 그리하여 이러한 문제가 계속 대두가 될 경우 사회 문제가 될 수 있고, 비기독교인을 중심으로 몸에 심는 보안장치를 착용해 나간다면 결국에는 기독교인들이 숫자가 훨씬 숫자가 적은 상태에서 점점 경제 생활에서 밀려나게 되는 것도 사실 짐작해 볼 수 있는 것입니다.

인류 멸망 시나리오 중에 가장 유력한 후보는 블랙홀입니다. 실제로 은하계만 해도 블랙홀이 수만 개가 있다고 했습니다. 그리고 가장 가까이 있는 것이 약 300광년 거리에 있다고 했지요? 현실적으로도 아주 멀리 있는 것은 아닙니다. 그리고 블랙홀은 돌아다닐 수도 있거든요.

최근의 천문학에서 가장 핫한 이슈가 바로 블랙홀이라고 했지요? 그만큼 아직 밝혀진 것은 별로 없습니다.

하지만 분명한 것은 인류가 멸망을 할 때는 그냥 서서히 점진적으로 되는 게 아니라 어느 한순간에 이루어지게 된다는 겁니다. 빅뱅에 의해서 이 우주가 갑자기 생겨났듯이 종말의 세계도 그러한 방식으로 블랙홀처럼 갑자기 온다는 것이죠. 아무튼 전쟁이 일어날 수도 있겠죠. 그리고 여러 가지 일이 일어날 수 있겠지만 정작 종말의 순간이 올 때는 순간적으로 오지 그렇게 서서히 오지 않는다는 것입니다.

적그리스도에 대해서도 제가 말씀드렸었죠. 가상적으로 인류 종말의 시점을 뉴턴이 예언한 2061년으로 생각해 봅시다. 성경에 나온 인류 멸망 시나리오를 보면 적그리스도가 먼저 나타난다고 그랬죠. 그리고 그가 전 세계인을 지배한다고 했어요. 즉 경제를 지배하고 세계를 좌지우지하게 되겠죠.

그전에도 말씀드렸지만 지금까지 로마제국이나 몽골제국 등등 많은 패권국가들이 있었습니다. 하지만 하나의 제국이 전 세계를 지배한 건 아니었잖아요. 더구나 무력이나 힘으로 다스렸지 의식이나 정신으로 다스린 건 아니었죠?

그런데 지금의 시대는 어떻습니까? 한 사람이 마음만 먹으면 전 세계인을 움직일 수 있어요. 고도로 발달한 SNS와 네트워크를 가지고 있는 사람은 지구상에 있었던 어떠한 제국의 황제보다도 전 세계인에게 영향을 끼칠 수 있는 시대가 되어가고 있습니다. 더군다나 그가 막대한 자본과 엄청난 인력을 투여할 수 있는 존재라면요? 더 심각한 상황이 될 수도 있겠지요? 우리는 그것을 볼 줄 아는 사람들이 되어야 합니다.

진화론에
대해

진화론에서의 진화는 시간이 부족합니다. 신이 창조했기 때문에 38억 년이라는 짧으면서도(?) 최소한의 과학이 들어간 시간에 생명체를 만들 수 있었습니다. 무슨 말이냐고요? 이제부터 그 이야기를 해보려고 하는 겁니다.

3대 영양소에 대해서는 다들 들어 보셨죠?

○ 탄수화물 → 포도당 → 에너지원+나머지는 글리코겐으로 저장

○ 지방 → 지방산 → 에너지원+나머지는 지방으로 저장

○ 단백질 → 아미노산 → 에너지원+우리 몸의 세포 구성을 함

네, 맞습니다. 3대 영양소는 다 아시다시피 탄수화물, 단백질, 지방이 있습니다. 이 세 가지 영양소가 쪼개지면 바로 최종적으로 포도당, 아미노산, 지방산이 되는 것입니다. 이 중에서 인체 대부분을 형성하는 물질은 바로 단백질이죠. 포도당은 거의 몸을 구성하는 일은 없고 나머지는 지방의 형태로 보관이 됩니다.

즉 우리 몸은 기본적으로 단백질로 되어 있다고 보시면 됩니다. 그런데 그 단백질을 이루는 기본 단위가 바로 아미노산이라는 겁니다. 즉 단백질은 아미노산이 모여서 만들어지는 구성체이거든요.

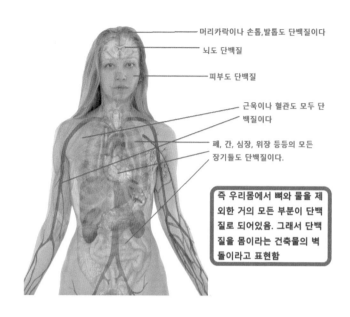

머리카락이나 손톱,발톱도 단백질이다

뇌도 단백질

피부도 단백질

근육이나 혈관도 모두 단백질이다

폐, 간, 심장, 위장 등등의 모든 장기들도 단백질이다.

즉 우리몸에서 뼈와 물을 제외한 거의 모든 부분이 단백질로 되어있음. 그래서 단백질을 몸이라는 건축물의 벽돌이라고 표현함

아미노산의 종류

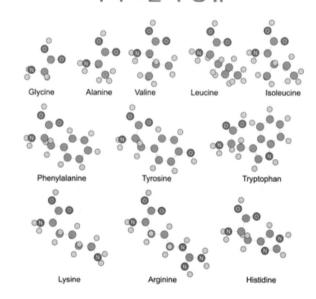

Glycine   Alanine   Valine   Leucine   Isoleucine

Phenylalanine   Tyrosine   Tryptophan

Lysine   Arginine   Histidine

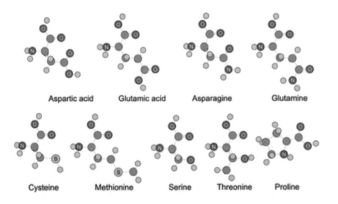

Aspartic acid   Glutamic acid   Asparagine   Glutamine

Cysteine   Methionine   Serine   Threonine   Proline

그림 0-34. 우리 몸의 대부분은 단백질로 만들어져 있다. 그리고 그 단백질을 만드는 원료가 위의 20여 가지 아미노산이다. 그리고 그 20여 개의 아미노산 중에서 50개에서 500개 정도를 골라서 단백질을 만들어 낸다. 이때 20^{50}에서 20^{500}까지 경우의 수가 나오는 것이다. 자연은 이 엄청난 경우의 수와 싸워야 한다.

즉, 위의 아미노산 20개로 모든 단백질을 만들어 내게 되는 것입니다. 자 아미노산이 1번부터 20번까지 있다고 합시다. 우리가 가장 기본적인 단백질을 이루려면은 아미노산이 최소 50개에서 보통 300개 정도 결합을 해야 합니다. 사실은 500개짜리도 많습니다.

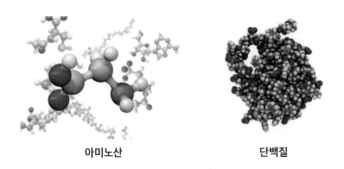

아미노산   단백질

그림 0-35. 단백질은 생명체라는 집을 짓는 건축물의 벽돌과도 같은 것이다. 그리고 아미노산은 그 벽돌을 만드는 시멘트와 모래와 같다. 시멘트와 모래를 적당히 뭉쳐서 벽돌을 만드는 것처럼 아미노산이 결합하여 단백질을 만드는 것이다.

보통 건물을 지을 때 벽돌을 쌓으면서 지어 나가죠? 마찬가지로 생명이라는 건축물이 탄생하기 위해서는 제일 기본적인 벽돌이 되는 것이 바로 단백질입니다.

그런데 이 벽돌이 만들어지기 위해서는 아미노산이라는 시멘트와 모래가 잘 섞여야 벽돌을 만들 수가 있어요. 그런데 이 비율 맞추기가 참 힘들거든요. 거의 확률이 0에 가까운 확률이에요. 이를 좀 더 자세히 설명해 드리겠습니다.

단백질은 이런 아미노산이 평균 300개 정도가 모여서 하나의 단백질을 만들어 내게 되는데요. 여기서부터가 어마어마한 일이 벌어지게 되는 구간입니다. 20개의 아미노산 중 300개를 결합하려 하면 그 경우의 수는 20^{300}이 되고 이것을 10진수로 변환을 시키면 그 경우의 수는 약 10^{390}이 됩니다. 즉 20개의 아미노산 중에서 300개를 골라서 배열하는 경우의 수가 그렇다는 말입니다. 이 배열이 정확히 되어야 정상적인 단백질이 만들어질 수 있는 거거든요.

이것은 어마어마한 경우의 수이지요? 단적인 예를 들자면 우주에 존재하는 모든 원자의 숫자를 합쳐도 10^{80}개 정도입니다.

이것도 실로 어마어마한 숫자입니다. 너무 큰 숫자이기 때문에 언뜻 이해가 가지 않으실 겁니다. 지구의 인구가 지금 한 70억 명 정도 된다고 하지요? 10^9 정도 되네요.

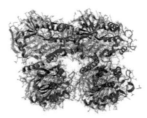

그림 0-36. 우리가 흔히 아는 로또 복권에 당첨된 확률은 대략잡아 천만 분의 일이다. 경우의 수로는 10^7 정도 된다. 우측의 300개 정도의 아미노산으로 된 단백질의 경우의 수는 10^{390}개 정도이다. 이는 로또복권 1등에 연속 56주 당첨될 확률과 같다. 우주가 아무리 오래 지속이 된다고 해도 이러한 일이 일어날 수 있을까? 그것은 거의 무한한 시간을 기다려야 할 일이다.

로또 복권 1등에 당첨될 확률은 814만 분의 1이므로 거의 10^7 정도 됩니다. 그러면 10^{390}의 1의 확률에 당첨이 되려면 로또 복권 1등에 매주 당첨되어서 거의 56주 정도 연속 당첨될 확률이 됩니다. 즉 한 주도 안 빼고 1년 내내 1등에 당첨될 확률이거든요. 여러분 주위에 로또 복권 1등에 당첨되신 분 본 적이 있으신가요? 엄청난 행운이죠? 그런데 이 분이 한 10주 연속 1등에 당첨이 된다고 생각을 해보세요. 이것이 가능한 일일까요? 이쯤 되면 복권당국에 문제 제기가 들어가겠지요? 엄청난 음모론이 제기될 것입니다. 즉 추첨 결과를 누군가 조작을 한다고 생각을 할 것입니다. 누구나 그렇게 생각을 하지 않겠습니까?

그런데 이 경우는 1년 내내 56주 연속 1등 당첨되는 경우입니다. 이게 누군가의 조작 없이 가능하다고 보십니까? 그리고 설사 그렇더라도 겨우 300개짜리 아미노산 단백질이 달랑 하나 만들어지게 돼요. 그리고 이러한 단백질이 천여 개가 모여야 비로소 박테리아 한 마리가 만들어지게 됩니다.

이에 대해서 좀 더 구체적으로 설명해 보겠습니다. 우리 몸에서 비교적 간단한 단백질인 인슐린을 가지고 예를 들어 보겠습니다. 인슐린은 50여 개의 아미노산으로 되어 있어요. 그러면 일단은 이의 확률은 20^{50}의 확률이 됩니다. 즉 20개의 아미노산 중에서 50개를 골라야 하기 때문입니다. 즉 이 50개의 아미노산의 정확한 배열이 이루어져야 50개짜리 아미노산을 가진 단백질이 된다는 것이죠. 이 확률도 또한 엄청난 확률입니다. 이를 10진수로 바꾸면 10^{65} 정도의 경우의 수가 되거든요.

이것은 비밀번호가 65개인 자물쇠를 푸는 것하고 똑같거든요? 여러분 보통 집에 들어갈 때 아파트 비밀번호가 몇 개이죠?

그림 0-37. 보통 아파트 현관문의 비밀번호는 4개인데 이것을 도둑이 전혀 모른 상태에서 4개 번호를 맞추기 위해서는 각각의 조합을 다 맞추어 보아야 한다. 한 조합을 맞추는데 각각 4초로 계산하면 약 11시간을 꼬박 맞추어 보아야 한다는 결론이 나온다.

보통은 4개이죠? 그럼 도둑이 집에 왔을 때 그 번호를 알고 들어올 확률은 거의 없지요? 그 확률이 10,000분의 1이거든요. 즉 비밀번호를 알아내기 위해서는 10,000번의 조합을 해봐야 한다는 의미입니다. 이를 시간으로 따져 본다면 4가지 조합을 만드는데 4초 정도 걸린다고 합시다. 그럼 10,000번을 맞춰봐야 하니 약 40,000초가 걸리겠네요. 그럼 약 11시간을 맞추어 봐야 한다는 결론이 나옵니다. 즉 이때 도둑이 그 집을 털기 힘든 이유는 이렇게 11시간 동안이나 비밀번호를 맞추어 볼 시간이 없기 때문입니다.

그렇다면 비밀번호가 5개짜리가 되면 어떻게 될까요? 400,000초가 걸리겠지요? 그럼 111시간이 걸립니다. 이렇게 쭉 나아가 봅시다.

비밀번호가 10개 정도 되면 어떻게 됩니까? 이때는 약 400억 초가 필요합니다. 그러면 무려 약 1, 268년이 필요합니다. 비밀번호가 10개면 4초는 더 걸리겠지요? 하지만 4초로 치겠습니다. 이것이 바로 지수함수의 힘입니다. 즉 기하급수적으로 늘어나게 되지요?

그림 0-38. 만약 아파트 비밀번호가 20개라면 20개 조합을 맞추는 것을 똑같이 4초 만에 누른다고 해도 이 조합을 푸는 데는 약 12조 년이라는 어마어마한 시간이 걸린다.

위 그림에 보시면 비밀번호 20개짜리가 있습니다. 자 이제 비밀번호 20개짜리로 가봅시다. 그러면 약 4해 초 정도가 필요합니다. 해라는 숫자는 조, 경 다음의 단위이죠. 물론 비밀번호가 20개 정도 되면 누르는 시간도 그만큼 걸리겠지요. 하지만 그런 거 고려하지 않고 평균 4초가 걸린다고 가정해봅시다. 4해 초라는 것은 천문학적인 숫자입니다. 10^{20}승 초이거든요.

이것을 다시 시간으로 환산하면 약 12조 년입니다. 자, 도둑이 20개 짜리 비밀번호를 푸는 데 12조 년이 걸립니다.

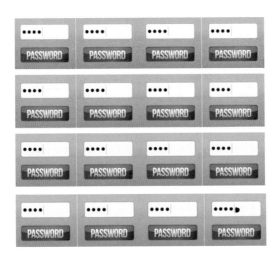

그림 0-39. 위와 같은 아미노산 65개짜리 단백질의 아미노산 배열을 맞추는 것은 한 조합당 4초 만에 한다면 12,600,000,000,000,000,000,000,000,000,000,000,000,000,000년 (1.26 해 X 해 년)이 걸린다. 거의 무한대의 시간이 걸린다고 보아야 한다.

이런 식으로 쭉 계산해보면 위와 같은 아미노산 65개짜리 단백질의 아미노산의 배열을 맞추는 것은 한 조합당 4초 만에 한다고 해도 12,600,000,000,000,000,000,000,000,000,000,000,000,000,000년(1.26 해 × 해 년)이 걸린다. 거의 무한대의 시간이 걸린다고 보아야 하는 거죠?

문제는 이제 겨우 아미노산 50개짜리 단백질 하나 만들어 내었다는 것입니다. 그것도 가장 간단한 단백질 하나 만들었네요. 하지만 문제는 지금부터입니다. 가장 간단한 박테리아 한 마리 만드는 데도 필요한 단백질의 수는 약 1,000개 정도입니다. 그것도 보통은 아미노산이

300개 정도가 되는 것, 500개 정도 되는 것도 필요합니다. 사실 아미노산 50개짜리로 된 단백질은 드물다고 보아야 합니다. 보통 저등생물에서는 150개에서 300개 정도가 많고 보다 더 고등동물에서는 300개 이상이 가장 흔하거든요. 이러한 단백질을 만들어 낼 확률은 사실 불가능에 가까운 확률입니다. 즉 20^{150}, 20^{300}, 2^{500} 이러한 확률입니다. 실로 무지막지한 확률을 극복해야 합니다. 자연은 어떻게 이러한 단백질을 무지막지하게 많이 만들어 내었던 것일까요? 우리의 자연은 얼마나 능력이 있는 것일까요? 우주의 역사가 137억 년인데 벌써 진화론은 시간이 너무 부족합니다. 우주 전체의 시간은 13,700,000,000년 ($1.37×10^{10}$년)입니다. 그런데 50개짜리 아미노산 단백질을 만드는 데만 해도 시간이 벌써 $1.26×10^{40}$년이 걸리네요. 우주 전체의 시간보다 약 100억 해 년(10^{30}년)이 더 걸렸습니다.

그림 0-40. 아미노산 50개짜리 단백질을 만드는 경우의 수를 슈퍼컴퓨터를 이용해서 맞추어 본다고 하자. 위의 확률은 슈퍼컴퓨터를 동원한다고 해도 10의 30승 년(100억 해 년 1,000,000,000,000,000,000,000,000,000,000년)이 걸린다.

자, 시간이 오래 걸리니 이 도둑이 세계에서 가장 빨리 조합을 만들어 내는 슈퍼컴퓨터를 가지고 와서 65개짜리 비밀번호를 풀려고 합니다. 이 슈퍼컴퓨터는 1초에 무려 10^{15}승(약 천 조 개)의 조합을 만들어 낼 수가 있습니다.

1초에 천조 개(1,000,000,000,000,000)나 연산을 빨리할 수 있으니 이 문을 더 빨리 열 수 있다고 생각할 것입니다. 1초에 천조 개의 연산을 할 수 있으니 얼마나 빠른 컴퓨터입니까? 1년이면 약 315해 개(3.15×10^{22})의 연산을 할 수 있습니다. 하지만 이 슈퍼컴퓨터로도 10^{65}개의 비밀번호를 풀려면 10^{33}년(10조 해 년, 1,000,000,000,000,000,000,000,000,000,000,000년)을 더 계산해야 합니다. 10조 년이 아닙니다. 10조 해년은 10조 년을 해의 수(10^{20})만큼이나 반복해야 하는 거의 영원에 가까운 세월입니다. 즉 슈퍼컴퓨터로도 거의 무한대에 가까운 시간을 투자해야지만 50개짜리의 정확한 아미노산의 배열을 풀어낼 수가 있다는 것입니다.

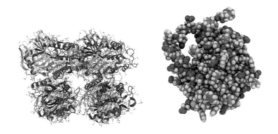

그림 0-41. 더구나 단백질은 우리가 생각했던 1차원 구조가 아니다. 대부분 단백질은 3차원, 4차원 구조이다. 이때의 확률은 더 올라간다.

더군다나 1990년대 이후에 급속히 발전한 분자생물학에 의하자면 단백질은 1차원 구조가 아닙니다. 대부분이 3차원 구조를 가지고 있어요. 이 확률로 환산해보면 50개짜리 아미노산을 1차적으로 결합한 다음, 3차원적인 구조까지 가지게 되려면 확률이 훨씬 더 올라갑니다.

종합적으로 말하자면 이러한 많은 시간이 걸리는 문제들은 인간이나 자연 등등 공간적인 존재에게는 힘든 일입니다. 우리에게는 시간이 별로 없기 때문입니다. 이러한 엄청난 시행착오를 겪을 시간이 우리와 같은 공간적인 존재들에게는 부족하다는 거예요. 앞에서 말씀드렸다시피 신은 시간의 존재이기 때문에 위와 같이 시간이 오래 걸리는 것도 문제가 없다는 겁니다.

진화론 부분에서 이런 이야기를 하는 이유는 진화 자체가 시간에 관한 이야기이기 때문이에요. 이렇듯 생명의 창조라는 것은 무한대의 시간이 필요한 일입니다. 엄청난 시행착오를 겪어야 하는 일이거든요. 시행착오에는 반드시 시간이 필요합니다. 그것도 엄청나게 많은 시간이 필요해요. 그 시간을 공간의 세계에서는 도저히 감당을 할 수가 없습니다.

즉, 우리가 사는 공간의 세계는 시간의 실체가 없는 세계이기 때문입니다. 시간의 세계가 같이 공존할 때만 이러한 확률 게임이 가능하게 되거든요.

사실은 문제는 그다음이 더 심각합니다. 좀 더 정확히 말하자면 아미노산이 만들어지기 전의 문제이죠. 바로 DNA 문제입니다. 즉 단백질은 그냥 만들어지는 것이 아닙니다. 유전자가 있어야만 만들어지게 돼요. 아시다시피 DNA는 A, T, G, C라는 4개의 염기가 돌아가면서 정보를 저장해서 유전자의 역할을 하는 것입니다. 그런데 문제는 단백질이 만들어지기 전에 이 유전자라는 것이 먼저 만들어져야 하는데 이 유전자도 1,000개 정도의 A, T, G, C의 염기가 붙어야 만들어진다는 것입니다. 이를 계산하자면 4^{1000} 정도가 되거든요. 이 확률은 어떻게 계산해야 할까요?

예를 들어 300개짜리 아미노산으로 이루어진 단백질을 만든다고 해봅시다. 여기에는 약 900개의 DNA 염기 조합이 필요해요. 즉 ATT, AGC, CGG⋯ 등등 3개의 염기가 아미노산 하나를 만들어 내게 되기 때문에, 300개짜리 아미노산으로 된 단백질 하나를 만들어 내기 위해서는 약 900개의 염기 조합이 필요하다는 겁니다. 확률이 더 늘어나는 것이죠. 즉 4^{900}의 확률이 맞아떨어져야 하는 겁니다. 이런 이야기는 아마 한 번도 들어 보신 적이 없는 분들이 많을 겁니다.

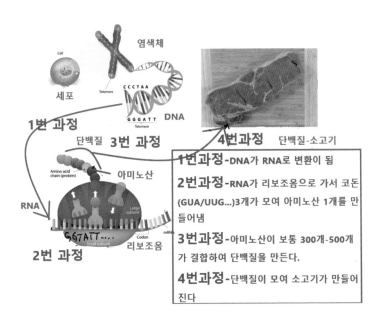

그림 0-42. 아미노산 300개짜리 단백질이 만들어 지는 과정. 먼저 DNA에서 4^{900}개의 경우의 수를 만족을 시키는 것이 기본 전제이다. 또한 그 후에 10^{390}개의 경우의 수가 만족이 되어야 한다.

즉, 위의 그림과 딱 맞아떨어져야 정확한 아미노산이 만들어지게 되고, 이 아미노산들이 또한 정확하게 결합이 되어야 여기에 맞는 단백질이 만들어진다는 것입니다. 즉 3개의 염기 조합당 하나의 아미노산이 해당이 되거든요? 그러니까 300개짜리 아미노산 단백질이면 약 900개의 유전자의 염기 조합이 필요하고요, 500개짜리 아미노산 단백질이면 약 1,500개의 유전자 염기 조합이 정확히 맞아떨어져야 한다는 말입니다. 이게 과연 자연 속에서 우연히 일어날 수 있는 일일까요? 그래서 아미노산의 수를 300개로 잡으면 DNA 단계에서는 4^{900}이라는 확률의 수가 나온다는 것입니다. 이 확률은 계산하기조차 힘들정도로 큰 확률입니다. 1,500개를 잡으면 약 4^{1500}입니다. 즉 이러한 코돈의 배열(CGG, GGA, TCC 등등)이 정확히 맞아떨어져야 정확한 아미노산이 만들어지는 거죠.

우리가 백 번 진화론에 양보를 한다고 해도 이렇게 수학적으로 불가능해 보이는 경우의 수를 자연이 혼자 알아서 맞추어 내었다는 것은 실로 불가능하게 보인다는 것입니다. 여기에서 다시 시간론의 문제가 나오는데요. 신처럼 시간의 구애를 안 받는 존재만이 이러한 확률을 다 계산해서 생명체를 만들 수 있다는 결론인 것이죠.

1990년대 이후로 지적설계론이 갑자기 부상한 이유도 이러한 분자생물학적인 근거들이 나오기 때문입니다. 자연이라는 존재가 이러한 어마어마한 확률을 혼자서 지배한다는 것은 불가능하다고 생각하기 때문입니다.

원자　　　　아미노산　　　　단백질　　　박테리아, 세포

초기 식물과 삼엽충, 아노말리카리스　　　　해양식물

어류　　　　　　　　육지식물

양서류　　　　파충류　　　　포유류

조류　　　　　원숭이　　　　사람

그림 0-43. 진화라는 개념은 원래 무목적적이고 우연적으로 살아남는다는 개념이지, 발전한다는 개념이 아니다. 하지만 자연계에서 일어난 위의 그림을 보면 자연은 아주 목적적이고 질서적으로 생명을 탄생시켜 온 것 같다. 우리는 진화를 발전적인 개념이라고 쓰면 안 된다. 사실 그러한 개념은 진화의 원래 취지와는 정반대의 개념임을 알아야 한다.

위의 그림을 보아서는 우리가 알고 있는 진화 본연의 원칙인 우연의 반복에 의한 환경 적응이라는 말과는 전혀 다르게 보입니다. 즉 발전된 생물체로 나아가는 어떠한 목적을 가진 과정으로 보이고 있어요. 그것도 아주 고차원적인 합목적적인 목적을 가지고 발전해 나아가는 조직도처럼 보입니다.

진화론의 기본 개념은 목적론적인 것이 아닙니다. 모든 것이 우연적으로 살아남은 거고, 돌연변이에 의한 자연의 선택이에요. 즉 우리는 어떠한 조직이 발전할 때 조직이 진화한다는 말을 쓰는데요. 이는 어쩌면 진화론이 말하는 것과는 전혀 상관이 없는, 어쩌면 정반대의 개념을 이야기하는 거예요. 우연이라는 말은 목적이 없는 거잖아요. 진화론이 이야기하는 것은 우연에 의해서 환경이 변했는데, 그 환경이 살아남은 생물의 조건과 우연히 맞아떨어진 겁니다. 그래서 자연선택이라는 말을 쓰잖아요? 발전한다는 개념이 전혀 아니라는 말입니다. 근데 사람들은 뭐 이야기를 하고 있어요? 계속 진화한다는 말을 계속 발전을 하고 있다는 의미로 쓰고 있죠? 진화에 목적이 있습니까? 진화의 진정한 개념은 목적이라는 개념과는 정반대의 개념인 우연이라는 의미가 가장 중요한 개념입니다. 즉 발전이라는 말은 진화하고는 반대되는 개념입니다. 진화의 기본 개념은 우연과 적자생존이에요. 이걸 명확히 아셔야 합니다.

근데 단백질 하나도 만들기 힘든 상황에 무슨 진화가 될 시간이 됩니까? 위의 계산에 따르자면 지구 생명의 역사 38억 년도 찰나의 순간에 불과합니다.

과학이란 논리 이전에 상식에 어긋나지 않아야 하거든요? 자식이 부모를 낳을 수는 없는 것 아니겠습니까? 하지만 그것도 엄밀한 의미에서는 확률이 0이라고는 할 수가 없지요. 그렇게 본다면 신이 존재할 확률도 0은 아니거든요?

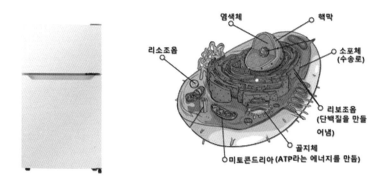

그림 0-44. 우리가 쓰는 냉장고는 전원이 한번 나가면 다시 충전을 시켜서 쓰면 되지만 생명체는 절대 전원이 나가면 안 된다. 왜냐하면 생명체는 충전한다고 해서 다시 살아나지 않기 때문이다. 이것이 우리 우주의 물질의 세계와 생명의 세계와의 근본적인 차이이다.

생명체의 특이한 현상은 생명체는 다시 살릴 수가 없다는 겁니다. 냉장고는 부속이 하나가 없더라도 그 부속을 나중에 채워주면 돌아갑니다. 다시 살릴 수가 있는 것이죠. 즉 기계는 다시 살릴 수가 있지만 생명체는 다시 살릴 수가 없어요. 생명체는 부속이 한꺼번에 일시에 존재해야 하고 이것들이 일시에 연결이 되어야 돌아간다는 것입니다. 이것이 바로 냉장고와 생명체와의 결정적인 차이점입니다. 이 책 전체의 주제이기도 합니다. 생명체의 삶은 일회성이고 기계의 삶은 그렇지 않다는 것입니다. 즉 생명체는 일회성으로 존재하며 한 번에 완성이 되어야 한다는 것이죠. 기계처럼 여기저기서 부속을 만들어와 조합하는 개념이 아니라는 겁니다. 한번 무생물은 무생물이고 한번 생명은 생명이라는 것이지요. 그런 면에서 본다면 진화적으로 생명체가 탄생하기까지는 생명과 비생명의 단계를 수없이 왔다 갔다 했다는 결론이 나옵니다. 왜냐하면 수많은 시행착오를 거쳐야지만 진화론적인 생명체는 탄생이 되는 것이거든요. 이것은 원래 생명체의 개념과는 전혀 맞지 않다는 것입니다. 즉 생명체가 죽을 수는 있으나, 죽은 생물이 다시 살아날 수는 없기 때문입니다. 한마디로 말이 안 되는 소리이죠!

그리고 중요한 점은 이러한 비생명과 생명을 왔다 갔다 하는 것이 가능하다는 게 진화론이라면 지금도 진화 과정은 지속되어야 합니다. 그리고 지금도 생명체와 비생명체의 중간 과정이 존재해야겠죠.

하지만 지구의 어디를 가봐도 생명체는 생명체이고, 비생명체는 비생명체이지 그 중간은 존재하지 않습니다.

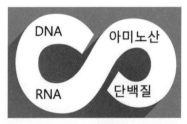

그림 0-45. 생명체라는 것은 기계와는 다르다. 생명체는 부속품을 여기저기에서 모아와서 결합하여 움직이는 시스템이 아니기 때문이다. 생명체의 부속은 위 그림의 뫼비우스 띠처럼 한꺼번에 존재해야 의미가 있다. 생명은 살았다가 죽었다가 할 수가 없기 때문이다. 생명체는 삶 아니면 죽음 두 가지 중에 하나를 선택을 해야만 하는 존재이기 때문이다.

즉, 앞의 그림처럼 DNA, RNA, 아미노산, 단백질이 뫼비우스의 띠처럼 얽혀 있습니다. 이들은 순차적으로 존재해도 의미가 없습니다. 반드시 서로 동시에 존재해야 합니다. 그래야 생명체가 존재할 수 있거든요. 안 그러면 죽었다가 살았다가 하는 과정을 거쳐야 합니다.

즉, 중간에 이 구조를 자르면 생명 자체가 존재하지를 않게 됩니다. 그래서 '알이 먼저냐 닭이 먼저냐'라는 딜레마에 빠지게 된다는 거예요. 즉 DNA에 의해 생산된 단백질에 의해 다시 DNA가 생산이 되게 되기 때문이죠.

즉 아무리 간단한 생명체라도 생명현상은 동시에 진행이 되는 것이지 뭐는 따로, 뭐는 따로 만들어져서는 생명 현상이 진행이 되지를 않는다는 것입니다. 냉장고는 그렇게 만들어도 됩니다. 부품을 따로 모아서 각각 조립한 다음에 딱 결합시키면 되죠. 하지만 생명체에서는 위에 있는 부품이 아래에 있는 부품과 연결되어 있을 뿐만이 아니라 동시에 존재해야지만 가능합니다. 또한 서로가 서로의 생산에 관여해야 하는 유기적인 면에 있어서는 기계와는 완전히 다릅니다.

사실 화석 이야기는 진화론에서는 그렇게 중요한 이야기가 아니거든요? 무슨 말이냐고요? 우리가 빅뱅이론이나 초기 우주론에 대해서 이야기할 때도 마찬가지입니다. 빅뱅이론에서도 사실 가장 중요한 것은 초기 3분 이야기예요. 그 후에 이야기는 별로 의미가 없습니다. 이것은 진화론도 마찬가지예요. 생명의 초기 형성 과정이 가장 중요한 이야기입니다. 그 후에 이야기는 거의 인문학적인 논쟁에 가까워요.

인문학과 철학적인 고찰,
반신론의 형성 과정

(A) 이상세계의 삼각형과 점
(무한히 작은 점과 그들의 모임인 선)

(B) 우리가 흔히 그리는 삼각형과 점
(무한히 작은 점과 그들의 모임인 선)

그림 0-46. 플라톤의 이상세계 예. 즉 플라톤은 무한히 작은 점이나 무한히 작은 선은 인간이 그릴 수가 없다고 보았다. 그러므로 이 세상에서는 완벽한 삼각형을 그릴 수 없다는 것이다. 이것을 시간론 입장에서 보면 플라톤의 말이 맞다. 왜냐하면 무한히 작은 점이나 선을 그리는 것은 무한한 시간을 가진, 시간의 실체적 주인인 신만이 할 수 있는 일이기 때문이다. 이것이 바로 2,500년이 지난 지금도 플라톤의 사상을 무시할 수 없는 이유이다. 플라톤의 '이데아의 세계'는 시간과학에서 이야기했던 바로 저세상 '시간의 세계'를 이야기하는 것이기 때문이다.

철학적으로 보아도 시간세계와 공간세계는 확실히 구분됩니다. 무한히 작은 점은 어떻게 그리죠? 무한히 작은 점 하나를 찍으려고 해도 당장 무한한 시간이 필요하게 됩니다. 즉 무한한 시간을 갖지 않고서는 무한히 작은 점을 찍기 힘들다는 것입니다. 예를 들자면 우리가 내각의 합이 180도인 삼각형을 그린다고 합시다. 그렇다면 먼저 선을 그어야 하는데, 선이라는 것이 뭐지요? 선의 정의를 보자면 무한히 작은 점의 연속체입니다. 하지만 무한히 작은 점이라는 것을 우리가 그릴 수 있을까요? 무한히 작은 점을 그리려면 무한히 작은 점을 그리기 위해서 무한히 많은 시간을 보내야 하지요? 즉 점을 그렸다고 해요. 하지만 그것은 무한히 작은 점이 아니지요? 그러면 무한히 작은 점을 그리기 위해서 또 더 작은 점을 그려야 합니다. 하지만 그 점을 그리고 나면 어떻습니까? 그것이 무한히 작은 점인가요? 아니지요? 무한히 작은 점을 그리기 위해서는 그보다 더 작은 점을 또 그려야 할 겁니다. 이런 식으로 계속 간다는 거죠. 무한히 작은 점을 그리기 위해서는 무한한 시간이 든다는 겁니다.

즉 무한히 작은 점이라는 것은 관념의 세계에 존재하는 것이지, 우리가 사는 세계에 그러한 것은 없다는 거죠. 그 관념의 세계가 바로 '이데아의 세계'라는 겁니다. 바로 시간의 세계입니다. 즉 모든 것의 원형은 이데아의 세계에 존재하고 우리가 사는 세계에는 그것을 흉내 내는 것에 불과한 사물이 존재한다는 것입니다.

플라톤의 이상세계의 예입니다. 즉 플라톤은 무한히 작은 점이나 무한히 작은 선은 인간이 그릴 수가 없다고 보았어요. 그러므로 이 세상에서는 완벽한 삼각형을 그릴 수 없다는 거죠. 이것은 시간론 입장에서 보면 플라톤의 말이 맞습니다. 왜냐하면 무한히 작은 점이나 선을 그리는 것은 무한한 시간을 가진, 시간의 실체적 주인인 신만이 할 수 있는 일이기 때문이에요. 이것이 바로 2500년이 지난 지금도 플라톤의 사상을 무시할 수 없는 이유입니다. 플라톤의 '이데아의 세계'는 시간과학에서 이야기했던 바로 저세상 '시간의 세계'를 이야기하는 것이기 때문입니다.

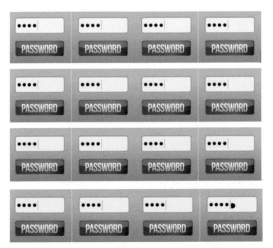

그림 0-47. 위와 마찬가지로 아미노산 50개짜리 단백질 하나 조합하는 데만도 그 경우의 수를 맞추어 보려면 약 12,600,000,000,000,000,000,000,000,000,000,000, 000,000년(1.26 해 X 해)이라는 무한한 시간이 필요하지 않는가? 이러한 것들은 시간을 무한히 소유한 시간의 주인만이 할 수 있는 일이다.

　실제로 시간론과 연관 지어서 이야기해 보자면 무한히 작은 점을 그리려면 무한한 시간을 들여야 하는 겁니다. 즉 오직 시간의 세계에서만 진정한 점을 그릴 수가 있다는 것이지요. 무한히 작은 점을 그린다는 것은 무한한 시간의 소유자에게만 가능한 일이겠지요? 진화론에서도 이야기했듯이 아미노산 50개짜리로 된 단백질을 만들기 위해서도 거의 무한대의 시간이 필요한 것으로 나왔었지요? 왜냐하면 65개짜리 비밀번호를 풀어야 하는 것과 같거든요.

　또한 우리의 공간우주가 쪼개도 쪼개도 아직 나오지 않은 무한히 작은 입자로 되어 있다면 이러한 공간우주를 만드는 데도 무한대의 시간이 걸릴 것입니다. 플라톤의 '이데아의 세계'는 이러한 '시간의 세계'를 이야기한 것입니다. 무한한 시간의 세계를 말한 것이죠. 플라톤

은 시간의 세계가 우리가 사는 공간우주의 원형이라는 것을 정확히
짚어 낸 것입니다.

A: BC 4-5세기 경의 그리스(플라
톤이 살던시대의 지역)

B: BC 7세기 경의 페르시아(조로
아스터교)

C: BC 12-15세기경의 팔레스타인
(유대교)

그림 0-48. 그 당시에 A라는 지역에 살았던 플라톤의 세계(BC 5세기)는 그 전에 이미 B 지역
페르시아의 조로아스터교(BC 7세기), C 지역 팔레스타인의 유대교(BC 15-12세기) 지
역과 무역을 통해 그 지방 종교의 영향을 받은 바 있다. 왜냐하면 플라톤이 살았던
헬라 지역 즉 그리스는 그 당시 상업무역 국가였기 때문이다. 종교적으로 폐쇄적인
팔레스타인과 페르시아 지역이 그리스의 영향을 받았을까 아니면 반대로 상업무
역 국가였던 그리스 지역이 팔레스타인과 페르시아의 사상을 받아들였을까를 생
각해 보면 자명한 이치이다. 당연히 플라톤이 유대교나 조로아스터교의 영향을 받
았을 가능성이 높다는 것이다. 왜냐하면 플라톤은 자신의 전 시대에 살았던, 파르
메니데스의 정지의 철학이나 헤라클레이토스의 변증법적인 철학 등등, 그 전에 나
온 모든 철학과 종교적인 사상까지도 종합해서 플라톤 자신의 철학을 완성했기 때
문이다. 그런데 지금의 철학자들은 정반대로 유대교나 기독교가 플라톤의 영향을
받은 것처럼 이야기하고 있다. 즉 기독교가 플라톤의 이론을 받아들인 것은, 그 전
에 이미 플라톤의 철학이 유대교적인 영향을 받았기 때문에 기독교와 일맥상통한
면이 많았기 때문이다. 그래서 플라톤의 철학을 받아들인 것이라고 이해하는 것이
맞다. 즉 어거스틴의 기독교 철학은 AD 3세기경에 나와서 플라톤의 철학과 유대
교의 철학을 그대로 연결시킨 플로티누스의 신플라톤주의 철학의 영향을 받은 것
이다.

그리고 여기에서 반드시 짚고 넘어가야 할 것이 있어요. 사실 플라
톤의 사상은 여러모로 기독교와 많이 맞아떨어지기는 합니다. 하지만
제가 그전에도 말씀드렸다시피, 보통 철학자들이 기독교 자체가 플라

톤의 영향을 받은 것처럼 이야기하는 데 실제로는 그 반대의 상황이라고 했습니다.

플라톤은 그전에 유행했었던 이오니아 지방(지금의 터키 지역)의 엘레아 학파(파르메니데스, 제논)가 주장한 정지의 철학과 헤라클레이토스의 변증법의 영향을 받아서 사상을 정립한 것으로 알려져 있습니다. 그리고 그리스는 그 당시의 지중해의 최대의 무역국가였습니다. 그러한 점으로 미루어 볼 때 플라톤은 유대교나 조로아스터교에 대해서도 잘 알았을 것으로 보고 있어요. 그러니 기독교가 플라톤의 영향을 받았다기보다는 플라톤의 사상이 오히려 유대교나 조로아스터교의 영향을 받았다고 보는 것이 옳다고 보아야 할 것입니다.

사실 유대교와 조로아스터교의 관계에 있어서도 논란이 많아요. 하지만 조로아스터교가 유대교의 영향을 받았다고 보는 것이 더 정확한 사실입니다.

철저한 이원론적 유일신론 사상을 보여준 조로아스터교는 그 당시의 문화 상황을 볼 때 그 기원을 유대교로 볼 수밖에 없을 정도로 아주 독특한 종교였어요. 그 당시의 오리엔탈 지역에서는 같은 신에 대한 사상을 가진 종교는 유대교 말고는 없거든요. 즉 대부분 혼합 신이나 자연신을 믿는 사상밖에 없었어요. 유대교와 조로아스터교의 신에 관한 사상은 그 당시에 아주 특이한 사상이었습니다.

그런데 조로아스터교가 나온 시점을 보면 조로아스터교가 유대교의 영향을 받았다고 보는 게 맞아요. 즉 이스라엘의 멸망 시기와 조로아스터교의 출현 시기가 일치하고 있거든요. 즉 BC 722년에는 북이스라엘이 앗시리아에 의해서 멸망하고, BC 586년에는 바빌로니아에 의해서 남쪽 유다가 멸망하게 되죠. 그런데 공교롭게도 BC 600년대 중반에 조로아스터교가 출현합니다. 보통 조로아스터교를 창시한 조로아스터의 출생연도를 BC 660년경으로 보고 있거든요. 즉 이러한 우연의 일치(?)를 볼 때, 유대인이 페르시아 지역에 있는 나라들의 포로로 잡혀가던 시절에 유대교의 사상이 페르시아 지역에 유입이 되었을 것이라는 생각이 더 합리적이지 않겠습니까?

정확히 말하자면 조로아스터교의 이원론적인 유일신 사상은, 유대교의 사상을 페르시아 지역에서 자기들만의 식으로 재해석해서 만들어진 것이라고 보는 것이 더 합리적인 생각입니다. 그런데 이것을 정반대로 해석한 사람들이 있어요. 하지만 생각해 보세요. 유대교가 형성된 시기를 최소 BC 12세기나, 오래 보면 BC 15세기까지 보고 있습니다. 그렇다면 훨씬 더 오래된 유대교가 조로아스터교의 영향을 받았겠습니까? 아니면 800년 후에 나온 조로아스터교가 유대교의 영향을 받았을까요? 말할 가치도 없는 당연한 이야기이죠. 당연히 조로아스터교가 유대교의 영향을 받았겠지요. 출현 시기를 볼 때나 사상의 유사성을 볼 때 이것은 명확한 사실입니다.

그리고 앞에서 말씀드렸다시피 플라톤이 살던 그리스 지역은 농토가 거의 없어요. 그래서 그리스인들은 일찍부터 해상무역을 발달시켜서 먹고살아야 했습니다. 그래서 말하는 기술이 발달한 거예요. 즉 상인으로 먹고살려면 어떻게 해야 합니까? 당연히 말을 잘해야 하지요. 그래서 그리스 지역에서는 일찍부터 말하기를 좋아하고, 토론을 잘했어요. 그래서 철학이 일찍부터 발달을 했는지도 모릅니다. 심지어는 말하는 법을 가르치면서 먹고살던 소피스트들까지 나왔잖아요?

여하튼 그리스는 고대에 가장 발달한 상업 국가였습니다. 그래서 많이 돌아다녀야 했어요. 여기도 가보고, 저기도 가보면서 견문을 넓힐 필요가 있었던 거죠. 그래서 그 당시에 주위 국가들에 대해서 아주 잘 알고 있었어요. 사실 알고 보면 파르메니데스나 제논 등의 엘레아 학파가 살았던 이오니아 지방도 전혀 다른 나라였었죠. 하지만 플라톤은 그 지역의 사람들의 사상에 대해서 잘 알고 있었잖아요? 마찬가지로 팔레스타인 지역의 유대교나 페르시아 지역의 조로아스터교에 대해서도 잘 알고 있었습니다. 사실 파르메니데스 같은 사람의 철학도 가만히 보면 유대교나 조로아스터교처럼 신학적인 부분에 대해서 이야기하는 부분이 많아요. 즉 그 당시 이미 문명권들이 서로가 서로에게 배우고 영향을 미치고 살았다는 증거입니다. 그런 면에서 본다면 플라톤의 사상에 유대교적인 부분과, 조로아스터적인 부분이 들어가 있다고 보는 것이 확실하다는 겁니다.

그리고 여기서 제일 중요한 사람이 AD 3세기경에 나타나 플라톤의 사상을 재정립한 신플라톤주의로 불리는 플로티누스(AD 205~270)라는 사람입니다. 이 사람은 아예 자기의 철학을 플라톤의 사상과 유대교의 사상을 혼용해서 만들었어요. 초기 기독교 사상을 정립한 사람이 우리가 잘 아는 어거스틴(AD 354~430)이라는 사람인데 어거스틴이 바로 이 플로티누스의 사상을 많이 인용한 것은 사실입니다. 하지만 앞에서 보았듯이 플라톤도 이미 유대교의 영향을 받은 상태에서 자신의 철학을 발전시켰고, 플라톤의 사상을 계승한 플로티누스는 아예 유대교의 사상을 플라톤의 사상과 접목시킨 사람입니다.

즉 어거스틴이 받아들인 것은 플로티누스의 신플라톤주의를 받아들인 것이 아니라, 플라톤과 플로티누스에 의해서 철학적으로 재해석된 유대교를 받아들인 것입니다. 즉 유대교의 철학을 계승하여 기독교의 철학을 완성했다고 보는 것이 더 정확한 표현인 것입니다. 이러한 내용을 잘 모르는 사람들이 어거스틴이 플라톤과 플로티누스의 철학을 바탕으로 기독교 철학을 만들어 낸 것처럼 이야기하는 것은, 하나만 알고 둘은 모르는 말 그대로 아주 잘못된 생각이라는 것입니다.

인간의 영혼은
어떻게 만들어지는가?

신이 제일 먼저 한 게 뭐였죠? 바로 '말'이었죠? 말로 천지를 창조했다고 했잖아요. 바로 언어를 사용한 겁니다. 즉 이 '말'이라는 것은 그렇게 단순한 것이 아닙니다. 근대주의 시대의 사람들에게 신이 말로 우주를 창조하였다는 것이 제일 웃음거리가 되었는데, 정작 지금 현대의 학자들은 이 말의 중요성에 집중을 하고 있거든요. 특히 정신의학이라든지 심리학에서는 말이 얼마나 중요합니까? 말이 거의 전부라고 봐도 될 정도예요. 앞에 시간론에서 잠깐 다룬 바 있지만 "영혼의 세계는 시간의 세계이다. 그리고 지금 이 공간우주에서는 실체적인 시간은 없어지고 시간의 흔적인 시계만이 남아 있다. 이 공간우주에서 진정한 시간은 우리의 영혼 안에만 존재하고 있다. 즉 좀 더 정확히 말하자면 우리가 사는 공간우주에서의 실체적인 시간은 영혼 안에서만 인식되는 것이다. 그리고 그 영혼에 가장 핵심적인 역할을 하는 것은 바로 언어다."라고 다소 복잡한 이야기를 하였습니다. 다소 복잡한 이야기이니까 시간론 부분을 참조해 주십시오.

이제부터 언어와 인간의 영혼의 관계성에 대해서 이야기하고자 합니다.

이러한 언어에 대해서 이야기를 하신 분이 비고츠키(AD 1896-1934)란 분이에요. 이분은 러시아 교육자인데요, 피아제(AD 1896~1980)와 쌍벽을 이룰 정도로 아동발달 심리학 연구를 많이 하신 분이에요. 러시아 학자였기 때문에 서구인들이나 우리에게는 조금 생소하신 분이라고 했습니다. 최근에 많이 연구되고 있는 분이지요.

이분이 굉장한 이론을 제시를 했죠. 이분의 연구에 의하자면 감각을 받아들이는 것에는 시각장과 청각장이 있다고 합니다. 그런데 이 중에서 시각장이라는 것은 시간이 안 걸린다고 해요. 즉 딱 한눈에 보여주는 거잖아요. 그러니까 동물과 인간은 시각의 보는 눈은 똑같습니다. 시간의 전후가 없기 때문이에요.

하지만 인간의 청각은 시간이 걸립니다. 언어 때문에 그렇습니다. 우리가 흔히 하는 말이 한국말은 끝까지 들어봐야 안다고 하죠? 즉 이해하는 데 시간이 걸린다는 말입니다. 언어에는 바로 시간의 개념이 있기 때문에 그렇습니다. 이해하는 데 순차적으로 해석을 해야 하기 때문에 시간이 필요한 거예요. 즉 인간의 청각은 언어라는 장치가 있어서 순차적으로, 시간적으로 이해해야 합니다.

동물에게는 청각에서도 시간이 필요가 없죠. 동물한테 청각은 시각과 마찬가지로 신호체계에 불과하기 때문에 그렇습니다.

즉 '시각장'은 순간으로 펼쳐지기 때문에 '시간이 걸리지 않는' 반면, '청각장'은 말소리를 들으면서 정리를 해야 되는 '시간장이 형성'이 된다는 거죠.

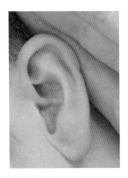

그림 0-49. 비고츠키에 따르면 눈은 뇌에 '공간장'을 형성하고 귀는 언어의 영향으로 인해 뇌에 '시간장'을 형성한다고 하는 아주 중요한 발견을 하였다. 언어에 의해 만들어지는 이 '시간장'이 인간의 영혼에 시간적인 존재를 만들고 그것이 바로 '영혼'이라는 기관이다.

  언어에 의한 청각장의 특징은 시간적으로, 순차적으로 언어를 정리해야 된다는 겁니다. 시각은 딱 보고 아는 거지만, 청각은 듣고 정리를 하고 논리를 채워 나가는 과정이 필요하다는 거예요. 이렇게 함으로써 시간장이 만들어진다는 겁니다. 이 사실은 굉장히 중요합니다. 굉장한 이론이에요.

  그러니까 인간이, 인간이 될 수 있는 것은 언어에 의한 청각장이 발달하면서 인간의 뇌 안에 시간장이 생성이 되기 때문이라는 거죠. 그리고 마침내 인간은 이 시간장 안에서 영혼이라는 것을 형성하게 되고, 목적 지향적인 존재가 된다는 것입니다.

  즉 인간은 이러한 시간장이 존재하므로 영혼의 특성을 띠게 되어 목적 지향적인 존재가 되고, 동물은 아무리 지능이 높다고 하여도 언어라는 것이 없기 때문에 이러한 시간장이 형성이 되지 않아 전일지향적 즉 본능 지향적인 존재가 됩니다.

  전일지향적이라는 말은 오로지 본능에만 집중을 한다는 말입니다.

즉 동물들은 오로지 먹고사는 것에만 관심을 가지지요? 집에서 개를 키워 보신 분들은 알겠지만, 개들을 한 10년 정도 키우면 사람 짓을 한다고 그러잖아요? 물론 개들이 인간과 언어 동화작용을 통해서 굉장히 영특해지는 것은 사실입니다. 하지만 그 영특해진다는 것이 자기의 본능에 더 충실해지게 된다는 것이지 인격적으로 성장한다는 것은 아니잖아요?

그림 0-50. 개를 10년 정도 키우다 보면 거의 사람처럼 행동하는 것을 볼 수 있다. 하지만 이때에도 개는 자기 자신의 본능에 밖에 관심이 없다. 단지 그것을 세련되게 표현하는 것일 뿐이다.

즉 개들이 어렸을 때는 먹을 것을 주라고 하는 방식이 짖는 행위만을 했지만, 나이가 들어서는 눈짓을 하거나 어떠한 제스처를 더 취한다든지 하는 것이 달라진다는 것일 뿐입니다. 개들은 아무리 나이를 먹어도 본능만을 추구합니다. 개들이 인간처럼 된다고 해서 말을 하거나, 양심을 추구하지는 않잖아요? 개들이 오로지 좋아하는 게 뭐예요? 그들에게는 오로지 먹는 즐거움이나 편안해지고 싶은 본능 밖에는 없잖아요? 그 부분은 개들이 설사 100년을 산다고 해도 똑같을 것입니다. 이것이 바로 전일지향적인 삶을 산다는 말입니다.

굉장히 중요한 내용입니다. 즉 인간은 언어에 의한 시간장이 형성이 되면서, 영혼이 만들어지게 되고, 시간을 잡아내어 시간장을 형성합니다. 그럼으로써 영혼적인 존재가 될 수가 있습니다. 동물에게는 이 과정이 없다는 거예요. 그래서 언어가 진정한 인간을 만든다는 말이 이런 의미인 것입니다.

인간이 언어를 통해서 청각장을 시간장으로 변형시키고, 그 시간장을 통해서 영혼을 만든다는 이야기는 아주 중요한 이야기입니다. 영혼은 시간적인 존재라는 이야기를 했지요? 영혼과 시간, 시간과 중력, 그리고 중력과 생명의 연관성을 잘 살펴보아야 합니다. 이런 면에서 본다면 중력자와 영혼은 우리가 사는 공간우주와 시간의 세계와의 사이에서 매개체 역할을 합니다. 이 말이 이 책 전체의 주제입니다. 큰 스토리이기도 하고요. 그래서 언어에 의한 청각 효과를 통해서 시간장이 만들어진다는 것은 아주 중요한 내용입니다.

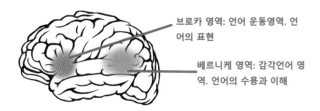

브로카 영역: 언어 운동영역. 언어의 표현

베르니케 영역: 감각언어 영역. 언어의 수용과 이해

그림 0-51. 대뇌의 측두엽에는 두 영역이 있는데 베르니케 영역과 브로카 영역이 그 두 가지이다. 그중에서 베르니케 영역은 언어를 받아들이는 영역이고, 브로카 영역은 언어를 표현하는 영역이다.

우리가 소리를 들으면 귀에 있는 1차 청각피질에서 1차 해석을 합니다. 그리고 그다음으로는 언어감각을 담당하는 곳 즉 베르니케 영역으로 보내죠. 여기에서 언어를 해석하는 거예요. 그리고 그다음으로는 운동언어 영역인 브로카 영역으로 신호를 보내 말을 하는 됩니다. 즉 말을 듣고 그 말을 해석하는 곳이 베르니케 영역이고, 그 말을 해석해서 그것에 마땅한 언어를 만들어 내는 곳이 브로카 영역이라고 보시면 돼요.

이러한 과정을 통해서 이렇게 되면 어떻게 되겠습니까? 대뇌 전체적으로 지식이 쌓이게 되겠죠. 우리가 이것을 통상적으로는 학습이라고 합니다. 그다음에 이것을 기억시키는 겁니다. 기억은 지식을 쌓아주죠. 여기까지의 과정은 동물과 비슷합니다. 하지만 인간에게는 언어라는 매개체가 있어서 이러한 과정의 효율이 동물들과는 거의 무한대로 차이가 날 정도가 됩니다.

언어라는 매개체의 힘은 과연 무엇일까요? 언어라는 매개체의 힘은 놀라운 정보력의 집적입니다. 이는 마치 DNA가 엄청난 함축된 집적도로 생명체에게 유전자로써 어마어마한 정보를 주는 것에 비유를 할 수가 있습니다. 우리의 언어를 가만히 살펴보면 정보를 함축하는 성격이 있음을 알 수가 있지요?

'위산'이라는 말을 살펴볼까요? 여기에는 보다 더 복잡한 말들이 들어가 있어요. '산'이라는 의미와 '위'라는 의미가 들어가 있죠? '위에 있는 산'이라는 의미죠. 즉, 이 말은 위에 존재하는 산이라는 말과 산이 있는 위라는 장소, 그리고 위산의 특징적인 기능까지도 설명해 주고 있죠. 말 자체는 간단해 보이지만 이 말에는 수백 년간 연구해 온 결과 즉, 위에 있는 산이라는 엄청난 정보를 가르쳐 주고 있는 겁니다.

우리가 지금 쓰고 있는 언어들을 보세요. 우리가 쓰고 있는 언어들은 500

년 전의 사람들이 볼 때는 거의 외계어처럼 들릴 것입니다. 엄청난 정보와 역사와 진리가 한마디 한마디에 들어가 있는 것이죠. 지금 시대의 초등학생들은 500년 전의 사람들에 비하면 엄청난 물리학자요, 화학자요, 인문학자인 것입니다. 이것이 바로 언어의 힘인 것입니다.

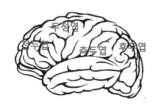 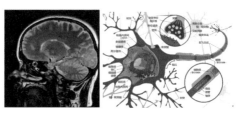

그림 0-52. 인간의 뇌세포는 시냅스로 연결이 되어 있다. 그런데 인간에게는 이 매개체가 조건, 무조건 반사에 의한 단순한 본능이 아니라, 언어반사에 의한 언어가 된다. 그럼으로써 시간장이 형성되게 되고, 이로 인해 동물에게는 생길 수 없는 영혼이라는 시간존재가 형성이 되게 된다.

인간은 뇌라는 도로망도 엄청 발달해 있는데, 거기에 실어 나르는 화물이 최고도로 집적된 정보물(언어)이니, 인간의 뇌는 완벽한 시간장을 형성하게 된 것입니다. 이것이 바로 신이 인간에게 영혼이라는 시간장을 만들어 놓은 방법입니다. 그리고 이 영혼을 통해 인간은 시간의 세계에 들어갈 수 있게 된 것이죠.

· 제 **1** 장 ·

시간론

1. 우리가 알고 있는 시간은
시간의 실체가 아니라
시간의 흔적이다

이 책에서 가장 중요한 주제인 시간 문제에 대해서 먼저 이야기하고 자 합니다. 즉 다른 이야기를 하기 전에 먼저 시간 이야기를 먼저 하 려고 하는 거예요. 다소 어려운 내용일 수도 있으나 이 책에서 가장 중요한 이야기이기 때문입니다. 대체 시간이란 무엇일까요? 시간은 참 으로 신기하고 오묘한 것입니다. 이 세상의 어느 누구도 시간에 대해 서는 명쾌한 답을 못 내놓은 것이 사실입니다.

그렇다면 현재 우리가 가지고 있는 시간에 대해서 한번 생각해 봅시다. 일 단 시간에 대해서 제가 한 말씀 묻겠습니다.

이 책에서 가장 중요한 질문입니다. 자, '우리가 가지고 있는 시간이라는 것은 실체일까요, 관념일까요?' 이게 언뜻 보면 쉬운 문제 같은데 실제로는 그리 단순한 문제가 아닙니다.

시간이 관념이라고 하면 실체가 아니라는 이야기가 되어 버리죠. 즉 실체 적으로 존재하지 않는다는 말이죠. 시간이 존재하는 것이 아닌가요? 우리가 생각할 때 시간이라는 것은 반드시 실체적으로 존재하는 것이잖아요?

바로 이렇게 사람은 시간의 변화에 따라서 늙어가고 있잖아요? 그러니까 시간은 실체적으로 존재해야 하는 것이죠.

하지만 만약 '시간이 실체다.'라고 이야기하면 더 골치가 아파집니다. 무슨 말이냐고요? 시간이 실체라고 하는 것은 시간이 만질 수 있는 존재라는 것입 니다. 즉 실제적인 물체로 존재해야 한다는 말이지요. 실체라는 것의 의미는 3

차원적인 존재 즉 만질 수 있는 입자의 형태로 존재해야 한다는 것입니다. 그렇다면 시간이 입자로 만져지는 존재라는 것은 무엇을 의미하는 것일까요?

시간이 실체적으로 만질 수 있는 3차원적인 존재라는 것의 의미는 시간이 지금처럼 미래로만 가는 편도 1차원의 존재 즉 0.5차원의 존재가 아니고 3차원의 실체로 존재하여야 한다는 것입니다. 즉 시간이 앞뒤, 위아래로 움직일 수 있는 존재라는 것이에요. 시간이 실체라고 하는 것은 바로 시간이라는 것이 되돌릴 수도 있고, 위아래로 뛰어넘을 수도 있는 3차원의 존재라는 것입니다. 그 말의 의미는 뭐죠? 즉 만약에 우리 우주에 존재하는 시간이 3차원적인 실체라면 우리는 시간을 앞뒤로 되돌릴 수도 있고, 시간을 위아래로 뛰어넘을 수도 있어야 한다는 것입니다. 모순적인 이야기가 되어 버리는 거죠.

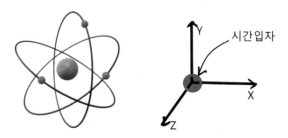

그림 1-1. 위의 그림처럼 어떠한 사물이 실체라고 말할 때는 원자핵이나 전자처럼 3차원적인 구조를 가지고 있어야 하는 것이다. 즉 이처럼 시간도 3차원적인 입자의 형태로 존재해야 실체라고 말할 수 있다.

옛날부터 시간이라는 문제는 실로 심오하고 오묘한 문제였습니다. 어려운 문제이기도 했고요. 심지어 많은 종교지도자들도 최후에는 이 시간 문제 때문에 많이 고생을 했다고 합니다.

그런데 20세기, 즉 1900년대 들어오면서 놀라운 일이 벌어집니다.

즉 바로 시간과 공간이 절대적이라는 개념이 변하고 상대적으로 변해 버리게 되죠. 이는 실로 놀라운 일이죠? 특히 그 당시의 서구인들의 충격은 말할 수 없이 컸습니다. 즉 절대적인 존재라고 믿었던 시간과 공간이 변할 수 있는 존재라니요! 이는 말 그대로 쇼킹한 사건이었죠. 동양적인 사고방식으로는 시간과 공간이 상대적일 수 있어요. 그것은 불교와 힌두교의 사상 때문입니다. 하지만 서양은 다르죠. 즉 기독교 적인 사고방식과 과학주의적인 사고방식이 주류였던 서양 사람들은 아주 큰 혼란에 빠지게 됩니다.

그림 1-2. 아인슈타인

즉 1900년대가 시작하자마자 아인슈타인에 의해 시간과 공간이 상대 적으로 변해버리게 되죠. 그러니까 근대시대(1600~1800년대)에는 시간과 공간이라는 것은 절대적인 조건이었고, 심지어 선험적인, 즉 인간에게 천부적으로 주어진 어떤 조건이라고까지 생각했는데 이것이 철저히 깨 져버린 겁니다. 즉 시간과 공간이 상대적으로 변해버리게 된 거죠.

사실 학문의 체계로 보면 과학, 즉 물리학이나 화학, 생물학 등을 보면 대부분 공간에 대해서 연구를 하는 학문이고요, 인문학은 거의 대부분이 시간에 대한 학문이라는 것을 볼 수 있습니다. 역사학이라든지, 언어학이라든지, 문학 등을 보면 거의 대부분 시간에 대해 연구를 하는 학문인 거죠. 그러니까 극단적으로 이야기하자면 공간은 Science이고 시간은 Non-science라고 보시면 될 거 같아요. 인문학은 시간에 관해 이야기를 많이 하잖아요. 공간에 대해서는 이공계에서 연구를 많이 하고 있다고 보시면 됩니다.

그런데 공간적인 학문들은 어느 정도 완성이 되어 있습니다. 물론 시간에 대해서도 많이 연구를 해왔습니다. 하지만 시간은 아무리 연구를 해도 알 수가 없습니다. 심지어 종교지도자들도 시간에 관해서 많은 고민을 했는데요. 기독교 이론을 정립한 어거스틴의 고백록을 보면 후반부에 시간적인 것에 대해서 언급을 했는데 그것을 보면 거의 내용이 비슷합니다. 예를 들면 "시간이란 무엇인가? 즉 시간은 아직 오지 않았는데 인간은 왜 그렇게 오지 않은 시간을 두려워하고, 지나간 시간은 우리와 아무 관계가 없는 것인데 인간은 왜 그렇게 과거에 얽매이면서 살아가고 있는가? 시간이야말로 인간이 가지고 있는 모든 문제의 근원이다. 시간이란 실로 신묘막측한 것이다. 시간을 곰곰이 생각해보면 시간에 빠져들어서 헤어나지 못하는 사고의 정지상태가 된다."라는 등등의 내용이 나와요. 이런 내용들은 시간을 과학적으로 표현했다기보다는 시적으로 표현한 것들이죠.

이렇게 절대적으로 생각했던 시간이라는 것이 변할 수 있다는 사고방식은 그 당시의 사람들에게 커다란 충격을 준 겁니다. 제가 한 가지 여러분한테 앞에서 드린 질문을 다시 드리고 싶은 게 있는데요. 아주 중요한 질문입니다.

위에서 이야기를 꺼냈는데요. 중요한 문제이기 때문에 다시 한번 질문해 볼게요. 시간은 실체일까요? 관념일까요? 이게 굉장히 어려운 질문이에요. '시간은 관념이다.'라고 말하게 되면 시간이 존재하지 않는 거잖아요. 하지만 시간은 누가 뭐래도 분명히 존재합니다. 이 말은 우리의 전통 관념에 안 맞는 말이지요.

하지만 누군가 또 '시간은 실체이다.'라고 말을 하게 되면 시간의 실체성 문제가 발생하게 됩니다. 즉 바로 시간의 공간성이지요. 즉 시간이 실체적으로 존재한다면 시간이 실체적인 존재 즉 공간적 3차원 존재로 존재해야 합니다. 그러려면 입자성을 띠어야 합니다.

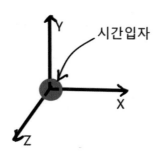

그림 1-3. 시간 입자의 3차원성.

시간이 실체라면 위의 원자의 구조처럼 3차원적인 모습을 띠어야 할 겁니다. 그래야 실체라는 이야기를 할 수가 있습니다.

즉 상기의 그림처럼 기본 입자 형태가 있어야 실체적인 존재라고 이야기하는 것입니다. 그래야 3차원적인 실체이죠? 그럼 시간이 3차원 존재로 존재해야만 한다면 시간의 편도 1차원성이 깨지게 되지요. 그럼 시간이 3차원적으로 존재해야 한다는 결론이 나오게 됩니다. 시간이 3차원적으로 존재한다. 이것이 의미하는 바는 무엇이죠? 시간이 3차원적으로 존재한다는 것은 엄청난 문제를 야기한다고 하였습니다.

즉 3차원적인 존재는 전후, 좌우, 높낮이를 가져야 한다는 것입니다. 시간에 전후, 좌우 높낮이가 있다는 게 무슨 의미일까요?

사실 시간의 편도 1차원성 마저도 아직도 미지수의 개념인데 시간이 3차원적으로 존재한다는 것은 무슨 의미일까요? 시간이 입자성을 띠게 된다는 겁니다. 시간의 3차원적인 입자성! 즉 시간자가 존재하지 않는다면 시간은 관념적인 존재일 수밖에 없다는 겁니다. 이것을 저는 '시간의 패러독스'라고 이야기하는 겁니다. 시간은 패러독스적인 존재인 것입니다. 논리적 모순이 생기게 되는 것이죠.

누구나 시간은 실체적으로 존재하는 것이라 생각할 것입니다. 즉 시간이 실체적으로 존재하는 것이 아니라고 말한다면 다들 펄쩍 뛸 것입니다.

그림 1-4. 시간의 흐름에 따라 노화가 진행된다.

이 사진을 보면서 시간이 실체가 아니고 관념이라고 이야기한다면 누가 그것을 긍정을 할까요? 하지만 과학적으로 엄밀히 이야기하자면 현재 우리가 이야기하는 시간이라는 것은 실체가 아닙니다. 전후, 좌우, 높낮이가 없이 그저 미래로만 흐르는 편도 1차원의 존재이기 때문이지요. 실체가 아닌 것이 확실하지요? 누가 시간을 만져 본 사람이 있나요?

즉 제가 여기서 이야기하는 것은 이 우주에는 시간이 실체적으로 존재하지 않는다는 것입니다. 시간이 존재한다고 말을 하기 위해서는 시간이 3차원적으로 존재함을 증명을 해야 하기 때문입니다. 시간이 3차원적으로 존재함을 증명하려면 어떻게 해야 하죠? 시간의 입자성을 증명을 해야 합니다. 하지만 인류 역사 이래로 시간의 3차원성을 증명한 사람은 단 한 명도 없었습니다.

하지만 그렇다면 왜 사람들은 시간이 실재하는 것이라고 생각을 하는 것일까요? 이것 또한 의문입니다. 우리는 보통 우리 주위의 사물이 변화가 생기는 것을 보고 시간이 흐른다고 생각을 하는 거 같습니다. 하지만 과학적으로 볼 때 우리가 생각하는 시간의 개념과 실체적인 시간의 개념은 전혀 다른 것입니다.

우리가 가지고 있는 시간의 개념을 가만히 생각해 보세요. 시간이 뭐죠? 우리가 가지고 있는 시간이란 개념은 지구가 태양 주위를 도는 1년어치의 공간의 이동을 공간적으로 쪼개서 나누는 공간적인 개념입니다. 즉 공간의 이동을 쪼개서 새로운 시계라는 공간을 만든 거죠. 사실 엄밀히 말하면 우리가 가지고 있는 시간이라는 개념은 변화가 일어나는 정도라고 이야기하는 것이 더 정확한 표현입니다.

그림 1-5. 우리가 아는 시간이란 지구가 태양을 도는 공전주기를 1년 12개와 하루 24개로 나누어 쪼개 놓은 공간의 변형이다.

가만히 생각해 보시죠. 운동장을 보면 흔히 2차원적인 존재라고 생각을 하시죠? 하지만 곰곰이 생각해보면 운동장이 2차원적인 공간인가요? 운동장은 2차원적인 공간이 아니죠? 3차원적인 공간입니다. 그러므로 실체입니다. 또 우리가 흔히 말하는 거미줄을 봅시다. 아주 가늘고 길죠? 흔히 1차원적인 직선을 이야기할 때 거미줄을 이야기하는데요. 거미줄이 1차원적인 존재인가요? 아니죠? 거미줄도 역시 3차원적인 존재입니다. 그러므로 거미줄도 실체입니다.

그림 1-6. 우리가 흔히 2차원이나 1차원으로 생각하는 운동장이나 거미줄도 모두 3차원의 실체적인 존재이다.

우리 우주에 2차원적인 존재가 있습니까? 우리가 사는 세상에 2차원의 면만 있는 존재가 있냐고요? 흔히들 '바닥이 면이다.' 이렇게 이야기하는데 바닥이 2차원 구조는 아니잖아요. 면이라는 개념 자체가 2차원적 개념일 뿐이지 실제로는 전부 다 3차원적으로 존재하는 거죠. 그러므로 모든 실체는 3차원적으로 존재하는 겁니다. 즉 1차원이니 2차원이니 하는 것은 실제로 존재하는 것이 아니라 3차원적인 실체를 설명하기 위한 개념 즉 관념일 뿐인 것입니다.

그런데 유독 실체가 아닌 시간을 왜 실체라고 생각하는 걸까요? 변하는 것에 대한 개념을 시계라는 장치로 시각화해 놓고 시간이라는 개념을 거기에다가 집어넣은 것일 뿐인데 말이죠. 즉 우리가 흔히 말하는 시간이라는 개념은 시간의 개념을 가지고 우리가 사는 공간의 세계에 집어넣어 공간화시키고 수치화한 시계라는 개념이라고 말씀드리고 싶네요.

그렇다면 우리가 생각하는 진정한 시간의 개념은 무엇일까요? 시간이라는 것은 실제적으로 존재합니다. 즉 3차원적인 실체로 말입니다. 하지만 우리가 사는 공간의 세계에 존재하는 것은 아닙니다. 즉 지금 우리가 보고 있는 것은 시간의 일부분입니다. 시간의 흔적이라고 했습니다. 흔적이란 실체가 있음을 보여주는 증거입니다. 우리가 공룡이 존재했음을 어떻게 알지요? 화석을 보면서 아는 거지요? 화석은 살아있는 존재는 아니지만 언제인가 공룡이 살아있었다는 것을 보여주는 증거입니다. 즉 실체의 반영이지요. 그렇다면 공룡의 화석은 공룡이라는 실체를 보여주는 존재라는 면에서 본다면 실체라고 할 수 있지만, 화석은 살아있는 존재가 아니라는 면에서 보면 분명히 실체는 아닙니다. 하지만 화석의 역할은 그전에 살아있고 실체적으로 생명력이 있었던 공룡이라는 존재를 우리에게 이야기해주고 있는 것입니다.

그림 1-7. 공룡의 화석이 실제로 살았었던 공룡의 실체를 보여주는 것처럼 우리 우주의 시계도
시간의 원형에 대해서 간접적으로 보여주는 것이다.

시계도 마찬가지입니다. 시계라는 개념은 시간이라는 본질의 화석에 불과
합니다.

그림 1-8. 우리가 가진 시계는 시간의 원형이 아닌 화석 형태의 시계이다.

우리가 보는 공간이라는 세계에서도 1차원이나 2차원이라는 개념
을 가지고 이야기하지만 실제로 1차원이나 2차원이라는 것은 존재하
는 게 아니라고 했잖아요? 즉 그것은 3차원 공간을 설명하기 위한 일

종의 개념적인 것이라고 했습니다. 즉 3차원이라는 현실적인 존재를 설명하기 위해서 설정해 놓은 일종의 개념 같은 것이지 1차원이나 2차 원적인 존재라는 것은 이 세상에 존재하지 않는 것입니다.

이와 마찬가지로 시계는 시간의 실체가 아니지요. 하지만 화석을 보면서 공간의 3차원적인 실체였던 공룡이 있었다는 것을 알 수가 있듯이 우리도 시계를 보면서 시간의 실체를 미루어 짐작해 볼 수가 있는 것입니다. 그것이 바로 화석의 개념입니다. 즉 언젠가는 존재했을 실체에 대한 현실의 반영체라는 것입니다.

다시 한번 이야기해 보겠습니다. 자꾸 이 이야기를 반복하는 이유는 그만큼 시간의 개념에 대해서 아는 일이 중요한 일이기 때문입니다. 즉 우리가 알고 있는 시간은 어떤 존재죠? 시간은 편도 1차원이에요, 편도 1차원이라는 실체가 있나요? 우주 공간, 우주 전체를 보더라도 1차원이라는 것 자체도 존재하지 않는다고 했습니다. 즉 1차원이니 2차원이니 하는 것은 개념만 존재하는 것이지 실체가 아니라고 했어요. 실체인 3차원적인 존재를 설명하기 위한 일종의 개념 즉 관념인 것입니다. 더군다나 우리가 알고 있는 시간은 편도 1차원이에요. 우주 전체를 놓고 보았을 때 편도 1차원이라는 것은 개념 자체도 엄청나게 특이한 개념입니다.

편도 1차원이라는 존재에 대해서 이야기해 보겠습니다. 우리가 다 알다시피 시간은 편도 1차원이지요? 우리가 가지고 있는 시간이 왕복 1차원적인 존재만 돼도 엄청난 일이 일어납니다. 즉 과거로 갈 수가 있는 것이거든요. 하지만 그런 일은 일어나지 않지요?

2. 시간의 예를 들어보자.
생명의 탄생은 무한한 시간을 필요로 한다.
즉 진화적으로 말하면 시간이 부족하다

단적인 예를 하나 들어 볼게요. 현대과학적으로 진화는 시간이 부족합니다. 무슨 말이냐고요? 아래 내용을 읽어 보시고 다시 이야기하시죠. 신 정도의 능력이 있었기 때문에 38억 년이라는 짧은 시간(?)에 생명의 창조가 가능했습니다.

기본적인 사실을 이야기하고 시작할까 합니다. 즉 진화론의 기초론에 해당한다고 할까요? 사실 진화론에 대해서 이야기하기 시작하면 한도 끝도 없는 이야기가 전개가 됩니다. 저는 초기 상황에 대해서 이야기함으로써 과연 진화론이 가능한 이야기인가에 대해서 이야기를 해보고 싶습니다. 즉 초기 진화론에 대한 이야기인 38억 년 전의 생명 탄생의 시간을 이야기하고자 합니다.

진화론자들이 제일 무서워하고 회피하고자 하는 이야기이기도 합니다.

3대 영양소에 대해서는 다들 들어 보셨죠?

○ 탄수화물 → 포도당 → 에너지원+나머지는 글리코겐으로 저장

○ 지방 → 지방산 → 에너지원+나머지는 지방으로 저장

○ 단백질 → 아미노산 → 에너지원+우리 몸의 세포 구성을 함

네, 맞습니다. 3대 영양소는 다 아시다시피 탄수화물, 단백질, 지방

등이 있습니다. 이 세 가지 영양소가 쪼개지면 바로 최종적으로 포도당, 아미노산, 지방산이 되는 것입니다. 이 중에서 인체 대부분을 형성하는 물질은 바로 단백질이죠. 포도당은 거의 몸을 구성하는 일은 없고 나머지는 지방의 형태로 보관이 됩니다. 즉 우리 몸은 기본적으로 단백질로 되어 있다고 보시면 됩니다. 그런데 그 단백질을 이루는 기본 단위가 바로 아미노산이라는 겁니다.

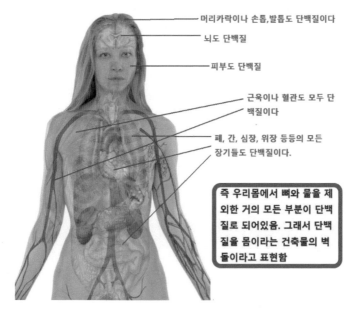

머리카락이나 손톱,발톱도 단백질이다

뇌도 단백질

피부도 단백질

근육이나 혈관도 모두 단백질이다

폐, 간, 심장, 위장 등등의 모든 장기들도 단백질이다.

즉 우리몸에서 뼈와 물을 제외한 거의 모든 부분이 단백질로 되어있음. 그래서 단백질을 몸이라는 건축물의 벽돌이라고 표현함

그림 1-9. 우리 몸의 대부분은 단백질로 이루어져 있다.

생명체가 생겨날 때 가장 먼저 만들어지는 영양소가 아미노산이거든요. 아미노산에 대해서는 다들 들어 보셨을 거예요. 즉 머리카락부터 내부 장기에 이르기까지 뼈를 제외한 우리 몸의 모든 부분을 단백

질이 이루고 있습니다. 그래서 단백질이 중요하다고 이야기합니다. 이러한 단백질에 대해서 이야기할 때 흔히 생명체라는 건물을 만드는 기본적인 벽돌로 이야기하는 것이 그 이유입니다.

아미노산은 가장 기본적으로 약 20가지가 있습니다. 글리신, 알라닌, 발린, 류신, 이소류신, 트레오닌, 세린, 시스테인, 메티오닌, 아스파르트산, 아스파라긴, 글루탐산, 글루타민, 리신, 아르기닌, 히스티딘, 페닐알라닌, 티로신, 트립토판, 프롤린 등이 그것입니다. 원래는 20종이 넘지만 그중에서 단백질을 이루는 것은 20종입니다.

아미노산의 종류

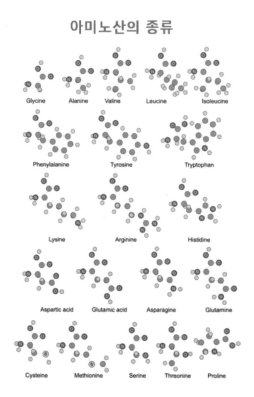

그림 1-10. 우리 몸을 이루는 단백질의 기본 물질인 아미노산. 약 20여 종이 있다.

즉, 위의 아미노산 20개로 모든 단백질을 만들어 내게 되는 것입니다. 자 아미노산이 1번부터 20번까지 있다고 합시다. 우리가 가장 기본적인 단백질을 이루려면은 아미노산이 최소 50개에서 보통 300개 정도 결합을 해야 합니다. 500개짜리 이상도 많습니다.

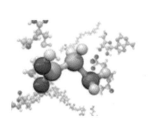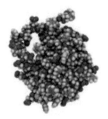

그림 1-11. 왼쪽 그림의 아미노산이 수백 개가 모여 오른쪽의 단백질이 된다.

여기에서 벌어지는 확률이 문제가 됩니다. 즉 아미노산은 20개인데 그중에서 50~300개를 골라서 정확히 배열시켜야 정확한 단백질이 만들어지거든요. 예를 들자면 주사위는 경우의 수가 몇이죠? 주사위의 눈이 6개니까 그중에서 일정한 눈의 수를 골라서 배열을 하려고 하면 어떻게 해야 할까요?

즉 주사위의 눈금의 수를 1-2-3-4-5-6으로 만든다고 합시다. 그러면 그 확률은 어떻게 됩니까? 6개의 자릿수를 맞추려면 각각의 경우의 수가 1/6이므로 6개면 $1/6^6$이 되겠죠? 그럼 이 경우의 총 확률은 1/46,656이 되는 겁니다. 맞죠?

그림 1-12. 주사위의 확률은 각각 1/6이다. 그러므로 위와 같은 배열을 이루기 위해서는 1/6 X 1/6 X 1/6 X 1/6 X1/6 X 1/6이므로 1/66이 된다. 그리하여 총 확률은 1/46,656 이 된다.

그런데 단백질의 경우에는 그 경우의 수가 너무 많다는 게 문제가 된다는 겁니다. 즉 단백질의 경우에는 이 숫자가 주사위처럼 6개가 아니라 20개이므로 경우의 수가 너무 커진다는 거예요.

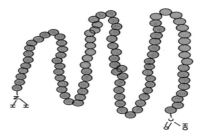

그림 1-13. 위 주사위의 예와 같이 아마노산 91개로 된 단백질의 경우의 수는 각각의 경우의 수가 1/20인 것이 문제가 된다. 위와 같은 식으로 계산하자면 $1/20^{91}$이 되는 것이다. 이는 실로 어마어마한 확률이 된다.

위에 91개의 아미노산으로 된 단백질이 있습니다. 동그라미 하나하나를 아미노산으로 보시면 됩니다. 위의 주사위의 경우의 수는 6개이므로 경우의 수가 비교적 적었지만 단백질의 경우의 수는 복잡해집니다. 일단 눈금의 수라고 볼 수 있는 아미노산의 기본 개수가 20개이거든요. 그럼 20개 중에서 91개를 골라서 배열을 해야 하는 경우의 수가 돼요. 그럼 경우의 수가 어떻게 됩니까? 즉 20의 91승 개의 경우의 수가 생깁니다. 그 경우의 수가 20^{91}개가 되어버리게 되는 거죠. 이를 십진수의 경우의 수로 환산을 하면 약 2.47×10^{118}의 경우의 수가 되어 버리게 돼요. 즉 이러한 내용의 경우의 수와 확률은 24,700,000,000,000,000,000,000,000,000,000,000,000,000,000,000,000,000,000,000,000,000,000,000,000,000,000,000,000,000,000,000,000,000,000,000,000,000,000,000,000,000,000,000,000,000,000,000개의 경우의 수와 확률이 되어 버리게 됩니다.

무슨 말이냐고요? 즉 91개의 아미노산을 정확하게 배열할 경우의 수와 확률이 이렇게 크게 나온다는 것입니다. 경우의 수가 적은 주사위 눈금 배열하는 경우의 수와 그 확률과는 비교가 안 되죠? 문제는 지금부터 시작이 됩니다. 진화론자들이 가장 무서워하는 이야기가 시작됩니다.

단백질은 이런 아미노산이 평균 300개 정도가 모여서 하나의 단백질을 만들어 내게 되는데요. 여기서부터가 어마어마한 일이 벌어지게 되는 구간입니다. 20개의 아미노산 중 300개를 결합하려 하면 그 경우의 수는 20^{300}이 되고 이것을 10진수로 변환을 시키면 약 10^{390}이 됩니다. 즉 20개의 아미노산 중에서 300개를 골라서 배열하는 경우의 수가 그렇다는 말입니다.[1]

이것은 어마어마한 경우의 수이지요? 단적인 예를 들자면 우주에 존재하는 모든 원자의 숫자를 합쳐도 10^{80}개 정도입니다. 이것도 실로 어마어마한 숫자입니다. 너무 큰 숫자이기 때문에 언뜻 이해가 가지 않으실 겁니다. 지구의 인구가 지금 한 70억 명 정도 된다고 하지요? 10^9 정도 되네요. 로또 복권 1등에 당첨될 확률은 814만 분의 1이므로 거의 10^7 정도 됩니다. 그러면 10^{390}의 1의 확률에 당첨이 되려면 로또 복권 1등에 매주 당첨되어서 거의 56주 정도 연속 당첨될 확률이 됩니다. 즉 한 주도 안 빼고 1년 내내 1등에 당첨될 확률이거든요. 여러분 주위에 로또 복권 1등에 당첨되신 분을 본 적이 있으신가요? 엄청난 행운이죠? 그런데 이 분이 한 10주 연속 1등에 당첨이 된다고 생각을 해보세요. 이것이 가능한 일일까요? 이쯤 되면 복권당국에 문제 제기가 들어가겠지요? 엄청난 음모론이 제기가 될 것입니다. 즉 추첨 결과를 누군가 조작을 한다는 생각을 할 것입니다. 누구나 그렇게 생각을 하지 않겠습니까?

---

1)   스티븐 C. 마이어, 『다윈의 의문』, 대표역자 이재신, 겨울나무출판사, 2015년. p 247.

그런데 이 경우는 1년 내내 56주 연속 1등 당첨되는 경우입니다. 이게 누군가의 조작 없이 가능하다고 보십니까? 그리고 설사 그렇더라도 겨우 300개짜리 아미노산 단백질이 달랑 하나 만들어지게 돼요. 그리고 이러한 단백질이 천여 개가 모여야 비로소 박테리아 한 마리가 만들어지게 됩니다.

이것이 가능하다고 하는 것이 바로 진화론입니다. 물론 이것은 다윈이 말하는 사실은 아닙니다. 이것은 1990년대 이후에 발달한 분자생물학이 밝혀낸 사실입니다.

즉 10,390분의 1의 확률을 만족을 시키기 위해서는 조합을 해보아야 하겠지요, 즉 배열을 맞추어 보아야 한다는 것입니다. 즉 가장 유용한 조합을 만들기 위해서는 모든 경우의 수를 맞추어 보아야 한다는 것이죠.

이러한 조합의 과정을 수학적으로 계산을 해 본다면 거의 무한대의 시간이 필요합니다. 그렇게 해도 그 많은 단백질 중의 하나를 만들었을 뿐입니다. 가장 간단한 생물체인 박테리아마저도 이러한 단백질이 최소 1,000여 개 정도가 필요하거든요. 로또 복권은 107개 중의 숫자를 하나 고르는 것이지만 20,300승의 확률은 10,390개 중에 1개를 고르는 것이기 때문입니다. 설마 10,390개 중의 하나를 골라서 1개 맞추는 게임에서 성공한다고 확신한다는 것은 생각 안 하시겠지요? 더군다나 이러한 공의 조합을 천여 번을 반복해서 성공을 해야 박테리아 한 마리가 겨우 만들어지거든요. 이를 반대로 이야기하자면 생명체의 탄생을 위해서는 거의 무한대에 가까운 확률 조합의 시간을 거쳐야 한다는 것입니다.

시간이 얼마나 걸리는지 한번 이야기해 보겠습니다. 일단 아미노산 50개짜리인 단백질이 있다고 합시다. 그러면 일단은 이의 확률은 20^{50}의 확률이 됩니다. 20개의 아미노산 중에서 50개를 골라야 하기 때문입니다. 즉 이 50개의 아미노산의 정확한 배열이 이루어져야지 50개짜리 아미노산을 가진 단백질이 된다는 것입니다. 이 확률도 또한 엄청난 확률입니다. 이를 10진수로 바꾸면 1065 정도의 경우의 수가 되거든요? 이 확률을 잘 살펴보시면 현대 과학에서 진화론에 거는 문제의식이 느껴질 것입니다.

즉, 이것은 비밀번호가 65개인 자물쇠를 푸는 것과 같습니다. 여러분 보통 집에 들어갈 때 아파트 비밀번호가 몇 개이죠? 보통은 4개이죠? 그럼 도둑이 집에 왔을 때 그 번호를 알고 들어올 확률은 거의 없지요? 그 확률이 10,000분의 1이거든요. 즉 비밀번호를 알아내기 위해서는 10,000번의 조합을 해봐야 한다는 의미입니다. 이를 시간으로 따져 본다면 4가지 조합을 만드는데 4초 정도 걸린다고 합시다. 그럼 10,000번을 맞춰봐야 하니 약 40,000초가 걸리겠네요. 그럼 약 11시간을 맞추어 봐야 한다는 결론이 나옵니다. 즉 이때 도둑이 그 집을 털기 힘든 이유는 이렇게 11시간 동안이나 비밀번호를 맞추어 볼 시간이 없기 때문입니다.

그림 1-14. 보통 우리 아파트 현관문의 비밀번호는 보통 4개인데 이것을 도둑이 전혀 모른 상태에서 4개 번호를 맞추기 위해서는 각각의 조합을 다 맞추어 보아야 한다. 한 조합을 맞추는데 각각 4초로 계산하면 약 11시간을 꼬박 맞추어 보아야 한다는 결론이 나온다.

그렇다면 비밀번호가 5개짜리가 되면 어떻게 될까요? 400,000초가 걸리겠지요? 그럼 111시간이 걸립니다. 이렇게 쭉 나아가 봅시다. 비밀번호가 10개 정도 되면 어떻게 됩니까? 이때는 약 400억 초가 필요합니다. 그러면 무려 약 1,268년이 필요합니다. 비밀번호가 10개면 4초는 더 걸리겠지요? 하지만 4초로 치겠습니다. 이것이 바로 지수함수의 힘입니다. 즉 기하급수적으로 늘어나게 되지요?

그림 1-15. 만약 아파트 비밀번호가 20개라면 20개 조합을 맞추는 것을 똑같이 4초 만에 누른다고 해도 이 조합을 푸는 데는 약 12조 년이라는 어마어마한 시간이 걸린다.

위 그림에 보시면 비밀번호 20개짜리가 있습니다. 자 이제 비밀번호 20개짜리로 가봅시다. 그러면 약 4해 초 정도가 필요합니다. 해라는 숫자는 조, 경 다음의 단위이죠. 물론 비밀번호가 20개 정도 되면 누르는 시간도 그만큼 걸리겠지요. 하지만 그런 거 고려하지 않고 평균 4초가 걸린다고 가정해보겠습니다. 4해 초라는 것은 천문학적인 숫자입니다. 10^{20}승 초이거든요. 이것을 다시 시간으로 환산하면 약 12조 년입니다. 자 도둑이 20개짜리 비밀번호를 푸는 데 12조 년이 걸립니다. 20개짜리가 그렇습니다. 이 도둑이 대를 이어서 비밀번호 65개인 자물쇠를 푼다고 생각해봅시다. 이는 거의 무한대의 시간이 필요합니다. 비밀번호 20개짜리가 12조 년이 필요하니 65개짜리는 대체 얼마나 시간이 필요할까요? 그것도 지성이 있는 인간이 하는 일인데도 시간이 이렇게 걸리는데 자연의 선택에 의해서 어떻게 이렇게 빨리 단백질을 만들어 낸 것일까요? 사실 아미노산 50개짜리 단백질은 우리 몸속에 아주 드문 단백질입니다. 사실은 150개에서 300개짜리가 제일 많습니다. 500개 이상 되는 것도 많고요. 자 아무튼 일단 다시 계산에 들어가 보겠습니다. 65개짜리 비밀번호를 도둑이 대를 이어서 아직도 풀고 있다고 생각을 해보죠. 20개짜리는 12조 년이 걸리는데 30개짜리는 얼마나 시간이 걸릴까요? 약 1,268해 년(12,680,000,000,000,000,000,000년)이 걸립니다. 도둑이 30개짜리 비밀번호를 푸는데 4초를 준다고 봤을 때입니다. 한번 끝까지 가봅시다. 이번에는 40개짜리에 도전해 보겠습니다. 이번에도 4초 걸린다고 가정을 해보죠. 1.26백억 해 년이 걸리네요. 이는 상상도 못 할 시간입니다. 거의 무한대의 시간이 걸리는 겁니다. 자 내친김에 50개짜리 비밀번호를 가진 자물쇠로 가봅시다. 12조 해 년이 걸립니다. 60개짜리 갑니다. 126경 해 년(126,000,000,000,000,000,000,000,000,000,000,000년)이 걸리겠네요.

이 도둑은 대체 몇 년을 살아야 할까요? 65개짜리는 1.26 해 해년(해 × 해)이 걸리는 시간입니다. 자 지성이 있는 인간이 아미노산을 조합해서 단백질을 만드는 시간이 이렇게 많이 걸리는 것을 자연은 어떻게 그렇게 쉽게 해냈을까요?

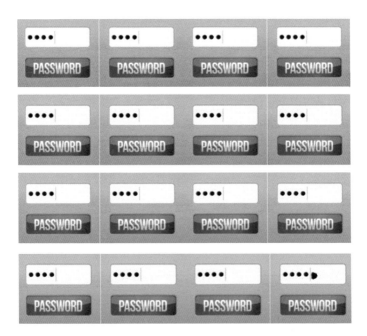

그림 1-16. 위와 같은 아미노산 65개짜리 단백질 아미노산의 배열을 맞추는 것은 한 조합당 4초 만에 한다면 12,600,000,000,000,000,000,000,000,000,000,000,000,000년(1.26 해 × 해 년)이 걸린다. 거의 무한대의 시간이 걸린다고 보아야 한다.

문제는 이제 겨우 아미노산 50개짜리 단백질 하나 만들어 내었습니다. 그 것도 가장 간단한 단백질 하나 만들었네요. 하지만 문제는 지금부터 입니다. 가장 간단한 박테리아 한 마리 만드는 데도 필요한 단백질의 수는 약 1,000개 정도입니다. 그것도 보통은 아미노산이 300개 정도가 되는 것, 500개 정도 되는 것이 필요합니다. 사실 아미노산 50개짜리로 된 단 백질은 드물다고 보아야 합니다. 보통 저등생물에서는 150개에서 300개 정 도가 많고 보다 더 고등동물에서는 300개 이상이 가장 흔하지요. 이러한 단백질을 만들어 낼 확률은 사실 불가능에 가까운 확률입니다. 즉

20^{150}, 20^{300}, 2^{500} 이러한 확률입니다. 실로 무지막지한 확률을 극복해야 합니다. 자연은 어떻게 이러한 단백질을 무지막지하게 많이 만들어내었던 것일까요? 우리의 자연은 얼마나 능력이 있는 것일까요? 우주의 역사가 137억 년인데 벌써 진화론은 시간이 너무 부족합니다. 우주 전체의 시간은 13,700,000,000년(1.37×10^{10}년)입니다. 그런데 50개짜리 아미노산 단백질을 만드는데 만도 시간이 벌써 1.26×10^{40}년이 걸리네요. 우주 전체의 시간보다 약 100 억해 년(10^{30}년)이 더 걸렸습니다.

자, 시간이 많이 걸리니 이 도둑이 세계에서 가장 빨리 조합을 만들어 내는 슈퍼컴퓨터를 가지고 와서 65개짜리 비밀번호를 풀려고 합니다, 이 슈퍼컴퓨터는 1초에 무려 10^{15}승(약 천조 개)의 조합을 만들어낼 수가 있습니다.

그림 1-17. 아미노산 50개짜리 단백질을 만드는 경우의 수를 슈퍼컴퓨터를 이용해서 맞추어 본다고 하자. 위의 확률은 슈퍼컴퓨터를 동원한다고 해도 10의 30승 년(10^{30}년, 100억 해 년 1,000,000,000,000,000,000,000,000,000,000년)이 걸린다.

1초에 천 조개(1,000,000,000,000,000)나 연산을 빨리할 수 있으니 이 문을 더 빨리 열 수 있을 것이라고 생각할 것입니다. 1초에 천조 개의 연산을 할 수 있으니 얼마나 빠른 컴퓨터입니까? 1년이면 약 315해 개(3.15

×10^{22})의 연산을 할 수 있습니다. 하지만 이 슈퍼컴퓨터로도 10^{65}개의 비밀번호를 풀려면 10^{33}년(10조 해 년, 1,000,000,000,000,000,000,000,000,000,000,000,000년)을 더 계산해야 합니다. 10조 년이 아닙니다. 10조 해 년은 10조 년을 해의 수(10^{20})만큼이나 반복해야 하는 거의 영원에 가까운 세월입니다. 즉 슈퍼컴퓨터로도 거의 무한대에 가까운 시간을 투자해야지만 50개짜리의 정확한 아미노산의 배열을 이루어 낼 수가 있다는 것이에요. 그렇다면 100개, 300개, 500개짜리는 어떻게 된 것일까요? 즉 가장 기본적인 단백질을 하나 만드는 데도 이러한 긴 시간이 필요한 겁니다. 더구나 최초의 생명체라고 여겨지는 가장 기본적인 생물체인 박테리아에게도 최소한 1,000개의 단백질이 필요하거든요. 그렇다면 대체 자연은 어떻게 이러한 단백질을 정확히 만들어 내었던 것일까요? 시간이 너무 짧습니다. 이것이 현재 분자생물학에서 이야기하는 문제점입니다.

사실은 문제는 그다음이 더 심각합니다. 좀 더 정확히 말하자면 아미노산이 만들어지기 전의 문제이죠. 바로 DNA 문제입니다. 즉 단백질은 그냥 만들어지는 것이 아닙니다. 유전자가 있어야지만 만들어지게 됩니다. 아시다시피 DNA는 A, T, G, C라는 4개의 염기가 돌아가면서 정보를 저장해서 유전자의 역할을 하는 것입니다. 그런데 문제는 단백질이 만들어지기 전에 이 유전자라는 것이 먼저 만들어져야 하는데 이 유전자도 보통 1,000개 정도의 A, T, G, C의 염기가 붙어야 만들어진다는 것입니다. 이를 계산하자면 4^{1000} 정도가 되거든요. 이 확률은 어떻게 계산해야 할까요?

예를 들어 300개짜리 아미노산으로 이루어진 단백질을 만든다고 해봅시다. 여기에는 약 900개의 DNA 염기 조합이 필요해요. 즉 ATT, AGC, CGG… 등등 3개의 염기가 아미노산 하나를 만들어 내게 되기 때문에, 300개짜리 아미노산으로 된 단백질 하나를 만들어 내기 위해서는 약 900개의 염기 조합이 필요하다는 겁니다.

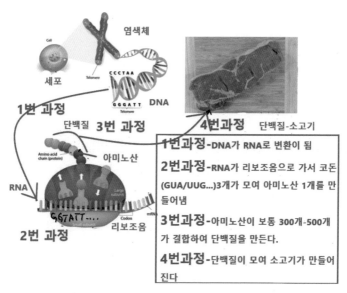

그림 1-18. 아미노산이 모여서 만들어낸 단백질. 이 단백질이 수억 개가 모여 소고기가 된다.

즉 확률이 더 늘어나는 것입니다. 즉 네 가지 염기 중에서 하나를 선택해서 900개의 배열을 해야 하니 그 경우의 수가 4^{900}이 된다는 것입니다. 즉, 결론적으로는 $1/4^{900}$의 확률이 맞아떨어져야 하는 셈이죠. 이런 이야기는 아마 한 번도 들어 보신 적이 없는 분들이 많을 겁니다.

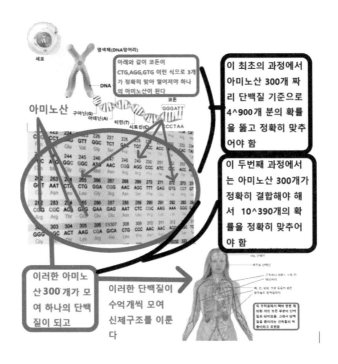

그림 1-19. DNA의 염기(ATT, GCC…) 3개가 각각 아미노산 1개씩을 만든다. 그러므로 300개짜리 아미노산으로 단백질은 DNA의 염기가 900개가 필요함. DNA의 염기는 4개이다. 이 경우는 4개 중에 900개 조합을 만드는 경우이므로 총 경우의 수가 4^{900}이 되는 것이다. 이 경우의 수가 딱 맞아야 그다음 단계로 진행이 된다. 즉 DNA 단계의 4^{900}의 경우의 확률과 아미노산 단계의 10^{390}개의 확률의 수가 정확히 맞아떨어져야 아미노산 300개짜리 단백질이 만들어진다. 이 얼마나 대단한 확률인가?

즉, 위의 그림과 같이 유전자가 딱 맞아떨어져야 정확한 아미노산이 만들어지게 되고, 이 아미노산들이 또한 정확하게 결합이 되어야 여기에 맞는 단백질이 만들어진다는 것입니다. 즉 3개의 염기조합당 하나의 아미노산이 해당이 되거든요? 그러니까 300개짜리 아미노산 단백질이면 약 900개의 유전자의 염기 조합(4^{900})이 필요하고요, 500개짜리 아미노산 단백질이면 약 1,500개의 유전자 염기 조합(4^{1500})이 정확히 맞아떨어져야 한다는 말입니다. 이게 과연 자연 속에서 우연히 일어날 수 있는 일일까요?

3. 심지어 우주 창조의 경우에도 무한한 시간이 필요하다. 플라톤의 이데아론도 일종의 시간 이야기다

예를 들자면 우리가 내각의 합이 180도인 삼각형을 그린다고 합시다. 그렇다면 먼저 선을 그어야 하는데, 선이라는 것이 뭐지요? 선의 정의를 보자면 무한히 작은 점의 연속체입니다. 하지만 무한히 작은 점이라는 것을 우리가 그릴 수 있을까요? 무한히 작은 점을 그리려면 무한히 작은 점을 그리기 위해서 무한히 많은 시간을 보내야 하지요? 즉 점을 그렸다고 해요. 하지만 그것은 무한히 작은 점이 아니지요? 그러면 무한히 작은 점을 그리기 위해서 또 더 작은 점을 그려야 합니다. 하지만 그 점을 그리고 나면 어떻습니까? 그것이 무한히 작은 점인가요? 아니지요? 무한히 작은 점을 그리기 위해서는 그보다 더 작은 점을 또 그려야 할 겁니다. 이런 식으로 계속 간다는 거죠. 무한히 작은 점을 그리기 위해서는 무한한 시간이 든다는 겁니다.

즉 무한히 작은 점이라는 것은 관념의 세계에 존재하는 것이지, 우리가 사는 세계에 그러한 것은 없다는 거죠. 왜냐하면 무한한 시간이라는 것은 우리가 사는 우주에는 존재하지 않기 때문입니다. 그 관념의 세계가 바로 "이데아의 세계"라는 겁니다. 즉 모든 것의 원형은 이데아의 세계에 존재하고 우리가 사는 세계에는 그것을 흉내 내는 것에 불과한 사물이 존재한다는 것입니다.

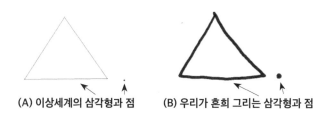

(A) 이상세계의 삼각형과 점   (B) 우리가 흔히 그리는 삼각형과 점

그림 1-20. 플라톤의 이상 세계의 예. 즉 플라톤은 무한히 작은 점이나 무한히 작은 선은 인간이 그릴 수가 없다고 보았다. 그러므로 이 세상에서는 완벽한 삼각형을 그릴 수 없다는 것이다. 이것을 시간론 입장에서 보면 플라톤의 말이 맞다. 왜냐하면 무한히 작은 점이나 선을 그리는 것은 무한한 시간을 가진, 시간의 실체적 주인인 신만이 할 수 있는 일이기 때문이다. 이것이 바로 2,500년이 지난 지금도 플라톤의 사상을 무시할 수 없는 이유이다. 플라톤의 '이데아의 세계'는 시간과학에서 이야기했던 바로 저세상, '시간의 세계'를 정확히 짚어 내었다. 그 오래전에….

예를 들자면 위의 그림에서 (A)를 이상 세계의 삼각형과 점이라고 하고, (B) 그림을 우리가 현실 세계에서 그리는 삼각형과 점이라고 이야기를 해봅시다. 플라톤에 의하자면 우리가 사는 세상에서 아무리 우리가 제대로 된 삼각형과 점을 제대로 그린다고 해도 (A) 같은 삼각형과 점을 그릴 수 없다는 것입니다. 점의 원형이라는 것은 두께가 없는 무한히 작은 한 점인데 (B)의 경우에는 아무리 작은 점을 그리려고 해도 무한히 작은 점은 찍을 수가 없다는 것이죠. 원래 이상적인 점은 두께가 없어야 하거든요. 우리가 사는 이 세상에서는 아무리 점을 잘 찍는다고 해도 두께가 없는 점을 찍을 수는 없다는 것입니다.

이것은 선도 마찬가지입니다. 선이라는 것의 원형은 무한히 작은 점의 연속체이지요? 하지만 위에서 보듯이 무한히 작은 점 자체를 우리가 사는 우주에서는 찍을 수가 없다고 했어요. 그렇다면 당연히 선이라는 것의 원형 자체도 그릴 수가 없는 것이죠.

그리고 또한 우리가 아무리 실제 세계에서 선을 반듯하게 그린다고 해도 관념상의 선처럼 반듯한 선을 그릴 수 있을까요? 원형적인 입장에서 본다면 우리가 아무리 슈퍼컴퓨터를 동원한다 해도 관념상의 선처럼 조금이라도 흐트러지지 않는 선을 그릴 수가 없다는 것입니다. 조금이라도 두께를 가지거나 삐뚤어진 선이라는 것입니다. 그렇다면 진정한 삼각형의 원형인, 내각의 합이 180도의 삼각형도 그릴 수가 없다는 것이죠. 플라톤은 이 부분을 정확히 짚어 내서 이야기하고 있어요.

사실 철학적인 사고의 시작은 여기서부터라고 해도 과언이 아닐 정도로 플라톤은 이러한 어마어마한 통찰력으로 그 당시의 사람들의 사고의 틀을 깨버립니다. 즉 최초의 철학적인 사고를 하게 만든 것이죠.

실제로 시간론과 연관 지어서 이야기해 보자면 무한히 작은 점을 그리려면 무한한 시간을 들여야 하는 겁니다. 즉 오직 시간의 세계에서만 진정한 점을 그릴 수가 있다는 것이지요. 무한히 작은 점을 그린다는 것은 무한한 시간의 소유자에게만 가능한 일이겠지요? 진화론에서도 이야기했듯이 아미노산 50개짜리로 된 단백질을 만들기 위해서도 거의 무한대의 시간이 필요한 것으로 나왔었지요? 또한 우리의 공간우주가 쪼개도 쪼개도 아직 나오지 않은 무한히 작은 입자로 되어 있다면 이러한 공간우주를 만드는데도 무한대의 시간이 걸릴 것입니다. 플라톤의 '이데아의 세계'는 이러한 '시간의 세계'를 이야기한 것입니다. 무한한 시간의 세계를 말한 것이죠. 플라톤은 시간의 세계가 우리가 사는 공간우주의 원형이라는 것을 정확히 짚어 낸 것입니다.

여러분의 결론은 어떠하십니까? 사실 플라톤의 사상은 여러모로 기독교와 많이 맞아떨어지기는 합니다. 하지만 제가 그전에도 말씀드렸다시피, 보통 철학자들이 기독교 자체가 플라톤의 영향을 받은 것처럼 이야기하는 데 실제로는 그 반대의 상황이라고 했습니다.

A: BC 4-5세기 경의 그리스(플라톤이 살던시대의 지역)

B: BC 7세기 경의 페르시아(조로아스터교)

C: BC 12-15세기경의 팔레스타인 (유대교)

그림 1-21. 그 당시에 A라는 지역에 살았던 플라톤의 세계(BC 5세기)는 그전에 이미 B 지역 페르시아의 조로아스터교(BC 7세기), C 지역 팔레스타인의 유대교(BC 15~12세기)의 지역과 무역을 통해 그 지방의 종교의 영향을 받은 바 있다. 왜냐하면 플라톤이 살았던 헬라 지역 즉 그리스는 그 당시 상업무역 국가였기 때문이다. 종교적으로 폐쇄적인 팔레스타인과 페르시아 지역이 그리스의 영향을 받았을까 아니면 반대로 상업무역 국가였던 그리스 지역이 팔레스타인과 페르시아의 사상을 받아들였을까를 생각해 보면 자명한 이치이다. 당연히 플라톤이 유대교나 조로아스터교의 영향을 받았을 가능성이 높다는 것이다. 왜냐하면 플라톤은 자신의 전 시대에 살았던, 파르메니데스의 정지의 철학이나 헤라클레이토스의 변증법적인 철학 등등, 그전에 나온 모든 철학과 종교적인 사상까지도 종합을 해서 플라톤 자신의 철학을 완성했기 때문이다. 그런데 지금의 철학자들은 정반대로 유대교나 기독교가 플라톤의 영향을 받은 것처럼 이야기하고 있다. 즉 기독교가 플라톤의 이론을 받아들인 것은, 그전에 이미 플라톤의 철학이 유대교적인 영향을 받았기 때문에 기독교와 일맥상통한 면이 많았기 때문이다. 그래서 플라톤의 철학을 받아들인 것이라고 이해하는 것이 맞다. 즉 어거스틴의 기독교 철학은 AD 3세기경에 나와서 플라톤의 철학과 유대교의 철학을 그대로 연결한 플로티누스 철학의 영향을 받은 것이다.

플라톤은 그전에 유행했었던 이오니아 지방(지금의 터키 지역)의 엘레아 학파(파르메니데스, 제논)가 주장한 정지의 철학과 헤라클레이토스의 변증법의 영향을 받아서 사상을 정립한 것으로 알려져 있습니다. 그리고 그리스는 그 당시의 지중해의 최대의 무역 국가였습니다. 그러한 점으로 미루어 볼 때 플라톤은 유대교나 조로아스터교에 대해서도 잘 알았을 것으로 보고 있어요. 그러니 기독교가 플라톤의 영향을 받았다기보다는 플라톤의 사상이 오히려 유대교나 조로아스터교의 영향을 받았다고 보는 것이 옳다고 보아야 할 것입니다.

사실 유대교와 조로아스터교의 관계에 있어서도 논란이 많아요. 하지만 조로아스터교가 유대교의 영향을 받았다고 보는 것이 더 정확한 사실입니다.

철저한 이원론적 유일신론 사상을 보여준 조로아스터교는 그 당시의 문화 상황을 볼 때 그 기원을 유대교로 볼 수밖에 없을 정도로 아주 독특한 종교였어요. 그 당시의 오리엔탈 지역에서는 같은 사상을 가진 종교는 유대교 말고는 없거든요. 즉 대부분 혼합 신이나 자연신을 믿는 사상밖에 없었어요. 유대교와 조로아스터교의 사상은 그 당시에 아주 특이한 사상이었습니다.

그런데 조로아스터교가 나온 시점을 보면 조로아스터교가 유대교의 영향을 받았다고 보는 게 맞아요. 즉 이스라엘의 멸망 시기와 조로아스터교의 출현시기가 일치하고 있거든요. 즉 BC 722년에는 북이스라엘이 앗시리아에 의해서 멸망하고, BC 586년에는 바빌로니아에 의해서 남쪽 유다가 멸망하게 되죠. 그런데 공교롭게도 BC 600년대 중반에 조로아스터교가 출현합니다. 보통 조로아스터교를 창시한 조로아스터의 출생연도를 BC 660년경으로 보고 있거든요. 즉 이러한 우연의 일치(?)를 볼 때, 유대인이 페르시아 지역에 있는 나라들의 포로로 잡혀가던 시절에 유대교의 사상이 페르시아 지역에 유입이 되었을 것이라는 생각이 더 합리적이지 않겠습니까?

정확히 말하자면 조로아스터교의 사상은 유대교의 사상을 페르시아 지역에서 자기들만의 식으로 재해석해서 만들어진 것이라고 보는 것이 더 합리적인 생각입니다. 그런데 이것을 정반대로 해석한 사람들이 있어요. 하지만 생각해 보세요. 유대교가 형성된 시기를 최소 BC 12세기나, 오래 보면 BC 15세기까지 보고 있습니다. 그렇다면 훨씬 더 오래된 유대교가 조로아스터교의 영향을 받았겠습니까? 아니면 800년 후에 나온 조로아스터교가 유대교의 영향을 받았을까요? 말할 가치도 없는 당연한 이야기이죠. 당연히 조로아스터교가 유대교의 영향을 받았겠지요. 출현 시기를 볼 때나 사상의 유사성을 볼 때 이것은 명확한 사실입니다.

그리고 앞에서 말씀드렸다시피 플라톤이 살던 그리스 지역은 농토가 거의 없어요. 그래서 그리스인들은 일찍부터 해상무역을 발달시켜서 먹고살아야 했습니다. 그래서 말하는 기술이 발달을 한 거예요. 즉, 상인으로 먹고살려면 어떻게 해야 합니까? 당연히 말을 잘해야 하지요. 그래서 그리스 지역에서는 일찍부터 말하기를 좋아하고, 토론을 잘했어요. 그래서 철학이 일찍부터 발달했는지도 모릅니다. 심지어는 말하는 법을 가르치면서 먹고살던 소피스트들까지 나왔잖아요?

여하튼 그리스는 고대에 가장 발달한 상업 국가였습니다. 그래서 많이 돌아다녀야 했어요. 여기도 가보고, 저기도 가보면서 견문을 넓힐 필요가 있었던 거죠. 그래서 그 당시에 주위 국가들에 대해서 아주 잘 알고 있었어요. 사실 알고 보면 파르메니데스나 제논 등의 엘레아 학파가 살았던 이오니아 지방도 전혀 다른 나라였었죠. 하지만 플라톤은 그 지역의 사람들의 사상에 대해서 잘 알고 있었잖아요? 마찬가지로 팔레스타인 지역의 유대교나 페르시아 지역의 조로아스터교에 대해서도 잘 알고 있었습니다. 사실 파르메니데스 같은 사람의 철학도 가만히 보면 유대교나 조로아스터교처럼 신학적인 부분에 대해서 이야기하는 부분이 많아요. 즉 그 당시 이미 문명권들이 서로가 서로에게 배우고 영향을 미치고 살았다는 증거입니다. 그런 면에서 본다면 플라톤의 사상에 유대교적인 부분과 조로아스터교적인 부분이 들어가 있다고 보는 것이 확실하다는 겁니다.

그리고 여기서 제일 중요한 사람이 AD 3세기경에 나타나 플라톤의 사상을 재정립한 신플라톤주의로 불리는 플로티누스(AD 205~270)라는 사람입니다. 이 사람은 아예 자기의 철학을 플라톤의 사상과 유대교의 사상을 혼용해서 만들었어요. 초기 기독교 사상을 정립한 사람이 우리가 잘 아는 어거스틴(AD 354~430)이라는 사람인데 어거스틴이 바로 이 플로티누스의 사상을 많이 인용한 것은 사실입니다. 하지만 앞에서 보았듯이 플라톤도 이미 유대교의 영향을 받은 상태에서 자신의 철학을 발전시켰고, 플라톤의 사상을 계승한 플로티누스는 아예 유대교의 사상을 플라톤의 사상과 접목시킨 사람입니다.

즉 어거스틴이 받아들인 것은 플로티누스의 신플라톤주의를 받아들인 것이 아니라, 플라톤과 플로티누스에 의해서 철학적으로 재해석된 유대교를 받아들인 것입니다. 즉 유대교의 철학을 계승하여 기독교의 철학을 완성했다고 보는 것이 더 정확한 표현인 것입니다. 이러한 내용을 잘 모르는 사람들이 어거스틴이 플라톤과 플로티누스의 철학을 바탕으로 기독교 철학을 만들어 낸 것처럼 이야기하는 것은 하나만 알고 둘은 모르는 말 그대로 아주 잘못된 생각이라는 것입니다.

4. 실체적인 시간의 세계에서는 시간의 흐름이 중요한 것이 아니라 사건 자체, 즉 이벤트가 중요하다

다시 한번 말씀드리지만 시간은 물리학적으로 해석할 수 있는 단위가 아니에요. 왜냐하면 우리가 가진 시간은 실체가 아니거든요. 실체의 기본 요건 입자인 시간자가 없잖아요. 즉 그러므로 3차원적인 실체가 아니라고 했습니다. 하지만 관념도 아닙니다. 시간이 흘러가고 있잖아요? 즉 편도 1차원으로 흘러가고 있어요. 시간은 자신 존재의 흔적을 남겨 놓았습니다. 하지만 지금 실체적으로 존재하는 건 아니지요. 그것을 '실체의 화석화 현상'이라고 했습니다. 즉 예전에 3차원 실체적으로 분명히 존재했지만 지금은 화석으로 남아있는 존재를 말하는 겁니다. 그렇다면 이 존재는 실체일까요, 관념일까요? 실체라고 말하기도 그렇고 관념이라고 말하기도 그렇지요? 참 애매하지요?

지금은 존재하지 않는 실체의 화석이라고 했죠? 흔적. 그러니까 저희들이 이전에 공룡이 존재하지 않았다는 논쟁이 많았지만, 화석을 보면 알 수가 있잖아요. 즉 실체였지만 지금은 흔적만 남아 있는 것. 그것이 지금 우주에 존재하는 시간의 흔적인 시계의 현실입니다.

시간과 실체의 관계도 마찬가지입니다. 위에서 말씀드렸다시피 시간 문제 이야기를 하다 보면 과학적인 이야기를 하기가 힘들어요. 왜냐하면 실체도 아니고 관념도 아니기 때문에 인문학적으로 이야기할 수도 없고 과학적으로도 이야기할 수도 없습니다.

이러한 면에서 본다면 진화는요 긴 창조의 과정이라고 보시면 돼요. 하지만 시간이 실체적으로 존재했을 때는 이 '긴'이라는 것은 의미가 없습니다. 시간이 3차원적으로 존재할 때는 시간의 흐름은 거의 의미가 없고 이벤트 즉 사건만이 의미가 있다고 했습니다. 왜냐하면 시간의 세계에서는 시간의 양이 중요하지 않고 시간의 질이 중요한 문제이기 때문이라고 했습니다. 굳이 같은 비유를 들자면 돈이 적을 때는 음식도 양적으로 많은 것을 선호하게 되지만 돈이 많을 때는 음식의 질을 중요시하게 되지요? 되도록이면 맛있는 것 먹으려고 하잖아요? 시간의 부자이신 신도 그렇습니다. 우리는 시간이 항상 부족하죠? 하지만 신은 시간에 구애됨이 없습니다. 그러므로 신에게는 이벤트가 중요한 거라고 했어요. 어차피 무궁한 시간을 소유하고 있으므로 신에게는 사건만이 유일한 의미를 주게 되는 것이라는 겁니다.

그것은 우주와 인간의 창조 시에도 마찬가지입니다. 신이 우주와 인간을 창조하는 것은 그에게는 일종의 사건에 불과합니다. 우리가 그것을 알기 쉽게 찰나의 순간이라고 표현을 하는 거지요.

태초에 신이 우리가 사는 우주에 머무른 시기에는 시간과 공간 즉 시간 3차원과 공간 3차원이 같이 존재했습니다. 태초의 시간에는 시간과 공간이 같이 존재했기 때문에 신과 인간과 우주가 같이 공존할 수 있었습니다.

하지만 인간의 타락으로 인해서 신이 인간과 우주를 떠나게 되면서 우리에게 시간의 실체라는 것이 없어지고 시간의 흔적인 시계만 남게 된 겁니다. 즉 영원불멸의 시간, 신과의 합일의 시간이 끝나고 편도 1차원이라는 괴상망측(?)한 시간의 변형만 남게 된 거예요.

그림 1-22. 3차원의 실체적으로 존재하던 인간의 시간은 인간의 타락으로 인해 편도 1차원의 시간인 시계의 형태로만 남게 되고 미래로만 흐르는 시계는 돌이킬 수 없는 폭력적인 역사라는 현상을 만들어 낸다.

그럼으로써 역사가 흐르게 되지요. 역사라는 것은 실로 비극적인 것입니다. 저주받은 시간이거든요. 즉 전혀 예측 불가능하고 되돌릴 수 없는 비가역적인 괴물입니다. 인간은 그 차디찬 공간 3차원과 편도 1차원의 시간이라는 지옥적인 상황에 던져지게 된 겁니다.

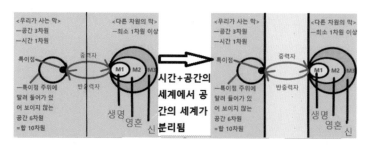

그림 1-23. 시간의 세계는 공간의 세계와 분리되어 존재하게 되었으며 인간과 우리의 우주는 시계 하나 달랑 차고 공간이라는 차가운 세계로 내던져진다.

실체적인 시간의 세계와 우리가 사는 우주가 분리되면서 나타나는 현상이 바로 역사거든요. 비로소 우주에 역사라는 것이 등장을 하게 되는 겁니다. 인류의 역사를 보세요. 인류의 역사가 곧 전쟁의 역사였죠? 수많은 전쟁과 살육, 그리고 모함, 배반의 역사가 바로 인류의 역사이지요. 시간을 되돌릴 수 있다면 정말로 지워버리고 싶은 역사의 굴욕이 얼마나 많습니까?

5. 신과 시간에 대한 이야기- 시간론의 결론

다시 본론으로 돌아와서 지금 저는 시간 문제를 신과 연결하고자 합니다. 즉 한마디로 하자면 신은 공간적인 존재가 아니라 시간적인 존재라는 것입니다. 신이 시간의 존재라는 말은 앞에서 이야기한 바가 있습니다. 여기에서는 좀 더 구체적으로 신을 시간과 연결해 보겠습니다. 사실은 시간과 중력, 그리고 중력과 다른 차원의 세계는 모두 연결이 되어 있거든요.

시간 이야기를 할 때는 과학적으로 이야기할 수가 없다고 이야기했어요. 시간에 대한 이야기는 인문학적인 이야기이며 철학적인 이야기이기 때문입니다. 즉 과학은 공간세계에 대해서 이야기하는 것이지 시간세계에 들어가게 되면 이미 공간의 과학이라는 것이 의미를 잃게 되거든요.

즉 지금까지의 모든 과학자들과 철학자들의 생각은 공간과 시간을 분리하여 생각하지를 못하고 혼동하여 사고를 해왔기 때문에 학문체계가 뒤죽박죽이 될 수밖에 없었습니다. 어떠한 사람은 공간학적인 사고 즉 경험론에 가까운 사고만 하고, 어떠한 사람은 시간학적인 사고 즉 형이상학이나 관념론에 가까운 사고를 해왔다는 것입니다. 저는 여기에서 감히 이야기하고자 합니다. 우리 시대의 학문의 체계에서는 시간학적 사고와 공간학적인 사고를 잘 구별해서 이야기해야 합니다. 신학은 당연히 시간학적인 부분입니다. 그것도 아주 지독할 정도로 시간학적이지요. 왜냐하면 신은 시간의 세계 속에 존재하는 존재이기 때문입니다. 시간의 주인이기도 하고요. 궁극적인 시간의 존재이기도 합니다.

시간의 세계에도 공간의 세계처럼 1차원(1층천), 2차원(2층천)의 세계가 있고, 시간이 실체적으로 존재하는 3차원의 시간의 세계(3층천)가 존재합니다. 공간학에서도 이야기했듯이 공간의 1차원, 2차원은 사실 관념적인 공간이기 때문에 실재하는 것은 아니라고 했습니다. 오직 공간에서는 3

차원만이 유일한 실체이지요. 하지만 시간의 세계 자체가 관념의 세계이기 때문에 시간의 세계에는 1차원과 2차원의 시간의 세계가 존재하기는 합니다. 하지만 시간의 세계도 공간의 세계와 마찬가지로 3차원적인 세계부터 실체적인 변화가 일어나는 곳입니다. 즉 공간 3차원과 마찬가지로 시간의 세계도 3차원이 되어야지만 시간을 지배할 수가 있는 곳이 된다는 거죠.

즉 공간의 세계와 마찬가지로 시간 1, 2차원의 세계는 궁극적인 시간의 세계가 아닙니다. 영혼들이나 생명이 머무는 세계이지요. 궁극적인 시간의 변화가 일어날 수 있는 세계는 3차원 시간의 세계입니다. 즉 3차원의 공간의 세계에서만 실체적으로 물질이 존재하듯 시간의 조절이 실체적으로 가능한 3차원의 시간의 세계가 시간의 본질적인 세계이며 신이 존재하는 3층천의 세계라는 것입니다.

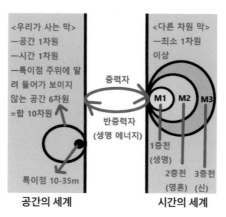

그림 1-24. 우리가 사는 공간의 세계와 다른 차원인 시간의 세계.

3차원의 시간의 세계, 즉 시간의 궁극적인 세계가 바로 신이 거하는 곳입니다. 이것을 신학적으로 이야기하자면 신이 계시는 3층천의 세계가 바로 신이 거하는 곳입니다.

근대주의적인 시각으로는 이런 이야기는 황당한 이야기죠. 무슨 정신 나간 소리냐 할 수 있겠지만, 하지만 현대주의적인 상대론적인 사고로는 이런 이야기를 할 수가 있는 거예요. 현대주의적 사고는 시간과 공간이 상대론적이라고 합니다. 그래서 제가 항상 하는 말이 근대주의적 사고를 벗어나야 한다고 하는 겁니다. 그리고 현대주의적인 사고를 하는 것이 중요해요.

자, 생각해봅시다. 생명이라는 존재는 우리의 공간우주 안에서는 아주 이질적인 것이라고 이야기했습니다. 왜냐하면 생명이라는 존재는 물질의 세계와는 차원이 다른 존재이기 때문에 그렇습니다. 아무리 연구를 해봐도 대체 이 공간이라는 우주 안에서 무엇이 생명을 생명으로 만드는 것인지를 알 수가 없어요. 지금과 같이 발달한 인간의 모든 기술을 동원을 하고, 지구상에 있는 무기물과 유기물을 모아도 인간이 생명체를 만들 수는 없습니다. 생명체라는 것에는 물질 그 이상의 것이 있는 것이 확실합니다. 이와 관련해서는 앞에서 말씀드렸다시피 생명 현상은 시간과 연관성이 있기 때문에 그렇다고 했습니다.

생명체는 시간의 존재입니다. 그러기에 되돌릴 수가 없는 거예요. 즉 죽은 생명체를 다시 살릴 수가 없는 것은 생명체가 단순히 공간적인 존재가 아니라 시간적인 존재이기 때문입니다.

하지만 지구라는 공간 위에는 생명체가 어마어마하게 번성해 있죠? 그런데 왜 그 흔하디흔한 생명체를 다시 살릴 수가 없는 것일까요? 그것은 바로 우리가 사는 공간의 세계에서는 시간을 되돌릴 수가 없기 때문입니다.

그림 1-25. 우리가 사는 우주에는 아무리 작은 생물체여도 이 생물체가 죽으면 다시 살릴 수 있는 방법이 없다.

위에는 하루살이와 개미 등 대표적인 작은 동물들입니다. 하지만 아무리 작은 생물체라고 하더라도 한번 죽으면 다시 살릴 수 없지요? 왜 그럴까요? 생화학적으로 간단해(?) 보이는 동물들 아닌가요? 그런데 왜 못 살리는 것일까요? 위에서 말한 대로 공간의 세계에서는 절대로 시간을 돌릴 수가 없기 때문입니다.

물질도 변화는 일어나기는 합니다. 하지만 다시 원상 복구될 수가 있지요? 하지만 생명은 다시 복구가 되지 않잖아요? 대체 왜 그럴까요? 만약에 누군가가 이 비밀을 풀 수 있다면 그는 죽은 생명체를 살릴 수 있는 능력을 갖추는 신적인 존재가 될 것입니다. 하지만 이 우주에 그러한 존재가 있습니까? 없지요?

생명을 다시 살리는 힘을 가진 존재는 바로 시간의 존재입니다. 그것도 시간의 1차원(생명)이나 시간의 2차원적인 존재(영혼)가 아니라 시간의 3차원적인 존재, 즉 시간을 실체적으로 조절할 수 있는 존재인 신만이 그 일을 해낼 수가 있는 거예요. 이제부터 그 이야기를 좀 더 자세히 해 보고자 합니다.

생명체와 영혼과 신, 이 세 가지 존재는 시간의 존재입니다. 이 세 존재는 이 우주 즉 공간의 세계를 초월해 있는 존재이지요. 즉 물질의 세계와는 말 그대로 차원이 다른 존재들입니다. 그러므로 시간의 비밀을 풀지 않는 이상은 생명과 영혼의 비밀을 풀 수가 없습니다. 신의 비밀은 말할 것도 없고요.

보통 생명체는 시간 1차원으로 해석을 합니다. 초끈이론 중의 M이론에 의하자면 여분 차원이 존재한다고 했죠? 즉 우리의 우주 말고 다른 차원의 시공간이 존재한다는 것입니다. 그리고 그 여분 차원과 우리의 우주는 연결이 되어 있다고 합니다.

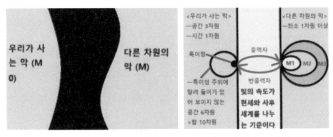

그림 1-26. 우리가 사는 공간의 세계에서 흘러나간 중력자는 생명의 존재의 근원이 되었으며 시간의 세계와 우리 공간의 세계를 순환하는 순환자이기도 하다.

그리고 그 연결점(특이점)을 통해서 우리 우주에서는 중력이 새어 나간다고 했지요? 이 부분은 초끈이론 부분에서 자세히 써 놓았으니 그 부분을 참조해 주시기 바랍니다. 사실 이 새어 나가는 중력 때문에 우리의 물리학에서 중력이 너무 작아져서 물리학의 근본적인 답을 못 찾고 있다고 하였습니다.

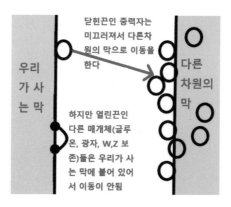

그림 1-27. 중력자는 다른 세 가지 힘의 매개자 즉 글루온, 광자, W, Z 보존 같이 열린 끈이 아니라 닫힌 끈이다. 그렇기 때문에 우리 차원의 특이점을 통해서 다른 차원의 세계로 흘러 들어가 버리는 것이다.

생명의 비밀이 여기에 있다고 하였습니다. 사실 우리 우주에서는 엔트로피가 증가하는 것이 법칙이라고 했어요. 그런데 이 엔트로피를 극단적으로 감소시키는 생명체가 왜 유독 지구에서만 융성해지는 것인지를 설명하지 못하고 있어요. 그런데 그 이유를 설명해 주는 유일한 에너지원이 바로 중력자입니다.

또 이 초끈이론이 중요한 이유는 인류 역사상 최초로 우리 세계와는 다른 세계가 존재함을 보여주는 과학이론이기 때문이기도 합니다.[2]

여하튼 생명, 영혼, 신 이 세 존재는 우리가 사는 공간우주의 물리학 법칙만으로는 풀 수 없습니다. 왜냐하면, 다른 차원의 존재이기 때문이지요. 좀 더 정확히 말하자면 그들은 시간 차원에서 온 존재이기 때문이죠.

---

2) 리사 랜들, 『숨겨진 우주』, 김연중, 이민재 옮김, 사이언스 북스, 2008년. 22장.

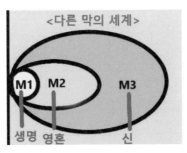

그림 1-28. 생명, 영혼, 신 이 세 분야는 시간의 세계에 있는 존재들이다. 이들은 시간의 존재이며 시간의 세계는 중력자를 통해서 우리가 사는 공간의 세계와 소통을 한다.

생명은 통상적으로 시간의 1차원적인 존재입니다. 시간의 1차원적인 존재라! 이것은 무엇을 의미하는 것일까요? 아시다시피 이 우주는 시간의 편도 1차원 즉 0.5차원의 시간을 가지고 있습니다. 물론 공간이라면 0.5차원이니 1차원이니 하는 것들이 의미가 없는 것이지만 시간의 세계는 다릅니다. 시간의 세계는 공간뿐만이 아니라 관념의 세계까지도 포함을 하고 있거든요.

생명의 세계는 시간이 1차원적으로 존재합니다. 즉 여기가 바로 시간 세계의 1층천입니다. 우리는 이것을 M1의 세계로 부르겠습니다. M1의 세계는 시간이 1차원적으로 흐르는 세계입니다. 시간이 1차원적으로 흐르기 때문에 생명이 다시 태어날 수 있는 겁니다. 우리의 우주처럼 시간이 편도 1차원으로 흐르는 공간의 세계에서는 생명이 다시 태어날 수가 없습니다. 즉 시간 1층천의 세계 즉 M1이라는 세계가 있어야 생명이 다시 탄생할 수 있는 여건이 만들어질 수가 있다는 것이죠. 즉 시간이 거꾸로 흐를 수 있는 온전한 시간 1차원의 세계이기 때문입니다. 여기에서 가장 중심적인 역할을 하는 것이 바로 우리 우주에 있는 중력에너지라는 겁니다. 자, 이해가 잘 안 되는 분들은 초끈이론 부분과 차원이론 부분을 아주 자세히 읽어 주시기 바랍니다.

자, 좀 더 나아가서 2층천 부분을 살펴보겠습니다. 2층천 부분을 여기에서는 M2의 세계로 부르겠습니다. 여기는 인간의 영혼의 영역입니다. 즉 여기에서는 시간이 2차원, 즉 면으로써 흐른다고 했습니다. 시간의 2차원이라! 시간이 2차원면으로 흐른다는 것은 무엇을 의미하는 것일까요? 공간의 세계를 예로 들어보자면 1차원의 선과 2차원의 면의 차이는 무엇이죠? 직선으로 뻗어 있는 선에서는 만약에 원수 둘이 외다리 나무에서 만나서 빼도 박도 못하는 상황이 될 수가 있겠지요? 하지만 이것이 2차원 면으로 확대가 된다면요? 즉 외나무다리가 아니라 평야에서 만난다면 서로 피해갈 수가 있습니다.

그림 1-29. 1차원적인 이러한 외나무다리에서 만나면 서로가 피해갈 수 없지만, 더 넓은 면적이 있는 2차원적인 다리에서 만난다면 서로 피해갈 수가 있다.

이렇듯이 시간의 1차원에서 벗어나 시간의 2차원의 세계로 가게 된다면 우리의 생명력 부분에서 의식적인 면, 즉 영혼의 영역으로 확대가 되게 됩니다.

생명의 세계는 시간의 1차원에 국한됩니다. 하지만 인간의 영혼 즉 의식은 훨씬 더 엄청난 세계를 필요로 합니다. 즉 시간의 1차원의 세계가 생명의 차원인데요. 동물이나 식물에는 영혼의 차원이 없죠.

사실 인간에게는 언어라는 장치가 있어 의식의 확장을 통해 영혼을 형성한다는 언급은 위에서 한 바 있습니다. 의식의 확장을 위해서는 시간의 확장 또한 필요합니다. 시간이 1차원으로만 흐른다면 의식의 확장이라는 것은 만들어지기가 힘들기 때문입니다. 이것이 바로 인간의 영혼과 단순한 동물적인 생명의 삶이 다른 이유입니다.

사실 다른 차원이라는 것을 알기 쉽게 이야기하자면 현세와 사후세계의 차이로 생각하시면 됩니다. 즉 우리가 사는 공간의 세계는 현세이고 우리 우주에서 중력자가 빠져나가는 여분 차원의 세계 즉 시간의 세계는 사후세계라고 이야기하면 이해하기가 쉬울 것 같습니다. 즉 시간의 세계는 우리의 세계가 아니거든요.

여하튼 인간은 우주의 역사 어느 순간에 언어라는 매개체를 통해 영혼이라는 것을 부여받았고 그 순간부터 인간의 의식은 무한히 확장되면서 영혼이라는 것을 완전히 소유하게 되었습니다. 인간의 영혼에 시간이 부여된 이유가 바로 이것 때문입니다.

최초의 철학자라고 불리는 플라톤의 이데아 사상을 이야기를 해보자면 이 이야기와 일맥상통하는 면이 많습니다. 근대주의 철학자들이 제일 반대했던 철학자이기도 했던 플라톤은 그 특유의 이데아 사상 때문에 여태까지 오해를 받은 것이 사실입니다. 즉 너무 관념론적인 그의 사상 때문에 많은 철학자들에 의해서 난도질을 당한 것 또한 사실이죠.

근대주의는 너무 발달이 안 된 과학을 가지고 우주를 논하려 했어요. 하지만 근대주의에 비해서 비교도 안 될 정도로 과학이 고도로 발달한 현대에 이르러서는 오히려 이러한 관념론이 과학적으로 증명이 되고 있는 실정입니다. 즉 플라톤이 말한 이데아의 세계는 실제로 과학적으로 존재합니다. 다른 차원으로서 존재한다는 것입니다. 그가 말한 망각의 강 즉 레테의 강이 존재할지도 모르죠.

그림 1-30. 우리가 사는 공간의 세계와 다른 차원인 시간의 세계와는 결코 건널 수 없는 한계가 있다. 플라톤은 이를 레테의 강이라는 표현으로 불렀다. 죽은 생명체가 다시 살아날 수 없는 이유이기도 하다. 과학적으로 이야기하자면 아인슈타인이 말한 빛의 속도가 그 역할을 하는 것이다.

인간의 의식은 2차원의 시간의 평면 속에서 펼쳐집니다. 이 우주에는 시간의 평면이 존재하지 않지만, 인간의 의식 속에는 시간의 평면, 즉 시간의 2차원이 우리의 영혼 안에 존재합니다. 시간의 평면 속에 인간의 의식은 확장되고 인간의 영혼이 펼쳐지는 것입니다. 이것이 인간의 영혼의 위대성입니다. 단순히 인간의 지능만 발달한다고 해서 인류의 문명이 이렇게 발달했을까요?

인간은 시간의 2차원 즉 시간의 평면 위에 우리의 언어를 통해서 우리의 인식과 기억, 직관과 양심 등등을 저장하여 거대한 영혼이라는 장기 (Organ)를 형성해간다는 것입니다. 마치 컴퓨터가 0과 1이라는 자신만의 언어로 메모리에 기억을 저장하는 것처럼 말이죠. 인간은 이 영혼이라는 장기(organ)를 이용하여 보다 높은 사고를 하고 추리를 하며 이웃에 대해서 연민하는 마음과 부끄러워할 줄 아는 마음, 양보할 줄 알며, 남을 배려하는 마음 등등 다른 동물들이 도저히 흉내 낼 수 없는 인간의 직관력과 양심, 신에 대한 경외심을 가지게 되는 것입니다. 그 이유는 바로 인간의 영혼이 우주에 존재하는 시계 즉 편도 0.5차원의 시간보다 더 위대한 시간의 2차원인, 시간의 평면을 가지고 있는 존재이기 때문에 그렇습니다.

인간은 이 영혼을 이용하여 다른 차원의 세계와 소통하며, 신과의 소통을 할 수 있는 우주 유일의 존재가 된 것입니다.

그림 1-31. 인간의 영혼은 언어를 이용해 시간장을 만드는 시간의 존재이며 이를 통해서 시간의 존재인 신을 인식할 수 있는 유일한 기관이다.

아니 좀 더 정확하게 말하자면 그렇게 기획되고 만들어진 존재인 것입니다. 인간은 2500년 전부터 철학적인 주제에 대해서 고민해 왔고 현대에 이르기까지 진리를 추구해 왔습니다. 그 영원한 주제는 관념이냐, 실체냐의 문제였어요. 현대 철학은 이들을 결합해 변증법적인 개념을 동원하여 ing의 철학을 추구하고 있는 실정입니다. 즉 무엇이냐가 아니라 무엇이 되어간다는 철학인 것입니다. 즉 'Be'의 문제가 아니라 'Becoming'의 문제라는 것이지요. 베르그송의 지속철학, 화이트 헤드의 과정철학, 들뢰즈의 차이의 철학 등등이 거의 비슷하다고 했습니다. 유기체 철학이라고도 하지요.

철학자들의 책을 읽어 보시면 난해하기가 짝이 없지요? 그것은 이러한 시간학적인 문제를 공간학적으로 생각하니까 그런 겁니다. 시간철학은 명확합니다. 어찌 보면 철학이라기보다는 시간과학이지요? 시간과학은 과학적으로 이야기를 해도 과학적으로 들리지 않아요. 왜냐하면 시간 이야기 자체가 관념적인 이야기로 들리거든요.

사실 시간의 세계가 관념의 세계이기도 합니다. 하지만 시간의 세계는 공간의 세계와 연결되어 있어요. 사실 우리가 사는 공간의 세계는 시간의 세계와 연결이 되어 있을 수밖에 없습니다. 그렇지 않으면 공간의 세계는 존재할 수가 없거든요.

현재 우리는 시간의 흔적인 시계에 의존해서 살아가고는 있지요. 그나마 그 시계마저 작동하지 않는다면 어떻게 되겠습니까?

우리가 사는 세계 즉 우리의 우주는 공간의 세계로서 시간이 0.5 차원의 형태로 존재하고 있다고 했지요? 그리고 우리의 우주와 연결되어 있는 다른 차원의 세계는 시간의 세계로서 1층천, 2층천, 3층천 아니면 그 이상의 세계로 구성이 되어 있다고 했습니다. 이것이 기본적인 우리 우주와 그리고 다른 차원인 시간세계의 기본 구성이라고 볼 수 있습니다. 우리의 우주에 사는 인간들은 항상 다른 차원의 세계를 동경하면서 살아왔어요. 그럴 수밖에 없는 이유가 있습니다. 우리의 우주와 시간 차원의 세계는 처음부터 떨어져 있던 것이 아니거든요. 즉 우리가 사는 공간우주의 원래의 고향은 시간의 세계였습니다. 그리고 처음에는 우리가 사는 우주와 다른 차원의 세계는 융합이 되어 있었다고 했습니다. 이것을 신학적인 차원에서 다시 이야기해 보려 합니다.

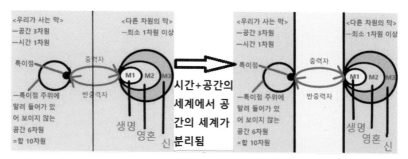

그림 1-32. 처음에는 시간의 세계와 완벽히 결합하고 있었던 공간의 세계가 시간의 세계와 분리되는 모습. 중력자만이 순환하며 기본 구조를 유지하고 있다.

　신이 우주를 창조하고 인간을 창조하는 시기까지 역사적으로 보면 거의 137억 년이 걸렸다고 합니다. 하지만 그것은 공간의 세계와 시간의 세계가 분리되고 나서의 이야기입니다. 신이 처음에 우주와 인간을 창조할 때까지는 이 두 개의 세계는 분리가 되어 있지 않았습니다. 왜냐하면 신이 우주와 인간을 만들었기 때문입니다. 즉 신이 있는 곳에서는 시간이 흐르지 않습니다. 아니 정확하게 이야기하자면 시간의 흐름이라고 말하는 것이 의미가 없다고 말하는 것이 더 정확한 표현이 되겠네요.

　이전까지의 과학으로는 밝혀낼 수 없었던 이러한 사실들이 현대의 과학이 발달하면서 속속 밝혀지고 있는 것입니다. 그런 면에서 본다면 초끈이론이 입자 물리학보다는 물리학의 근본 원인을 밝혀낼 확률이 훨씬 크다는 생각이 듭니다.

　하지만 인간의 타락이 이 모든 관계를 끊어 놓게 됩니다. 즉 시간의 세계와 공간의 세계가 분리가 되게 된 것입니다. 사실 우주와 인간의 생성 과정에 시간이 오래 걸린 것은 사실입니다.

하지만 공간의 세계와 시간의 세계가 연결이 되어 있을 때에는 시간의 흐름이라는 것이 무의미하기 때문에 137억 년이라는 시간이 흘렀어도 별 의미가 없었습니다. 하지만 인간의 타락으로 인해 신이 우리의 우주를 떠나면서 비로소 우리 우주의 시간의 흐름, 즉 편도 1차원의 시간의 흐름이 관찰이 된 것입니다. 이것을 바로 역사의 흐름이라고 이야기했습니다.

시간의 세계와 공간의 세계가 분리가 된다는 것은 공간의 세계가 더 이상 시간 세계의 보호를 받지 못한다는 것을 의미합니다. 즉 한마디로 말하자면 공간의 세계는 시간의 세계로부터 버려진 것입니다. 즉 따뜻한 인큐베이터에 있던 어린아이가 인큐베이터가 벗겨지면서 차가운 바닥에 내버려지듯이 우리의 우주와 인간은 공간이라는 세계에 내던져져 버린 겁니다.

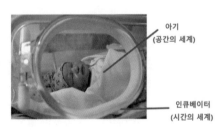

아기
(공간의 세계)

인큐베이터
(시간의 세계)

그림 1-33. 공간의 세계에 내던져진 우리는 시간이라는 인큐베이터 없이 마룻바닥에 던져진 미숙아와 같다.

즉 시간이라는 보호막 좀 더 정확히 이야기하자면 신이라는 보호막이 없어지면서 차가운 우주 공간에 내던져진 존재가 되어버린 것이죠.

그 후로부터 시계의 흐름만 간신히 남아서 역사라는 것을 만들어가고 있는 것입니다. 시간이라는 것이 미래로만 흐르는 것이 아니라 과거로도 흐르고 또 우리가 그것을 고칠 수 있다면 역사라는 것이 왜 비극이 되었겠습니까? 돌이킬 수 없다는 것이 바로 비극입니다. 우리의 인생을 봅시다. 우리의 인생에서 가장 후회되는 부분을 떠올려 보죠. 우리에게 시간의 실체가 있어서 과거로 돌아가서 과거의 실수나 실언을 다시 고칠 수가 있다면요? 그럼 우리의 인생에서 비극이 없어지겠지요? 그것은 인류의 역사에 있어서도 마찬가지입니다. 인류사에 그 많은 전쟁들과 약탈, 착취의 역사를 다시 돌릴 수가 있다면요? 그렇게만 된다면 인류 역사의 비극은 사라지겠지요?

태초의 세계는 그러한 낙원이었습니다. 시간의 세계와 공간의 세계가 이상적으로 결합된 세계였죠. 성서의 창세기에 묘사된 생명나무는 아마도 시간나무였을 것입니다. 즉 시간을 공급해 주는 나무였습니다. 그래서 생명나무입니다. 생명 연장의 나무였겠지요. 아마도 선악과로 묘사된 열매도 이 시간과 관계된 것이었을 것으로 생각됩니다. 즉 선악과는 신의 시간의 비밀의 장치와도 같은 것이었을 겁니다. 그래서 건드리지 말라고 한 거예요. 하지만 인간은 그 계율을 어기고 말았죠.

진화론에서 이야기하는 모든 이야기들은 신의 새로운 창조 과정으로 생각하시면 됩니다. 우리에게는 137억 년이라는 시간이 걸렸지만 신에게는 의미가 없는 시간이었을 테니까 말이죠. 누구보다 더 뛰어난 지성을 소유한 신은 철저히 과학적인 방법으로 우주와 인간을 창조하였습니다.

앞에서도 이야기했지만 우주와 동물의 세계까지는 시간이라는 별 의미를 가지지를 못하는 것이 사실입니다. 즉 우리 공간에서의 시간은 '존재'하는 것이 아니라 '인식' 되는 것이기 때문입니다. 우리 우주에서의 시간이라는 존재는 우리의 의식(영혼)에 의해서만 인식되는 것입니다. 즉 공간의 세계에서는 인간의 영혼만이 시간의 세계를 인식하기 때문입니다.

그러므로 진화론에서 이야기하는 그 장구한 세월의 함정에 빠지지 마시기 바랍니다. 그것은 시간 세계에서 보면 일종의 착시현상과도 같은 것입니다.

영원불멸의 삶이란 무엇일까요? 이 말을 가만히 보시면 이 말은 순전히 시간세계의 언어입니다. 즉 우리의 공간의 세계에서는 전혀 이해할 수 없는 이야기이죠. 시간이 실체적으로 존재하는 곳에서만 이야기할 수 있는 것입니다. 인간은 창조되었을 때에는 영원불멸의 존재였습니다. 시간의 세계와 공간의 세계가 밀접하게 연관이 되어 있었기 때문입니다. 즉 시간의 세계와 공간의 세계가 상호 보완적인 관계에 있었기 때문에 신과 인간이 완전히 합일의 세계에 있을 수 있었다는 말입니다.

인간이 영원불멸의 존재였고 무한히 생육하고 번성할 운명에 있었다고 본다면 이 우주는 무한히 번성하는 인간의 거주지로써 만들어졌다고 볼 수 있습니다. 그런 면에서 본다면 화성을 비롯한 우리 태양계 내의 행성이나 위성에서도 박테리아 정도는 발견될 수 있다 보입니다. 왜냐하면 인간의 거주지로써 창조가 되었다면 토질적인 면에서 박테리아 등은 필수적이므로 우주의 씨앗으로서 뿌려졌을 가능성을 전혀 배제할 수는 없다고 보기 때문입니다. 물론 인간의 타락 이후에 시간의 세계와 분리된 후에는 우주 공간 자체에도 변화가 많이 왔을 것으로 생각되기 때문에 어쩔지는 모르겠지만요.

상징적인 의미이든, 실제적인 의미이든 간에 선악과와 생명나무는 시간세계와 관련이 있는 매개체였습니다. 태초에는 시간의 세계와 결합이 되어 있었기 때문에 인간의 어떠한 오류도 다 수정이 가능했을 것입니다. 왜냐하면 실체적 시간의 소유주인 신이 실체적으로 존재했기 때문에 오류를 범하더라도 과거로 돌아가 오류를 고칠 수가 있었습니다. 또한 영원불멸이라는 실체 시간 특유의 삶을 허락받았기 때문에 말 그대로 지상낙원의 삶을 살 수 있었던 것입니다.

신 외에는 그 누구도 시간을 되돌릴 수 없고 오류를 수정할 수가 없습니다. 왜냐하면 신이야말로 시간을 실체적으로 소유한 분이시기 때문입니다.

시간나무이긴 했으나 생명나무는 오류의 수정이 안 되는 나무였죠. 하지만 또 다른 시간나무였던 선악과는 사정이 달랐습니다. 선악과는 신의 시간의 비밀을 간직한 나무였어요. 모든 오류와 잘못으로부터 자유로웠던 초기 인류가 어떠한 결정적인 실수 즉 선악과라는 시간나무를 건드리는 결정적인 오류를 범하게 된 것이죠.

그 결과는 실로 혹독했습니다. 신이 우리의 우주를 떠나버린 겁니다. 시간과 공간이 분리되면서 일어나는 비극은 한두 가지가 아니었습니다.

일단은 시간이 편도 1차원의 미래로만 흐르는 직선으로 흐르기 시작함으로써 모든 것이 변해가는 '역사'라는 것이 그 실체를 드러내게 됩니다. 또한 역사가 흐르기 시작하면서 갑자기 연대라는 것이 나타나게 되죠. 인간은 나이를 먹기 시작하고 자연은 변해 가기 시작했어요. 온 우주가 변화라는 새로운(?) 상황에 직면을 하게 됩니다. 그전에는 온 우주 자체가 시간의 세계와 결합해 있었기 때문에 지구와 마찬가지로 안정적인 환경에 있었지만 시간세계 자체가 분리되면서 우주의 환경 자체도 혹독한 환경에 노출이 되게 된 것입니다. 말 그대로 카오스 상태에 빠지게 된 것입니다.

그림 1-34. 코스모스 상태에서 카오스 세계에 빠지게 된 공간의 세계.

물론 시간의 분리 전에도 우주에는 초신성 폭발, 중성자별의 탄생 등등이 일어났습니다. 하지만 그 천문학 상태 자체는 질서 안에 있는 코스모스의 상태였습니다. 즉 계획이 있는 폭발 현상과 계획에 없는 폭발 현상은 분명한 차이가 있습니다. 바로 코스모스와 카오스의 차이입니다. 쉽게 말하면 질서와 혼돈의 차이라는 거죠. 아시다시피 초신성 폭발은 아직도 지속이 되고 있습니다. 초신성 폭발을 통해서 핵이 뭉치면서 더 무거운 원소들이 만들어지거든요. 인간의 타락 이후에도 모든 기본적인 활동들이 이루어지기는 합니다. 하지만 시간의 세계가 분리된 후로는 공간세계의 모든 우주 만물이 변화라는 기이한 상황에 놓이게 된 겁니다. 이 변화라는 것을 통하여 우주에는 카오스가 생기고, 인간에게는 죽음이라는 것이 생기게 된 것입니다.

그다음으로 가장 중요한 문제인데 그것은 바로 인간의 영혼의 문제입니다.

인간의 영혼은 시간의 2차원 평면적인 구조를 가지고 있는데 반해 인간의 육체는 시간의 1차원에 해당되는 구조물입니다. 둘은 또 본질적으로 달라요. 즉 시간의 세계가 공간의 우주와 분리되게 된 후에는 인간의 육체와 영혼도 분리가 되게 됩니다. 그러므로 인간이 죽은 후에는 다른 생명체와는 달리 인간 영혼의 거취 문제가 발생하게 됩니다. 더 큰 문제는 영혼은 시간 2차원의 존재로 육체와는 달리 사라지지 않고 보존된다는 것이 문제입니다.

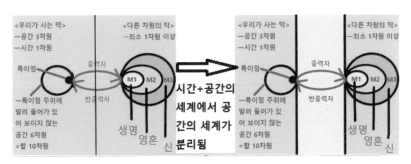

그림 1-35. 시간의 세계가 공간의 세계와 분리가 된 후 인간의 영혼은 시간의 2층천 세계인 M2세계에 갇히게 되어버렸다.

즉 성서의 창세기에서 '네가 정녕 죽으리라.' 하는 말의 의미를 되새겨 보면 이 뜻이 더 정확해집니다. 즉 그 말뜻은 육체의 죽음을 의미하는 것이 아닙니다. 영혼의 문제를 이야기하는 것입니다. 영혼의 거취의 문제가 생긴다는 것은 인간의 영혼이 갇히게 된다는 것을 의미합니다. 인간의 영혼은 반드시 육체를 필요로 하는데 육체를 잃게 됨으로써 영혼이 거할 곳도 같이 상실하게 된 것입니다. 이것이 정녕 죽는다는 의미입니다. 인간의 영혼은 시간의 세계로 복귀되어 시간의 2차원인 2층천의 세계에 갇히게 되었습니다. 이것이 바로 정녕 죽는 것입니다. 그런데 그것을 누가 깨뜨렸다? 네, 바로 예수가 그러한 비정상적인 상태를 원상 복귀시킨 거죠. 이것이 성경 전체의 구조입니다.

신은 인간의 타락 이전에는 실체적으로 우리의 우주와 같이 존재했었다가 시간의 세계와 공간의 세계가 분리될 때 우리의 곁을 떠나게 됩니다. 신과 직접적으로 대화할 수 있었던 시대는 지나간 것입니다. 하지만 그렇다고 해서 이러한 사실이 이신론을 뜻하는 것은 아니라는 것을 말씀드립니다. 왜냐하면 인간에게는 아직도 '영혼'이라는 시간적인 토대를 가지고 있기 때문입니다. 즉 인간은 영혼이라는 시간 장치를 통해서 다른 차원의 3층천에 있는 신과 소통할 수 있기 때문입니다.

또한 신도 우리의 영혼을 통해 우리와 대화할 수 있고 우리의 삶에 관여할 수가 있습니다. 하지만 시간의 세계가 우리 공간의 세계가 완벽하게 결합하고 있었던 시대만큼은 아니겠죠. 즉 우리는 지금 신과 대화하기 위해서는 많은 노력을 기울여야 합니다. 우리 안에 있는 영혼이라는 존재를 훈련하고 확장시켜서 우리의 시간적 영역을 최대한 확대시켜야 할 것입니다. 그랬을 때 신의 목소리를 희미하게나마 들을 수 있을 것입니다.

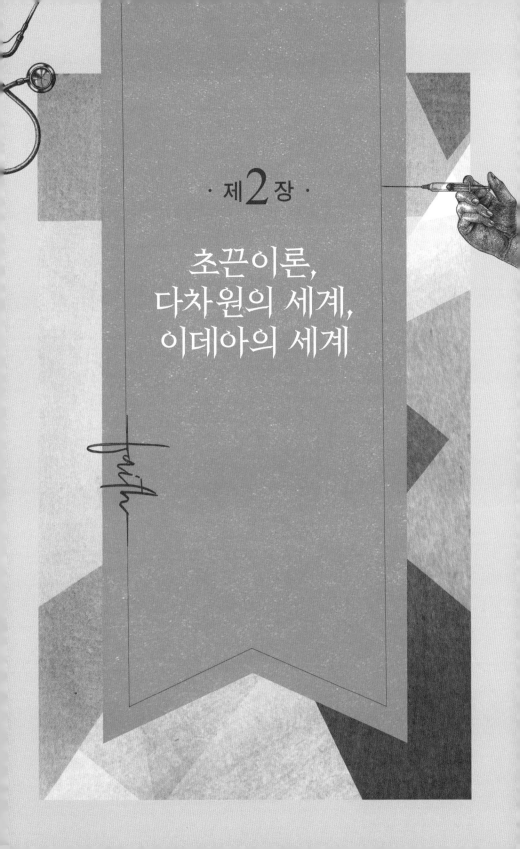

· 제2장 ·

초끈이론,
다차원의 세계,
이데아의 세계

1. 초끈이론은 인류 역사상 최초로 우리가 사는 세상 외에 다른 세상이 있음을 알려준 유일한 이론이다

초끈이론의 의의에 대해서 먼저 말씀드리겠습니다. 초끈이론이야말로 인류 역사상 가장 큰 발견을 한 이론입니다. 바로 다른 차원의 발견인데요. 이는 실로 인류 역사의 발견 중 가장 중요한 발견이라고 볼 수가 있습니다. 즉 인류 역사상 가장 논쟁이 많은 우리와 다른 차원의 세상에 대한 이야기입니다. 이 다른 차원의 발견은 지금까지 인류 역사상 가장 큰 의문이었던 중력과 시간에 대한 의문을 풀어주는 역할을 하였습니다. 그뿐만 아니라 공간의 세계에 국한되었던 인간의 시야를 시간의 세계에까지 넓혀주게 되었죠. 그리하여 영적인 세계와 우주 생명의 비밀에 대한 답에 한층 더 가까이 갈 수 있도록 만들어주는 혁혁한 공헌을 해 주었습니다. 앞으로 이러한 내용에 대해서 좀 더 자세히 이야기해 보고자 합니다.

20세기에 들어와서는 혁명적인 이론을 많이 접하게 되죠. 즉 아인슈타인의 상대성이론이나 양자역학 같은 학문들이 등장하게 됩니다. 20세기 즉 1900년대는 현대의 시작 점입니다. 과학적으로도 현대 과학은 근대 과학과는 전혀 질적으로 다르다고 했습니다. 그러한 면에서 본다면 우리도 22세기나 23세기가 되면 미개인으로 취급받을 수도 있겠죠.

초끈이론은 굉장히 중요합니다. 지금 물리학계에서도 초끈이론에 기대를 많이 걸고 있어요. 왜냐하면 현대 물리학의 주류인 입자물리학이 한계에 도달했다고 생각하게 됐기 때문입니다.

초끈이론에 대해서 이야기하기 전에 현대물리학에 대해서 잠깐 이야기를 먼저 해야 합니다. 제가 앞에서도 이야기했지만 물리학은 힘에 대한 연구라고 했죠. 즉 역학이 물리학의 가장 기본이거든요.

즉 힘에 대해서 연구하는 학문이 바로 물리학이라고 보시면 됩니다. 현대 물리학에서 이야기하는 4가지 힘이 있었죠? 이 4가지 힘에 대해서는 그전에도 말씀드렸지만 다시 순서대로 이야기해 보겠습니다.

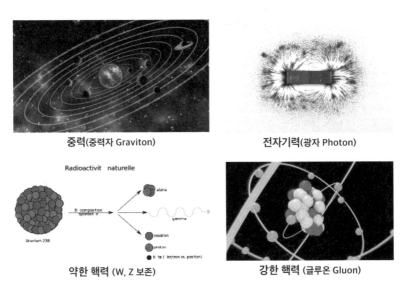

중력(중력자 Graviton)　　　전자기력(광자 Photon)

약한 핵력 (W, Z 보존)　　　강한 핵력 (글루온 Gluon)

그림 2-1. 자연계의 4가지 힘과 그 매개자들.

제일 먼저 1700년대에 뉴턴이 정립을 한 중력, 그다음에 1800년대 중반에 발견한 전자기력, 여러분이 잘 아시는 맥스웰에 의해서 정립이 되었죠. 그리고 1900년대 이후에 발견된 약한 핵력, 강한 핵력 등이 그 4가지 힘입니다. 물리학은 이렇듯 힘의 발견의 역사라고 했습니다.

　인류의 역사를 보면 이 힘을 이용한 힘의 발전의 역사라고 보시면 돼요. 단순하게 생각해 보면 농사지을 때 가장 필요한 것은 무엇이지요? 바로 소가 끄는 수레 아닙니까? 인류 최초의 물리학적인 힘의 적용은 바로 바퀴의 발견이라고도 하죠? 즉 최초로 힘을 응용한 것입니다.

그림 2-2. 인간의 역사는 자연계의 힘을 이용한 역사였다. 인류가 최초로 자연의 힘을 사용하는 법을 알게 되었다고 생각되는 수레바퀴.

　그런 면에서 본다면 뉴턴의 중력의 법칙은 어디에 주로 많이 쓰였죠? 그 당시의 전쟁은 대부분 대포를 이용한 전쟁이었습니다. 대포를 상대방을 향해 잘 쏘는 군대가 승리를 하던 시대였죠. 바로 그러한 지도자가 바로 나폴레옹이었다고 합니다. 즉 그 각도를 잘 알아서 적군에 정확하게 포를 쐈다고 해요. 그가 포물선의 법칙을 잘 알았는지도 모르죠. 이렇듯 물리학은 힘을 이용한 학문입니다.

　1945년에 일본에 떨어진 원자폭탄은 무엇을 이용한 힘이었나요? 바로 핵력을 이용한 폭탄이었습니다. 이렇듯 물리학은 물론 그것을 꼭 목표로 한 것은 아니었지만, 물리학이 발견한 힘은 바로 우리의 일상생활에 엄청난 변화를 주는 동력이었습니다. 그것이 바로 물리학의 힘이지요.

그림 2-3. 뉴턴의 중력의 법칙 중 포물선의 법칙을 이용한 대포. 핵력을 이용한 원자폭탄이나 수소폭탄.

그런데 과학자들은 힘이라는 것이 형태는 다르지만 본질은 같다고 생각합니다. 이 힘을 연구를 잘해서 하나로 정리할 수 있다면 어마어마한 더 큰 힘을 얻을 수가 있어요. 또한 만물의 근본에 대해서 알 수도 있습니다. 그래서 1900년대의 물리학의 가장 오래된 숙원인 4가지 힘의 통합이 이래서 중요합니다. 그런데 3가지는 이미 됐습니다. 전자기력, 약한 핵력, 강한 핵력 등의 3가지 힘은 이미 하나의 힘으로 통합이 됐어요. 하지만 중력만 유일하게 통합이 안 되었습니다. 그런데 왜 중력만 안 되느냐, 이것이 바로 현대물리학의 가장 큰 난제입니다.

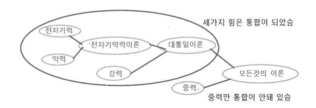

그림 2-4. 다른 세 가지 힘은 통합이 되었으나 중력만 통합이 안 됐다.

현대 물리학의 두 가지의 흐름을 본다면 입자물리학과 초끈이론 두 가지로 나뉩니다. 원래는 물리학의 주류는 입자 물리학이었죠. 그 반면 초끈이론은 변두리 이론에 불과했습니다. 하지만 이 초끈이론이 두각을 드러내게 된 이유가 바로 4가지 힘을 통합하려고 하는 대통일장이론에 보다 더 유리한 면을 가지고 있기 때문입니다. 바로 중력을 다른 힘과 통합할 가능성이 있는 유일한 대안 이론으로 떠오르고 있기 때문입니다.

원래 초끈이론의 모태가 되는 것도 1968년으로 거슬러 올라갑니다. 그 당시에 물리학자 가브리엘 베네치아노라는 학자는 오일러의 베타함수를 연구하던 중 이 함수가 원자 세계에서의 물리학을 신기할 정도로 정확하게 서술했다는 것을 이미 발견하고 놀라움을 금치 못했습니다. 즉 강한 핵력에 대해서 수학적으로 완벽하게 묘사한 것을 보게 됩니다. 사실 오일러(AD 1707~1783)는 1700년대의 사람이거든요. 물론 천재적인 수학자이긴 했지만 그 당시에 그는 원자라는 개념도, 더군다나 원자의 안에 있는 양성자와 중성자의 결합인 강력에 대해서는 전혀 알지 못했습니다. 하지만 그의 200년 전의 수학적 공식이 강한 핵력에 대해서 완벽하게 묘사하고 있었다는 사실은 아주 놀라운 일이었죠.[3]

즉 초끈이론 자체의 출발점이 물리세계에 대한 이런 수학적인 확신(?)에서 출발한 것입니다. 즉 초끈이론의 모태는 이미 수학과 물리학의 만남이 전제된 것이라는 것입니다.

1984년도에 최초로 완성된 초끈이론이 나옵니다. 즉 초끈이론이 나온 것은 최근의 일로 생각이 되지만 위에서 보듯이 실제로는 수백 년의 역사를 가진 것이라는 것을 알고 계셔야 합니다. 초끈이론의 핵심

---

3) 피터 보이트, 『초끈이론의 진실』, 박병철 옮김, 승산출판사, 2008년. 11장

은 우주의 기본 물질은 입자가 아니라 끈이라는 말입니다. 하지만 이 끈은 그냥 그대로 있는 끈이 아니라 진동하는 끈입니다.

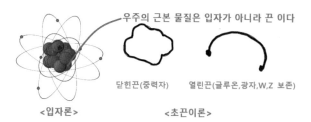

그림 2-5. 입자론은 모든 것의 근본적인 것은 입자라고 주장하고 끈이론은 입자가 아니라 진동하는 끈이라고 주장한다.

  현대의 물리학은 두 가지로 나누어진다고 볼 수 있는데 그것이 바로 입자물리학과 초끈이론이라고 했습니다. 입자물리학에서는 우주를 이루는 기본 물질은 입자라는 주장을 하고, 초끈이론은 입자가 아니라 진동하는 끈이라고 하는 것입니다. 하지만 여기에서 반드시 알고 넘어가야 할 것은 이 끈의 크기입니다, 이 끈의 크기는 거의 특이점의 영역이라고 보서야 해요. 즉 물질이라기보다는 어떤 원형적인 것이지요. 바로 그 이유가 입자물리학이 해결하지 못한 중력 문제를 해결할 수 있는 이유이기도 합니다. 입자물리학의 영역은 10^{-10}㎡(원자 크기)에서 10^{-15}㎡(원자핵의 크기)의 세계입니다. 이것도 엄청나게 작은 세계이죠. 하지만 초끈이론의 세계는 이러한 원자핵의 크기보다도 수천 조 배나 작은 10^{-35}㎡의 영역입니다. 우리와 원자의 세계보다 더 차이가 나는 세계입니다. 그러므로 초끈이론을 수학적으로밖에 접근할 수 없는 이유입니다. 하지만 그 수학이 정확히 물리학의 세계를 예측하고 일치한다는 것은 실로 놀라운 일이 아닐 수 없습니다.

　아직도 입자물리학이 주류 물리학인 것은 사실입니다. 하지만 입자
물리학은 태생적인 한계를 가지고 있는 것도 사실입니다. 왜냐면 양성
자, 중성자, 전자, 쿼크 이런 식으로 더 작은 입자가 계속 나오는 것입
니다. 지금도 더 작은 입자가 계속 나오고 있어요. 매년 너무 많은 입
자가 나오기 때문에 노벨 물리학상을 누구를 줘야 할지 고민이라는
우스갯소리까지 나올 정도입니다. 지금 유럽의 스위스에 가서 보면 둘
레가 23㎞ 정도 되는 입자가속기가 있어요(CERN이라고도 부릅니다).

그림 2-6. 입자가속기.

　전 세계에서 제일 큰 입자가속기입니다. 입자가속기를 쭉 둘러보면 약
둘레가 23㎞ 정도 된다고 해요. 엄청나게 크죠? 거기서 계속 입자를 충
돌시키면서 새로운 입자를 지금도 발견하고 있는데, 새로운 입자가 지금
도 계속 나오고 있어요. 그러니까 헷갈리는 거예요. 이건 도대체 근본적
으로 '입자가 있는 거냐', '없는 거냐'라는 거죠. 물론 과학의 임무는 계
속 발견을 해서 정설로 만드는 게 임무기 때문에 계속 시행을 하고 있지
만, 쪼개면 또 더 작은 입자가 있고, 쪼개면 더 작은 입자가 나오고, 그
러니까 이게 언제 해결이 됩니까? 해결이 안 되는 거예요.

또 하나 문제가 있는데 어찌 보면 가장 중요한 문제이기도 한데 바로 중력을 해결하기가 힘든 것이 문제입니다. 초끈이론이 나오게 된 배경도 바로 이 중력 때문입니다. 입자물리학으로는 중력 문제를 해결하기가 힘든 것이 사실이긴 합니다. 즉 중력이 다른 힘 3가지 즉 전자기력, 약력, 강력에 비해서 터무니없이 너무나 작기 때문에 다른 힘과 도저히 하나로 통합하기가 힘들거든요.

그래서 이 초끈이론에 사람들이 관심을 많이 가지게 되었습니다. 처음에 1984년도에 이론이 나왔을 때는 다른 과학자들이 초끈이론을 주장하는 과학자들을 미친 사람들이라고 그랬어요. '저건 무슨 생뚱맞은 소리야.' 왜냐하면 초끈이론은 최소 11차원을 이야기하고 있거든요. 공간 10차원, 시간 1차원 해서 최소 11차원을 이야기합니다. 지금 나오는 초끈이론 중에는 차원을 10의 500승 차원(10^{500})까지 이야기하는 과학자도 나와요. 10의 500승 차원이면 거의 무한대의 차원이지요? 무한대의 차원이란 다시 해석해 보면 다소 철학적이다 못해 종교적이기까지 합니다. 무한대의 차원이라!

그런데 그전에는 아주 천대받았던 이 초끈이론에 최근에 들어와서는 왜 그렇게들 목을 매게 되었을까요? 바로 그 이유가 이 초끈이론이야말로 이 중력 문제를 해결해 줄 유일한 이론으로 떠오르고 있기 때문입니다. 그 이론이 바로 1995년도에 나온 새로운 초끈이론인 M이론입니다.[4]

M이론은 흔히 막이론이라고 합니다. 원래 막은 영어로 Membrane 이라고 하는데 여기에서 M만 따서 M이론이라고도 하고, 뒤에 brane

---

4) 브라이언 그린, 『우주의 구조』, 박병철 옮김, 승산출판사, 2005년. 13장.

를 따서 브레인 가설이라고도 합니다. 앞에서도 말씀드렸다시피 초끈 이론의 탄생 배경이 바로 오일러라는 학자의 수학적 배경에서 나왔다고 말씀드렸습니다.

닫힌끈(중력자)   열린끈(글루온, 광자, W, Z 보존)

그림 2-7. 나머지 세 가지 힘의 끈은 열린 끈이고 중력만이 닫힌 끈이다.

즉 M이론 자체가 수학과 물리학의 만남에서 시작되었기 때문에 수학적으로 엄밀함을 가장 중요시합니다. 오일러의 수학이 수학으로만 끝나버렸으면 물리학하고 관계가 없었겠죠. 그런데 수학이 물리학으로 연결이 된 거예요. 즉 소수 이론이 소립자 이론으로 연결이 된 겁니다. 같은 素(소)의 세계이지요.

입자물리학의 한계 때문에 초끈이론이 부각이 된 건데 사실 최근에 입자물리학에서 최근에 가장 많이 신경을 쓰는 것이 바로 힉스 입자입니다. 즉 입자물리학에서 신의 입자라고도 할 정도로 중요시하는 입자인데요. 힉스 입자는 어찌 보면 19세기에서 20세기 초반까지의 유명세를 떨쳤던 에테르라는 개념의 현대판이라고 볼 수 있어요. 즉 모든 소립자에 질량을 주고 사라지는 태초의 물질이었다고 생각되고 있습니다. 최근에 스위스에 있는 유럽 입자 가속기 센터(CERN)에서 이 힉스 입자를 발견했다고 발표했는데 아직은 더 검증이 필요하다고 보고 있어요.

입자물리학이 오래된 역사를 바탕으로 표준 모형의 제정 등등 이런 걸로 물리학의 대세가 됐다면 지금은 초끈이론이 오히려 대세가 되어 가고 있는 느낌입니다. 예전에는 사실 초끈이론은 그냥 이론에 불과했어요. 그런데 지금은 초끈이론이 입자물리학과 거의 대등한 관계 내지는 조금 더 우위에 있는 그런 이론으로 발전을 하고 있죠. 그것이 바로 M이론 때문에 그래요. 초끈이론이 주목받은 이유는 바로 이 중력 문제를 해결해 줄 수 있는 이론이기 때문이라고 했습니다.

지금까지 발견된 우주의 4가지의 힘은 중력, 전자기력, 그다음에 약한 핵력, 강한 핵력. 이 4가지 힘인데 이를 통합하는 것이 우리 시대의 주된 사명이죠. 1960년대 이후부터 이미 전자기력, 약력, 강력은 통합이 됐습니다. 이게 통일장이론이에요. 그런데 중력은 말씀드렸다시피 터무니없이 작습니다. 전자기력보다도 무려 10의 마이너스 36승배(10^{-36})만큼이나 작습니다. 그리고 이것은 비교 불가한 차이입니다. 지금 중력의 크기는 너무나 작은 겁니다. 무려 10에 36승 분의 1인데요, 말이 10의 마이너스 36승이지 이건 힘이 거의 없는 거나 마찬가지거든요. 그러니까 이를 다른 말로 하면 중력이 전자기력보다 10의 36승 분의 1보다 조금 더 크거나 작으면 우주가 흩어져 버리거나 부딪쳐서 깨져 버리는 거예요. 이토록 정밀한 힘이 우주를 붙잡고 있다고 보시면 됩니다.

여러분이 아시다시피 전자기력은 그리 큰 힘이 아니에요. 어렸을 때 다들 자석 가지고 놀아본 경험이 있으시죠? 전자기력이란 바로 그러한 자석의 힘 정도를 이야기하는 겁니다. 그리 센 힘이 아니죠?

그림 2-8. 전자기력의 세기의 정도. 이 정도의 힘을 가진 전자기력이 그 거대한 중력보다 무려 10의 36승 배(10^{36}배)나 큰 힘이라는 것이 지금 현대 물리학에서 제일 해결되지 않는 문제이다.

이러한 자석의 힘이 별 사이에 작용하는 중력의 힘보다 무려 10의 36승배나 강하다는 겁니다. 36배가 강한 것이 아닙니다. 10^{36} 배입니다. 어마어마한 차이죠?

여러분 한번 생각해 보세요. 태양이 지구를 아당기고 있는데, 태양이 지구를 당기는 힘보다 자석의 힘, 즉 전자기력이 더 크단 말입니다. 그것도 그 차이가 무려 10의 36승 배 더 크단 말이에요. 이게 이해가 되십니까? 10의 36승이면 말이 10의 36승이지 생각을 해보십시오. 우리가 힘이 2배 강하다, 3배 강하다, 4배 강하다, 5배, 6배, 7배, 10배, 100배, 1,000배, 만, 십만, 백만, 천만, 억, 십억, 백억, 천억, 조, 십조, 백조, 천조, 이게 10의 15승(10^{15})이거든요. 천조면. 천조. 뭐, 경, 십경, 백경, 천경, 해, 해 단위는 거의 무한대 이야기로 하는데 10의 20승(10^{20})이에요. 그거보다도 10의 16승보다 더 강한 힘이란 말이에요. 그러니까 이 힘에 비하자면 중력은 거의 없는 거나 마찬가지예요. 그러니까 중력이라는 힘이 다른 힘과 통합이 안 된 거예요. 힘이 너무 적기 때문입니다. 근데 작아도 너무 터무니없이 작은 거죠. 그래서 표준모형 입자물리학에서 이걸 증명을 해보려고 하지만 도저히 안 되는 겁니다. 웬만큼 차이가 나야 맞춰보죠.

지금부터는 초끈이론에 대해서 본격적으로 이야기해 보도록 하겠습니다.

자연계의 4가지 힘에는 각자 매개체라는 것이 있다고 했습니다.

○ 중력은 중력자(Graviton)

○ 전자기력은 광자(Photon)

○ 강력은 강력자 즉 글루온(Gluon)

○ 약력은 W, Z 보존(W, Z Boson)

즉 이런 매개체를 좀 쉽게 이야기하자면 양쪽 배에 탄 사람들이 공을 주고받는다고 생각을 해 보시면 돼요.

그림 2-9. 위 힘의 매개체는 각각 밀어내는 힘으로 작용하기도 한다.

즉 서로 무거운 공을 밀듯이 주고받으면 각자 탄 배들은 멀어지겠지요. 이때 각자의 탄 배를 중력이나, 전자기력 등의 힘으로 생각하면 되고 이 주고받는 공을 글루온이나 광자 같은 힘의 매개체로 생각하시면 됩니다.

하지만 부메랑을 주고 받으면 두배는 가까워 진다

그림 2-10. 때로는 이렇게 잡아당기는 힘으로 작용을 한다.

반대로 이 사람들이 부메랑을 주고받으면 어떻게 될까요? 부메랑은 서로를 잡아당기는 힘으로 작용을 하게 되어 배가 서로 가까워지겠지요?

그렇다면 4가지 힘 중의 하나인 강력과 중력을 비교해 보겠습니다. 강력은 원자핵에 있는 양성자와 중성자와의 결합력이죠. 어찌 보면 우주에서 가장 큰 힘이라고 보시면 되겠습니다. 빅뱅 이후 그 폭발력의 가장 큰 힘이 여기에 쓰일 정도로 우주에서 가장 강한 힘이라고 보시면 돼요.

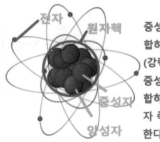
전자
원자핵
중성자
양성자

중성자와 양성자가 결합하는 힘을 강한핵력(강력)이라고 하는데 중성자와 양성자가 결합하게 하는 힘을 강력자 즉 글루온이 매개한다

그림 2-11. 원자는 원자핵과 전자로 이루어져 있는데 바로 이 원자핵을 이루는 것이 중성자와 양성자이다. 글루온이라는 힘의 매개체는 가장 강한 힘인 중성자와 양성자를 묶어주는 매개체이다.

우주의 발생 과정에서 가장 큰 힘은 여기에 거의 다 쓰였다고 보일 정도로 큰 힘을 들여야만 했었고, 양성자와 중성자 둘을 떼어 내려고 하면 그만큼의 힘을 주어야지만 떼어낼 수가 있습니다. 이 힘이 바로 핵융합력입니다. 여러분 핵융합 에너지에 대해서 말씀 많이 들어보셨죠? 강한 핵력이 바로 이러한 핵융합력을 이야기하는 겁니다. 이 강력은 글루온이 매개를 하죠. 글루온(gluon)은 풀이라는 뜻입니다. 너무나 강하기 때문에 양성자와 중성자는 떼려야 뗄 수가 없어요. 그러니까 전자기력에 비해서 얼마나 세겠어요? 그렇다면 강력은 중력에 비해서는 거의 무한대로 크다고 봐야 되겠죠. 실제로 보면 중력이 제일 셀 것 같은데 중력이 터무니없이 약하다는 거예요. 그래서 힘이 질이 다른 거죠. 통합이 안 되는 겁니다.

그림 2-12. 이 크나큰 우주에 작용하는 중력이 너무 터무니없이 작다.

M이론을 한마디로 정의하면 막이론이라고 부르는데 이런 겁니다. 말하자면 이 4가지 힘 중에서 중력을 제외한 나머지 3가지 힘은 같은 종류이지만 중력은 근원이 다르다는 겁니다. 그리고 중력은 우리 차원과는 다른 차원으로 새고 있다는 거예요. 즉 다른 차원에 존재하고 있다는 뜻이죠.

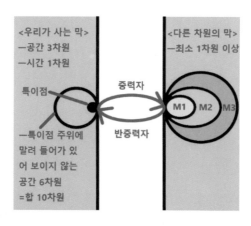

그림 2-13. 초끈이론의 핵심적인 내용은 이 중력자가 우리가 사는 차원을 넘어서 미지의 공간으로 새어 나가고 있어서 우리 우주에서는 터무니없이 약한 것이라고 주장한다.

우리 우주에서 중력이 새어 나가서 이 중력자가 다른 차원에 존재한다는 다른 차원 이론이 바로 M이론의 핵심입니다.

우리가 이것을 여분 차원이론이라고도 하고 다차원이론이라고도 해요. 원래 초끈이론에서 이야기하는 것이 우리가 사는 3차원의 공간 외에 다른 차원의 공간이 6차원이나 더 있다고 합니다. 그런데 이 6차원의 공간은 우리 공간의 가장 작은 점인 특이점에 말려들어가 있어서 우리 눈에 보이지 않는다는 거예요. 그리고 다른 차원의 공간의 최소한 1차원 이상이 존재한다고 주장합니다. 그리고 그 다른 차원의 공간으로 중력이 새어 나간다는 겁니다. 그래서 우리 우주의 중력이 그렇게 약하다는 겁니다.

중력은 진정한 야인(공간)입니다. 하지만 빅뱅이론에서도 보면 최초의 시간인 10마이너스 34초(10^{-34}초)라는 어마어마하게 짧은 시간에 인플레이션 현상(급팽창 현상)이 시작되는데, 웬일인지 그전의 시간에 중력은 탈출을 해버리고 없습니다. 즉 엄밀하게 이야기하자면 중력은 빅뱅이 시작되자마자 어디론가 사라져버린 겁니다.

사실 빅뱅의 초기에는 힘과 물질의 구별도 없던 시기이거든요? 즉 4가지 힘도 물질과의 구별도 없었던 시기입니다. 즉 수프처럼 된 우주에 모든 물질과 힘이 섞여 있었습니다.

중력은 10^{-34} 초 이전의 시간에 탈출함

태초의 시간 즉 10^{-34} 초의 시간에는 온도가 극단적으로 높아서 양성자, 중성자등 물질도 녹아 있었고 심지어 강력, 전자기력등의 힘도 같이 녹아 있을 정도로 온도가 높았다. 이시간 이전에 이미 중력은 탈출하여 어디론가 사라짐

그림 2-14. 빅뱅 초기인 10의 마이너스 34승 초 이전(10-34초)에 중력탈출 현상이 일어남. 즉 이때부터 중력의 대부분은 우리 우주에서 사라지고 다른 차원으로 이동을 한다.

빅뱅의 초기에 가장 먼저 생긴 것은 시간의 개념밖에 없어요. 하지만 그 짧은 시기 어찌 보면 시간과 동시에 구별된 것이 바로 중력입니다. 이것이 바로 중력탈출 현상입니다. 그렇다면 그 중력은 대체 어디로 도망을 갔을까요? 중력은 이때부터 차원 이동을 한 것으로 보입니다. 즉 중력은 그때부터 이미 우리가 사는 우주로부터 사라진 거예요. 여러분들도 잘 아시다시피 자연은 절대 에너지를 낭비하는 법이 없거든요? 그러니까 M이론은 이렇게 주장을 하는 거예요. 초끈이론이 여러 차원의 이론이라고 그랬죠?

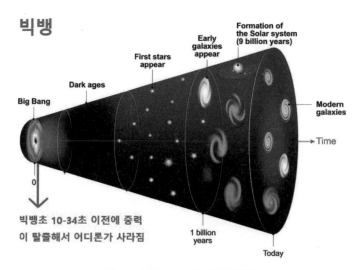

빅뱅

Big Bang

Dark ages

First stars appear

Early galaxies appear

Formation of the Solar system (9 billion years)

Modern galaxies

→ Time

0

빅뱅초 10-34초 이전에 중력
이 탈출해서 어디론가 사라짐

1 billion years

Today

그림 2-15. 빅뱅 초기의 중력탈출 현상.

여러 차원의 이론에서는 실제적으로 수학적으로 계산을 해보면 최
소한 11차원이 필요해요. 공간 10차원, 시간 1차원 이런 식으로 11차
원이 필요합니다.

공간 10차원과 시간 1차원이 필요한데 우리가 사는 세상에 보이는
3차원의 공간과 우리 눈에 보이지 않는 공간 6차원이 특이점을 중심
으로 구겨져 있고, 나머지 1차원이 다른 차원에 존재한다는 겁니다.
이것을 막의 이론이라고 하는데 우리가 사는 차원 외에 다른 차원이
존재한다는 것이 이 이론의 핵심입니다. 그리고 이 막의 이론은 지금
은 물리학적으로 인정을 받은 학설입니다. 즉 모든 과학자들이 인정
을 하고 있어요.

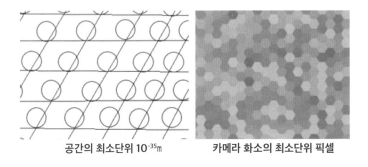

공간의 최소단위 10⁻³⁵m　　　　카메라 화소의 최소단위 픽셀

그림 2-16. 공간의 최소 단위를 이루고 있는 특이점. 10의 마이너스 35승 m의 크기(10^{-35}m). 공간의 최소 단위라고 생각하면 된다.

　위에서 보는 점 하나하나가 특이점입니다. 즉 길이는 10^{-35}m로써 제일 짧은 거리입니다. 인간이 생각할 수 있는 가장 짧은 거리이죠. 즉 공간을 메꾸는 점이라고나 할까요? 즉 우리가 보는 공간도 이러한 점이 뭉쳐서 하나의 공간을 이루어 나가는 것입니다. 옆에 그림을 보시면 픽셀이 보이시죠? 즉 컴퓨터를 보면 모니터에 픽셀이라는 것이 있잖아요? 즉 화소를 의미하는 것입니다. 이 픽셀이 화면의 기본 단위가 되듯이 특이점이 바로 공간의 기본 단위라고 보시면 돼요.

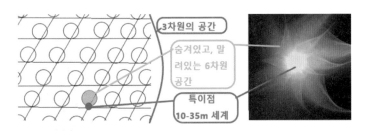

그림 2-17. 초끈이론에 의하자면 우리 차원의 세계는 공간 3차원에 시간 1차원, 그리고 숨겨진 공간 6차원까지 해서 총 10차원이라고 볼 수 있고 다른 차원의 세계가 최소한 1차원 이상 존재한다고 주장한다.

그리고 바로 위의 그림을 보시면 숨겨진 공간 6차원을 칼라비-야우 공간이라고 하는데 특이점 주위에 이 6차원의 공간이 말려 들어가 있는 것을 그림으로 표현한 것입니다. 그리고 중력자는 이 특이점의 공간을 뚫고 들어가 미지의 차원으로 새고(leaking) 있다는 것이 이 막이론 즉 M 이론의 핵심인 것입니다.

말려들어가 있는 6차원의 공간의 모양은 어떤 것인지 정확히 모릅니다.

그림 2-18. 특이점을 중심으로 말려 들어가 있는 공간의 상상도.

아무튼 우리의 상상을 초월하는 모습으로 이점을 감싸고 있습니다. 우리가 사는 세상의 막을 M0라 합시다. 그리고 중력자가 새고 있는 미지의 세계를 M이라 하고요. 여기는 미지의 세계이죠. 그러니까 우리가 사는 세상하고 다른 세상이 따로 있다는 거예요.

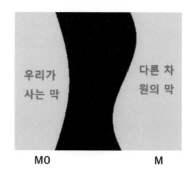

그림 2-19. 우리가 사는 막은 공간의 세계인 M0의 세계이고 다른 차원의 막인 시간의 세계는 M의 세계라고 부르기로 한다.

자연계의 4가지 힘에는 그 매개자가 있다고 했습니다. 그 매개자는 4가지인데 중력자, 전자기력자, 그다음에 약력자, 강력자라고 했어요.

- ○ **중력자는 중력자**(graviton)
- ○ **전자기력자는 광자**(photon)
- ○ **약력자는 w, z보존**
- ○ **강력자는 글루온**(gluon)

초끈이론에서는 이러한 힘의 매개자들이 끈으로 되어 있다는 겁니다. 그리고 이 중에서 중력자는 다른 세 가지 매개자와 다른 형태를 띠고 있습니다. 즉 다른 세 가지 매개자들은 열린 끈이어서 우리가 사는 세상의 막(M0)에 붙어 있게 되어 고정되어 있고요. 반면 중력자는 닫힌 끈이어서 우리가 사는 세상에서 미끄러져 특이점을 통해서 다른 막(M)의 세계로 흘러간다는 것입니다.

그림 2-20. 중력자는 닫힌 끈이고 글루온, 광자, W, Z 보존 등은 열린 끈이다.

즉, 위의 그림에서 보듯이 열린 끈을 가진 글루온(강력자), 광자(전자기력자), W, Z 보존(약력자) 등은 열린 면을 가지고 있어서 우리가 사는 우주의 막에 붙어있는 상태로 있기 때문에 우리 우주(M0)에 존재하는 것입니다. 하지만 닫힌 끈을 가진 중력자는 우리 우주의 막에 붙어 있지를 못하고 우리가 사는 막에서 미끄러져 특이점을 통해 다른 차원의 막(M)으로 흘러간다는 것입니다. 즉 그리하여 중력자가 다른 차원의 막으로 흘러가서 그 막에 존재한다는 것이죠.

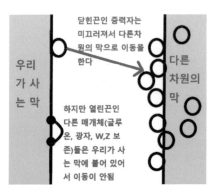

그림 2-21. 우리가 사는 막의 세계에서 다른 차원의 막으로 중력자가 흘러 들어가는 모습. 중력자만이 닫힌 끈이라 다른 차원으로 미끄러져 들어가고 다른 매개체들(글루온, 광자, W, Z 보존)은 열린 끈이어서 우리가 사는 막에 붙어서 떨어지지 않는다.

초끈이론에서는 이러한 이유로 우리가 사는 막의 우주에 있는 중력에너지가 터무니없이 작다는 것을 설명하고 있습니다. 즉 다른 차원으로 중력자가 새고 있기 때문에 우리가 사는 막에서 중력이 약해진다는 것이죠. 이것이 M이론의 핵심 이론입니다. 그리고 그것이 실제로 증명이 되어 있습니다. 그런데 초끈이론의 단위가요. 10의 -35승㎜(10^{-35}㎜)에요. 여러분 10의 -35승㎜ 정도 되면요. 이렇게 생각하시면 됩니다. 원자를 태양계만큼 확대시켰을 때, 초끈은 나무 크기 정도 크기밖에 안 돼요. 즉 초끈이론에서는 원자의 크기 정도를 다루는 게 아니라 원자를 태양계만큼 확대시켰을 때 사람이나 나무의 크기 정도를 다루는 수준입니다. 그 정도 크기밖에 안 되는 거예요.

원자를 태양계 만큼 확대
시키면

원자핵 속의 끈이 나무크
기만 해진다

닫힌끈(중력자)   열린끈(글루온,광자,W,Z 보존)

그림 2-22. 플랑크 거리를 묘사한 모습. 끈의 크기는 거의 플랑크 거리만큼(10의 마이너스 35승 m, 10^{-35}m)이나 작은데 이를 원자와 비교해보자면 원자를 태양계 정도로 확대시키면 그 속의 끈이 나무 크기만 해질 정도로 작은 크기이다.

10^{-35}m를 플랑크 거리라고 하는데 플랑크 거리는 정설로 인정을 받고 있습니다. 우주에서 수학적으로 가장 짧은 거리가 10^{-35}m에요. 그러니까 10^{-35}m의 공간이 모여 가지고 우주가 이루어져 있다는 거죠. 이것을 특이점이라고 그래요.

우리가 재는 온도 중에 제일 낮은 온도를 절대온도라고 해서 K로 표현하죠? 절대온도는 -273℃를 가장 낮은 온도로 봅니다. 즉 -273℃ 이상은 내려갈 수가 없다는 거죠. 이처럼 절대로 생각하는 단위들이 있는데 공간에서는 플랑크 거리 즉 10^{-35}m가 바로 절대 거리라고 보시면 돼요. 그러니까 이 크기만 보아도 원자를 연구하는 입자물리학하고는 전혀 다른 세계라는 것을 아실 겁니다. 원자를 태양계만큼 확대시켰을 때 나무의 크기 정도 되는 것이 끈인데 이것을 관찰할 수가 있겠어요? 그래서 이건 수학적으로 연구할 수밖에 없는 겁니다. 너무나 작은 크기이기 때문에 그래요. 그런데 이 이론이 인정을 받고 있습니다. 왜냐하면 수학적으로 점점 더 완벽해지고 있거든요.

자 봅시다. 중력자는 닫힌 끈이에요. 그러기 때문에 특이점을 통과한다는 겁니다. 열린 끈은 우리가 사는 우주의 막에 딱 붙어있습니다. 그래서 특이점을 통과를 못 해요. 그리고 우리 막에서 새어나간 중력자는 그 후에 어디로 가느냐? 다른 차원의 공간의 막 즉 M의 세계로 사라진다는 거죠. 이게 M이론의 핵심입니다. 그래야지만 지금 현재 중력문제를 해결할 수 있다는 거예요. 즉 중력이 현재 우리가 사는 막의 공간에서는 너무나 터무니없이 작은 힘인데, 그 이유는 중력이 어딘가로 새고 있어서 그렇다는 겁니다.

11차원의 시공간이라고 하면 잘 이해가 안 될 텐데 말하자면 공간이 10차원이고 시간이 1차원입니다. 아시다시피 우리가 사는 막의 공간은 3차원이죠. 나머지 6차원의 공간은 특이점 주위로 말려들어가 있다고 했습니다.

그러니 우리가 사는 세계는 3차원의 공간과 1차원의 시간, 그리고 특이점에 말려들어가 있는 공간 6차원까지 해서 10차원이 필요하고요. 또 한 가지의 차원은 중력자가 새어 나가는 다른 차원의 막이 최소 1차원 이상이 더 필요하다는 것입니다.

그러므로 초끈이론에서 필요한 총 차원의 수가 최소 11차원(즉 공간 3차원+시간 1차원+특이점에 말려들어가 있는 숨겨진 차원 6차원+중력자가 새는 다른 막의 차원 최소 1차원)이 되는 것입니다.

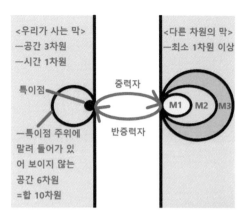

그림 2-23. 초끈이론에 의하자면 우리가 사는 막은 최소 10차원이며 다른 차원의 막은 최소 1차원 이상이다.

여기서 흔히 이야기하는 게 가는 전선이나 실에 관한 이론입니다. 즉 우리가 멀리서 전선이나 실을 보면 1차원으로 보이죠? 하지만 가까이 가면 전선도 엄연한 3차원의 공간을 가지고 있습니다. 이건 더 얇은 실도 마찬가지예요. 실도 멀리서 보면 1차원으로 보이지만 실제로 가까이서 보면 3차원입니다. 전선에는 참새가 앉고 실은 바늘에 꿰어서 쓰잖아요?

그림 2-24. 전선이나 가는 실은 멀리서 보면 1차원적으로 보이지만 실제로 가까이서 보면 3차원이다. 그렇듯이 우리가 사는 공간의 특이점에 가까워지면 멀리서는 안 보였던 특이점 주위에 말려들어가 있는 공간 6차원이 보인다.

그렇듯이 우리가 사는 10차원의 시공간 중 6차원의 공간이 특이점을 중심으로 뭉쳐 있습니다. 그 이유는 모르지만 우주가 만들어지는 과정에서 공간의 6차원은 폐기되거나 쓰일 이유가 없어서인지 특이점을 중심으로 말려 있는 현상이 나타나고 있는 것입니다.

2. 초끈이론을 통해 나타난 현세와 사후세계의 개념

제가 왜 초끈이론이 중요하다고 그러냐 면요. 이 이론이야말로 우주의 비밀과 생과 사의 문제를 풀어줄 이론이기 때문입니다. 우리가 사는 막의 세계는 M0의 공간이라고 하고 중력자가 새는 다른 차원의 세계를 M의 세계라고 한다고 했죠? 우리가 사는 공간의 막인 M0와 다른 막인 M의 세계는 어떤 세계일까요? 이를 알아듣기 쉽게 말씀드리면 M0의 세계는 현세 즉 공간의 세계를 말하고, 중력자가 새는 다른 차원의 세계는 M의 세계 즉 사후의 세계입니다. 바로 시간의 세계이지요. 사후의 세계는 시간의 세계이며 시간이 거꾸로 흐를 수 있고 시간의 변형이 일어나는 시간이 실체적으로 존재하는 세계입니다. 이제 이 책에서 가장 중요한 부분에 이르게 되었습니다.

사후세계 (M의 세계)는 총 3개의 세계로 이루어져 있다고 했습니다. 즉 생명의 세계인 M1, 영혼의 세계인 M2, 그리고 신의 영역인 M3의 세계로 되어 있습니다.

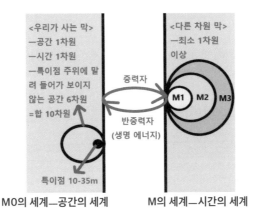

<!-- 그림 내부 텍스트 -->
M0의 세계—공간의 세계 **M의 세계—시간의 세계**

그림 2-25. 우리가 사는 세계는 공간의 세계이며 이를 M0의 세계라 부르고 우리의 막과 연결되어 있는 다른 막의 세계는 시간의 세계이며 이를 M의 세계라고 부르기로 한다.

　이 중에서도 1층천(M1)의 세계와 우리가 사는 공간(M0) 사이에는 교류가 일어나고 있습니다. 그 교류의 중심에는 중력자의 비밀이 있습니다. 즉 M0 세상의 막과 M1의 세상의 막에는 중력자의 순환이 있다는 것입니다. 하지만 원칙적으로 M2(인간 영혼의 세계)와 M3(신의 세계)는 우리 공간의 세계와 교류가 일어나지 않습니다. 단 우리가 사는 공간의 우주에서는 인간의 영혼만이 이러한 시간의 세계와 유일한 접촉 수단입니다.

　초끈이론에서는 수학적으로 이야기를 하고 있지만 이걸 신학적으로 이야기하자면, 신이 우주물질을 창조할 때 이미 M1이라는 세계는 이미 생겨난 거예요. 왜냐하면 빅뱅이론에서도 보면 처음에 제일 먼저 사라진 게 중력이 사라지거든요. 그 사라진 중력을 찾는 게 지금 우리가 그토록 결론을 내리고 싶어 하는 모든 것이 이론 아닙니까? M이론에 의하자면 우리 우주에서 사라진 중력이 시간의 세계인 M1의 세계에 모여 있는 것은 확실해 보입니다.

빅뱅이론 초기에는 온도가 너무 높아서 힘+물질이 다 같이 있었다고 했죠. 그런데 이게 식으면서 제일 먼저 달아난 힘이 중력이에요.

중력은 10^{-34} 초 이전의 시간에 탈출함

태초의 시간 즉 10^{-34} 초의 시간에는 온도가 극단적으로 높아서 양성자, 중성자등 물질도 녹아 있었고 심지어 강력, 전자기력등의 힘도 같이 녹아 있을 정도로 온도가 높았다. 이시간 이전에 이미 중력은 탈출하여 어디론가 사라짐

그림 2-26. 우리가 사는 막의 세계와 다른 세계의 막은 오직 중력자에 의해서만 연결이 되어 있다. 그런데 빅뱅이론에서 보면 빅뱅 초기의 시간 즉 10의 마이너스 34승 초(10^{-34}초) 이전에 중력자는 이미 우리가 사는 세계의 막에서 탈출하여 다른 막의 세계로 사라져버린 것이 입증되었다.

중력이 제일 먼저 사라집니다. 그리고 그 후에 인플레이션(급팽창)이 일어나면서 하나씩 하나씩 힘과 물질이 분리가 되죠.

우주는 대체 왜 이렇게 쓸데없이 클까요? 요새 천문학 연구하시는 분들이 자주 하는 이야기가 우주가 왜 이렇게 클까 고민들을 하죠? 그리고 최종적으로 내린 결론들을 보면 논리적으로 생각하자면 우주가 무한히 크므로 거기 안에 생명체가 무한히 있을 수밖에 없다는 결론에 이르는 것을 자주 볼 수 있습니다. 물론 생명체가 지구 외에 다른 곳에도 있을 수는 있습니다. 저는 안 가봤기 때문에 몰라요. 하지만 제가 여기에 단호하게 반대할 수 있는 이유가 있어요.

지구상에 사는 생명체를 탄생시키기 위해서는 우주가 엄청나게 커야 됩니다. 중력이 많이 필요해요. 왜냐면 제가 말씀드렸죠. 생명현상이라는 것은 우주라는 물질세계와는 달라요. 굉장히 이질적입니다. 그래서 진

화가 불가능한 거거든요. 즉 이렇게 이질적인 부분이 연결이 되어서 진화로 이어진다는 것은 정말로 어불성설입니다.

생명이라는 것은 무엇일까요? 초끈이론을 이야기하면서 갑자기 생명 이야기를 하니까 다소 생뚱맞은 느낌이 없지는 않지만 이 둘은 아주 긴밀하게 연결이 되어 있습니다. 특히 여기서는 중력과 생명과의 연결 고리를 이해하는 것이 중요합니다. 중력과 생명은 분명히 연관 관계가 있습니다. 생명은 어디에서 왔을까요?

무(無)의 세계라는 점에서 보았을 때는 우주와 물질이라는 것도 굉장히 이질적인 존재입니다. 즉 우주 진화론자들의 이야기처럼 물질 우주의 탄생 자체도 아주 힘든 것이었습니다. 무에서 왜 우주와 물질이 생겨났을까요? 이것이 현대 과학자들이 고민하는 문제입니다. 이상하지요? 이것은 예전에는 철학과 신학의 주제였습니다. 현대의 시대는 다시 고대나 중세의 시대가 된 것 같습니다. 과학자들이 철학자가 되어가는 것입니다. 현대에 들어와서의 특징은 오히려 과학자들은 철학자나 종교학자처럼 이야기하고 일반인들은 오히려 과학자처럼 이야기한다는 겁니다. 지금의 시대야말로 과학철학의 시대이고 과학과 철학, 종교학이 이전에 이렇게 가까운 적이 없는 시대인데도 일반인들은 그렇지를 못하죠? 제가 이것을 후반부에 '사상체계의 전통추구 본능'이라는 말로 바꾸어 보았습니다. 9장 부분을 참조해 주시기 바랍니다.

생명은 우주에서 너무나 특이한 현상이라고 이야기했습니다. 특이하다 못해 신비로운 현상이기까지 합니다. 달 탐사를 다녀온 많은 사람들의 증언을 들어보면 달에 다녀오면서 대부분의 사람들은 엄청난 경외감을 느낀다고 합니다. 근데 그것은 신에 대한 경외감이기도 하지만 지구라는 행성에 대한 경외감이라고 해요. 왜냐하면 지구를 떠나는 순간 우주에 나갔을 때의 적막함과 그 무서울 정도의 고요함은 소름이 끼칠 정도라고 합니다. 어찌 보면 두렵기까지 하다고 합니다. 아무것도 없음에 대해서요. 특히 생명활동으로 가득 찬 지구의 역동성을 우주의 적막함과 비교하자면 지구라는 존재의 소중함을 느낀다고들 해요.

 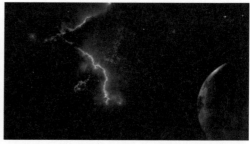

그림 2-27. 우주에 나가 본 우주인들이 하는 이야기로는 우주에 나가보면 겁이 덜컥 난다고 한다. 넓은 곳이지만 아무것도 없는 적막함과 답답함 때문에 폐쇄 공포증 같은 것을 느낀다고 한다.

우리의 몸에는 얼마나 많은 세포가 있습니까? 사람의 몸을 이루는 세포는 약 100조 개가 있다고 합니다. 그리고 사람의 장에서 사는 장내세균은 1,000조 마리까지 있다고 해요. 그리고 우리가 쓰는 부엌, 세면대, 수건, 행주에 균이 엄청나게 많다고들 하지요? 얼마나 많은 세포들이 존재합니까? 그것뿐입니까? 산에 올라가 보세요? 무성한 수풀, 우거진 삼림들, 그 속에 사는 야생 동물들, 곤충들, 새들을 보십시오. 그러한 장엄한 생명의 현장을 보면서도 별 감동이 없는 지구인들(?)을 본다면 아마 우주에 나가봤던 사람들이 보기에는 너무 이상하게 보일 수도 있을 것입니다. 그만큼 지구는 생명이 가득 찬 행성입니다.

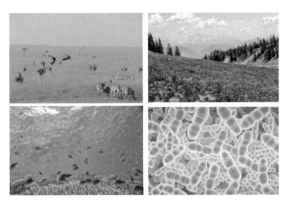

그림 2-28. 위의 그림 2-27에 비교하자면 지구는 반대로 너무나도 현기증을 느낄 정도로 많은 생명체로 가득 차 있음을 느낄 수 있다.

그래서 우리에게 진화론 같은 학문이 나오게 된 것인지도 모릅니다. 즉 생명체가 지구에 너무 많다 보니 그 특이함과 소중함을 모르는 거죠.

아무튼 생명이란 특이한 현상이에요. 빅뱅에 의해서 갑자기 생긴 물질현상에서 굳이 생명현상이라는 만들기 피곤한(?) 상황으로 갈 이유가 전혀 없는데도 말이죠. 생각해 보세요. 물질이란 것도 겨우겨우 천신만고 끝에 만들어 내어 이제 겨우 안정이 됐는데 생명현상이라는 그 어마어마하게 힘든 짐을 또다시 질 이유가 뭐냐는 겁니다.

그것도 굳이 열역학 제2법칙인 엔트로피 증가의 법칙을 어기면서까지요. 이는 진화론적으로 해석해 봐도 참 이해하기 힘든 대목입니다.

여기에서 가장 제일 중요한 것이 생명체가 태어나기 위해서는 엔트로피를 감소시키는 일을 해야 한다고 했습니다. 자연계의 법칙은 엔트로피 증가의 법칙 즉 무질서도의 증가의 법칙이 지배한다고 했죠? 어머니가 청소를 안 하시면 집안은 계속 어질러지잖아요? 그럼 그것을 치워야 하죠. 그것이 바로 에너지를 투입하는 것이라고 했습니다. 즉 무질서도를 감소시키기 위해서는 일을 해야 한다는 것입니다.

그럼 이 생명현상이라는 엄청난 일을 필요로 하는 에너지는 대체 어디에서 나오는 것일까요? 그것이 바로 중력에너지라는 겁니다. 즉 우리가 사는 막(MO)에서 빠져나가게 되어 다른 막(M)의 세계로 가서 저장되어 있는 중력이 그것의 원천입니다. 엄밀하게 말하면 반중력자 에너지라고 보아야 합니다. 즉 M 세계에서 MO의 세계로 올 때는 반중력자로 온다는 것입니다.

이 에너지를 비축해 놓기 위해 신은 빅뱅의 초기에 중력을 사라지게 한 겁니다. 즉 반대로 이야기하자면 이 우주에는 생명을 탄생시킬 만한 에너지가 없어요. 뭔가 다른 에너지가 필요합니다. 우리가 사는 우주에서 사라진 중력에너지야 말로 우주의 생명을 탄생시키는 유일한 에너지인 것입니다. 그 중력에너지는 반중력이라는 에너지 변형을 통해서 생명에너지의 원천이 된 것입니다.

여러분은 생명력의 원천이 뭐라고 생각하십니까? 현재 아직 인류는 생명현상에 대해서 잘 모르고 있어요. 즉 생명이 어떻게 잉태되고 태어나고, 나고 자라고 죽는지 그 정확한 메커니즘을 모르고 있는 것이 사실입니다. 생명은 탄생과 죽음이라는 아주 기괴한 메커니즘을 가지고 있어요. 특히 죽음에 관해서는 생명현상과 마찬가지로 우리 우주의 것으로는 풀 수 없는 것입니다. 즉 도저히 알 수 없는 메커니즘이거든요. 우주의 장구한 역사상 단 한 번이라도 생명체가 죽었다가 다시 살아난 적이 있을까요?

그림 2-31. 아무리 작은 미물 즉 심지어 박테리아라 할지라도 우리가 사는 우주에서는 생명체가 다시 죽었다가 살아나는 법은 없다.

위와 같이 아무리 간단한 하루살이나 진드기, 박테리아, 바이러스 같은 경우도 한번 죽으면 다시 살릴 수 없습니다. 그렇다고 해서 생명 현상이 우리 우주와 전혀 관계가 없다고 말할 수는 없습니다. 즉 생명 현상은 우리 우주에서 벌어지고는 있으나 우리 우주만의 것으로는 해결되지 않는 많은 난제를 가지고 있습니다. 그 생명의 비밀을 풀 답이 바로 중력자에 있다는 거예요. 즉 중력자가 우리 우주와 다른 세계를 이어주고 있기 때문입니다. 지금 현재로서는 우리 우주에서 새어 나가서 다른 차원과 연결이 되어 있다고 증명된 최초의 존재가 바로 중력자입니다.

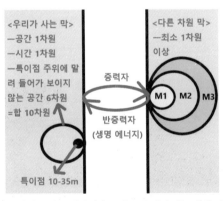

그림 2-30. 우리 인류 역사상 가장 고민했었던 문제 즉 우리가 사는 세상 외에 다른 세상이 있는가에 대한 문제에 대한 해답이 열리고 있다. 그것이 사후의 세계이든 영의 세계이든 신의 세계이든 말이다.

인류 역사상 제일 고민했었던 다른 세상이 있다는 게 증명이 되었습니다. 그리고 우리가 사는 세상과 다른 세상을 연결해주는 것이 있을 거라고 생각은 해왔는데 잘 몰랐어요. 그런데 바로 그것이 중력이라는 사실도 최초로 밝혀진 것입니다.

이 내용에 대해서 최근에 좋은 영화 한 편이 나와서 소개를 하고자 합니다.

아래 그림은 최근에 나온 영화 〈인터스텔라〉에 나오는 다른 막의 세계를 묘사한 사진입니다. 이 영화는 단순한 상상력으로만 만들어진 영화가 아니고 최신 과학자들의 검증을 받아서 만든 영화입니다. 그러므로 영화 내용 전제가 과학적으로 모두 근거가 확실한 것으로 되어있습니다. 이중 사진에 나오는 것은 '테서렉트'라는 세계인데 주인공이 딸과 소통하는 세계로 묘사가 되지요.

이 공간은 주인공이 블랙홀의 특이점을 통해서 다른 차원으로 이동하게 된 후 가는 세계인데 바로 테서렉트라고 부릅니다. 주인공은 이 '테서렉트' 세계로 이동하게 된 후에 이 세상에 남겨진 딸과 대화를 하게 되지요.

그림 2-31. 〈인터스텔라〉라는 영화를 보면 주인공이 블랙홀의 특이점으로 떨어진 후에 가게 되는 곳이 바로 테서렉트라는 세계인데 이것이 바로 앞에서 이야기한 다른 차원의 세계를 과학적으로 이야기한 것이다.

바로 이 테서렉트가 초끈이론의 제11차원의 세계를 묘사하는 것입니다. 그리고 11차원의 세계에서 우리 차원과 대화를 하는 방법이 나오는데 그것은 바로 중력을 통해서만 말하게 된다는 거예요. 여기에서 "중력은 시공의 차원을 벗어나서 다른 공간이나 시간으로 이동할 수 있다."라는 대사가 나옵니다. 그리고 이들은 서로 중력을 이용하여 대화를 하게 됩니다. 서로 책장에 있는 책을 떨어뜨리는 등 모스 부호를 통해서 이야기를 하지요?

그림 2-32. 이 영화에서 주인공들은 바로 책장에서 책을 쓰러뜨림으로써 중력을 이용한 모스 부호를 통해서 이야기한다. 즉 다른 차원이지만 중력자는 두 차원을 왔다 갔다 하기 때문에 중력을 이용한 정보교환이 가능했던 것이다.

초끈이론에서 다루는 내용 중에 가장 중요한 것이 바로 중력이라고 하지 않았습니까? 그리고 이 중력자가 우리가 사는 세상에서 다른 차원의 막으로 새어 나가는 현상은 다른 차원 즉 우리가 사는 세상 말고 다른 차원이 있다고 이야기해주고 있습니다.

우주에는 반드시 대칭성이 있습니다. 모든 입자에는 반대 입자라는 게 있어요. 그런 면에서 본다면 중력자의 반대 입자도 반드시 있을 것이고 바로 그것이 반중력자라는 겁니다. 지금 과학자들이 가장 관심 있어 하는 것이 바로 대칭성이거든요. 아직 초대칭성이라는 완전한 결론에는 못 이르렀지만 만약에 우주의 이 초대칭성을 완전히 이해하게 된다면 이 반중력자의 문제도 해결이 될 것입니다.

그림 2-33. 나이 든 사람들의 얼굴의 특징을 보면 모두 처지는 것을 볼 수 있다. 이는 서양이나 동양을 막론하고 예외는 없다. 그리고 그것을 자세히 들여다보면 바로 중력의 방향으로 처지는 것을 볼 수 있다. 즉 젊을 때는 반중력 방향으로 뭐든지 생명활동이 일어나지만, 늙거나 병이 들면 예외 없이 모두 중력 방향으로 향하게 되고 결국은 땅속으로 들어가게 된다. 최종적으로는 그것이 바로 생명체의 죽음이라는 현상이다.

여러분 가만히 보십시오. 젊은 사람과 늙은 사람의 특징을요. 얼굴을 보면 나이가 들면서 얼굴이 중력 방향으로 쳐지게 돼요. 어린아이나 나무를 보세요. 생명력이 한참일 때는 중력의 반대 방향으로 가면서 지구를 박차고 올라가죠? 하지만 나이가 들고 병들면 어떻게 됩니까? 중력 방향으로 처지게 되고 결국은 땅속으로 들어가게 됩니다. 생명체의 모든 활성을 이루는 호르몬이나 모든 효소의 특징은 바로 생명을 반중력적으로 움직이게 하는 작용을 하고 있습니다.

하지만 그 생명력이 다 떨어지게 되면 노화가 진행이 되고 언젠가는 그 반 중력성이 멈추게 되는 것입니다.

그럼 생명체를 먹여 살리기(?) 위해 얼마나 많은 중력에너지가 필요할까요? 여러분 우주가 크다고 생각하십니까? 우주는 절대 쓸데없이 크지 않습니다. 우주는 절대 에너지를 낭비하는 법이 없거든요.

개미 한 마리에 우주가 제공하는 생명에너지(반중력자)의 양이 어느 정도 될까요? 물질은 에너지로 전환 될 수가 있습니다. E=MC²라는 공식에 맞추어 우주의 모든 물질은 에너지로 전환되어서 계산될 수가 있습니다. 그렇다면 우주의 생명의 에너지는 어떻게 환산될 수 있을까요? 생명이란 우주에서 아주 이질적인 에너지입니다. 그러므로 생명체를 이 우주에서 살리기 위해서는 아주 막대한 에너지가 필요합니다. 그 에너지의 근원이 바로 반중력에너지라는 거예요.

우리 은하에 태양이 약 천억 개 정도 있죠. 그리고 보통 은하 하나당 천억 개에서 이천억 개 정도의 항성이 있습니다. 그리고 이런 은하가 우리 우주에는 최소 천억 개 이상 발견이 돼 있습니다. 그렇다면 대충 우리 우주에는 10^{22}승 개 정도의 별이 있겠죠. 별이 많은 것처럼 보이지만 우주는 그렇게 쓸데없이 큰 게 아닙니다. 즉 생명체와의 관계에서 보면 더 많은 별들과 행성이 필요한 건지도 모릅니다. 생명체와 우주가 중력으로 연결되어 있기 때문입니다.

신은 생명의 본질입니다. 즉 생명은 신에게서 나오는 것입니다. 앞에서 누누이 말씀드렸다시피 신만이 생명을 만들어 낼 수가 있거든요. 그러니까 우리 생명은 우주로부터 온 게 아니라 하늘로부터 온 것이라고 보시면 돼요. 생명이라는 것은 그만큼 이질적인 거예요. 이질적인 것을 만들어 내기 위해서 중력을 탈출시킨 것입니다. 열역학법칙을 만족할 수 있는 에너지가 필요하기 때문입니다. 뭔 일을 하는 데에는 에너지가 반드시 필요하잖아요. 중력은 우리가 생각할 때 보다 훨씬 더 큰 것인지도 모릅니다. 단지 지금은 다른 막의 세계로 새어 나갔다가 다시 돌아와 우리가 사는 막의 세계에 있는 생명을 위한 에너지로 쓰이고 있을 뿐입니다. 오히려 강한 핵력보다 더 강한 힘일지도 몰라요. 사실은 중력이 생명체의 에너지원이거든요.

여담이지만 우리가 예전에 보면 도인들이 산에 들어가서 명상을 하고 그러면 막 날아다닌다고 그러죠? 이게 반중력적인 이야기거든요? 생명체의 가장 큰 특징이 뭡니까? 반중력적인 거죠. 나무가 어떻게 자라요? 중력을 거슬러서 위로 딱 자라잖아요. 하지만 생명력이 떨어지면 어떻게 돼요? 바로 중력 방향으로 처지면서 종국에는 땅속으로 들어가게 되어버리잖아요.

그림 2-34. 나무가 자라는 방향도 보면 성장기에는 반중력 방향으로 태양을 향해 자라지만 나이가 들어서 죽게 되면 중력 방향으로 향하게 되고 결국은 땅속에 묻히게 된다.

우리의 몸도 마찬가지입니다. 호르몬이나 효소의 역할로 인해서 생명체의 몸의 생명반응은 기본적으로 반중력적인 방향으로 일어납니다. 그런데 나이가 들면 어떻게 됩니까? 모든 것이 중력 방향으로 처지게 되죠? 우리가 흔히 하는 말로 몸이 안 좋을 때는 몸이 천근만근 무겁다고 그러잖아요? 그런데 기분이 좋고 그럴 때는 어떻게 됩니까? 몸이 날아갈 듯이 기분이 좋다고 그러잖아요. 이게 전부 다 이유가 있는 거예요.

정리를 해보겠습니다. 그러니까 우리가 사는 우주에서 플랑크 거리(10^{-35}m)

의 특이점을 통해서 다른 세계의 막으로 중력자가 새어 나갑니다.[5] 그리고 M의 막을 가진 저세상으로 새어 나옵니다. 즉 두 세계의 막이 중력자를 서로 주고받습니다. 그러므로 이 세상에 있을 때는 중력이었지만 저세상을 통해서 들어올 때는 반중력으로 작용을 하는 겁니다. 이것이 바로 우리 세계에 사는 생명체의 에너지원으로 들어온다는 거죠.

그래서 1층천은 뭐다? 생명 공간이라고 이야기합니다. 지금 보시면 지구상에 일어나는 모든 생명 활동이 다 신기하게 느껴지시죠? 그중에서도 가장 극적인 것은 특히 출산 활동이죠. 보면 다 신기하다고 느끼시잖아요.

개미를 죽인다고 합시다. 그리고 다시 살 수 있는 생명 환경을 줘요. 그런데 이 개미가 다시 살아납니까? 절대 못 살아나죠. 우리가 사는 우주에서는 한 번 죽은 것은 절대 다시 살아나는 법은 없습니다. 기계는 고장이 나더라도 다시 고칠 수가 있지요? 아무리 복잡한 기계라도 기계는 다시 살릴 수 있지만, 생명은 한 번 죽어버리면 아무리 단순한 생명체라고 하더라도 다시 살릴 수가 없습니다. 개미를 화학적인 조성으로만 본다면 인간이 만들어낸 아주 복잡한 기계에 비교해서 그리 복잡하지 않을 수 있습니다. 하지만 죽은 개미는 절대 살릴 수가 없죠. 그래서 우리가 생명의 신비라고 하는 겁니다. 죽은 사람이 다시 사는 것을 한 번이라도 보셨습니까? 간혹 근사 체험을 경험한 사람도 있으나 진정으로 죽었다가 살아나는 진정한 부활은 없죠. 그러니까 제가 저세상으로 표현을 한 거예요. 이 세상과 저세상 분명히 차이가 있다는 겁니다. 그 두 세계 사이에 우리가 흔히 말하는 레테의 강이 있을지도 모르죠.

---

5)   리사 랜들, 『숨겨진 우주』, 김연중, 이민재 옮김, 사이언스 북스, 2008년. 23장

시간의 세계인 M의 막의 세계와 우리가 사는 M0의 막의 세계는 연결이 되어 있다고 했습니다. 그렇다면 어떠한 식으로 연결이 되어 있을까요? 결론부터 말씀드리고 나중에 하나하나 설명을 드리겠습니다. 즉 M의 세계는 우리가 사는 세계와는 분리가 된 다른 차원의 세계(사후세계)이고, 시간이 실체적으로 존재하는 세계입니다. 또한 생명의 세계이기도 합니다. 생명의 세계는 시간의 세계이기도 하기 때문입니다. 이 시간의 세계는 시간이 거꾸로 흐를 수 있는 입자 예를 들자면 타키온 같은 입자가 존재할지도 모릅니다. 시간이 거꾸로 흐를 수가 있는 세계이기 때문입니다. 즉 생명을 살릴 수 있는 것은 시간을 되돌리는 방법밖에 없거든요.

다른 차원인 M의 세계는 다시 3가지 세계로 나누어진다고 했죠? 즉 M1이라는 생명의 세계, M2라는 영혼의 세계, M3라는 3층천의 세계인 신의 세계로 나누어져 있다고 했습니다. 기본적으로 M1의 세계는 거미나 개미, 물고기, 인간의 육체성분 같은 생명체가 죽으면 가는 세계입니다. M2의 세계는 영혼의 존재인 인간의 영혼만이 모이는 곳입니다. 동물들은 영혼이 없기 때문에 M1의 세계로만 생명체의 흐름이 일어납니다. 하지만 인간은 육체와 영혼을 다 가지고 있기 때문에 육체는 M1의 세계로 가고, 영혼은 M2의 세계로 가게 됩니다. 즉 육과 영이 분리가 되는 거죠.

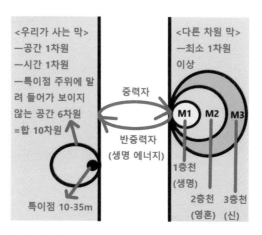

그림 2-35. 초끈이론에 의한 최소 11차원 이상의 다차원 세계의 정리(즉 다른 차원의 막은 최소 1차원 이상인 것은 확실하지만 정확히 몇 차원인지는 모름).

태초에는 시간의 세계와 공간의 세계가 결합이 되어 있었기 때문에 별문제가 없었지만 인간의 타락 이후 시간과 공간의 세계가 분리되면서 문제가 생기게 되는데요. 즉 생명의 순환은 계속 유지가 되나 인간의 영혼이 M2의 세계에 갇히게 된 것입니다.

이것이 성경에서 신이 인간에게 저주하는 말입니다. "네가 정녕 죽으리라." 즉 시간의 세계가 공간의 세계와 분리가 되면서 영원불멸의 세계가 깨어진 것과 동시에 인간의 영혼이 M2의 세계에 갇히게 된 것입니다. 인간이 정녕 죽게 된 것이죠. 이것이 가장 큰 비극이었습니다. 신학적으로 제일 문제가 되는 부분입니다.

인간은 원래 영원불멸의 존재였기 때문에 이곳은 원래 존재는 했지만 쓸데가 없는 예비적인 곳이었는데, 인간의 타락 이후에 인간의 몸과 영혼이 분리되면서 인간의 몸의 생명적인 부분은 M1의 세계로, 인간의 영혼은 M2의 세계로 가게 됩니다. 한마디로 말하자면 인간의 영이 갇힌 것이죠. 즉 인간의 비극인 진정으로 죽는 상태에 이르게 된 것입니다.

우리 사는 막의 세계를 M0의 공간이라고 이야기하고 다른 차원의 세계를 M이라 한다고 잠정적으로 이야기하였습니다. 다른 차원의 세계를 셋으로 나누자면 M1, M2, M3으로 나눌 수가 있다고 했죠.

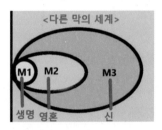

그림 2-36. 우리가 사는 막의 세계인 M0와 다른 막의 세계인 M의 세계. M의 세계는 생명의 세계인 M1의 세계와 인간의 영혼이 거하는 세계인 M2의 세계, 그리고 신이 거하는 세계인 M3의 세계로 나누어서 볼 수 있다. 이를 각각 1층천(M1), 2층천(M2), 3층천(M3)이라고 한다.

먼저 M1의 세계는 1층천으로 생명이 거하고 다시 태어나는 곳입니다. 즉 우리가 사는 막의 세계는 생명체를 다시 살릴 만한 에너지가 없습니다.

우리가 사는 세계는 열역학법칙의 지배를 받는 곳입니다. 그러므로 생명체를 탄생시킬 수가 없는 공간의 세계, 물질의 세계입니다. 그러므로 생명은 다른 차원에서 오는 것입니다. 드디어 인류 역사상의 최대의 미스터리 중의 하나인 생명의 세계, 형이상학의 세계, 시간의 세계에 대한 비밀이 풀리고 있는 것입니다.

그다음으로 M2의 세계가 있는데 이곳은 흔히 말하는 2층천으로 인간에게 가장 중요한 곳입니다. 바로 인간의 영혼이 기거하는 곳이기 때문입니다.

마지막으로 M3의 세계는 신이 계시는 곳으로 3층천이라 불리는 곳입니다. 이곳은 시간이 실체적으로 존재하는 곳입니다. 즉 여기는 시간이 완벽한 형태로 존재하며, 시간의 실체를 만질 수 있는 시간의 3차원 영역입니다. 공간의 세계에서도 1, 2차원의 공간에서는 공간의 실체를 만질 수 없다고 했습니다. 이는 시간의 영역에서도 마찬가지예요. 즉 시간의 편도 1차원이나(M0, 우리가 사는 공간의 세계), 시간의 1차원인 생명의 세계(M1), 시간의 2차원인 영혼의 세계(M2)에서도 시간의 실체는 만질 수가 없어요. 시간의 실체는 공간의 세계와 마찬가지로 시간의 3차원적인 영역인 3층천의 시간의 세계에서만 만질 수가 있습니다.

즉 이 시간의 3층천 세계에서는 시간이 관념이 아니라 만질 수 있는 실체로 존재한다는 것입니다. 앞에서도 여러 차례 말씀드렸지만 공간의 세계에서도 1차원이나 2차원은 별로 의미가 없다고 했지요? 즉 개념만 있을 뿐이지요? 실체적으로 만져지는 것이 아니잖아요? 그러니까 개념만 있다는 것입니다.

즉 오직 신만이 인간의 과거나 미래를 실체적으로 바꿀 수가 있다는 것입니다. 하지만 신은 그렇게 하지를 않죠. 바로 인간의 자유의지를 존중하기 때문입니다.

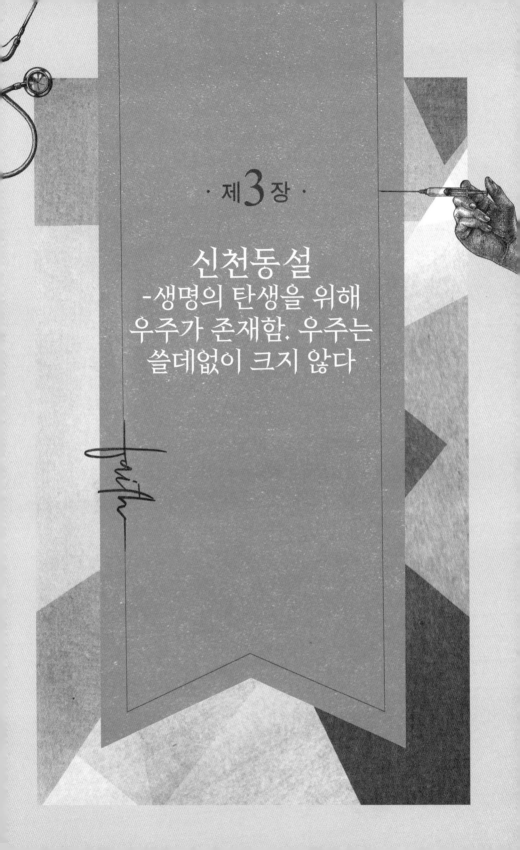

· 제3장 ·

신천동설
-생명의 탄생을 위해 우주가 존재함. 우주는 쓸데없이 크지 않다

1. 중력과 생명의 관계성이 증명되고 있다

초끈이론이 굉장히 중요한 게 뭐냐면 이런 개념을 발견을 해 냈다는 거예요. 즉 우리 우주에서 사는 생명체를 위해서 우주는 커야 하고 많은 중력자를 만들어 내야 합니다. 그래야 그로 인해 만들어지는 반중력자들이 우리가 사는 우주의 생명체를 살리는 원동력이 되는 겁니다. 그래서 지금 보았을 때 우리가 사는 우주는 왜 이렇게 쓸데없이 큰지에 대한 의문의 답을 찾을 수 있을 것입니다. 그러니까 생명을 중심으로 해서 우주가 돌고 있다는 거죠. 이것을 바로 신천동설이라고 합니다. 즉 우리의 우주가 존재하는 이유는 생명체를 탄생시키고 잉태시키고 순환시키기 위해서 존재한다는 것입니다.

그림 3-1. 이 큰 우주는 생명체에게 중력에너지를 공급하기 위해 즉 생명을 먹여 살리기 위해 존재한다.

지금 나오는 초끈이론에서는 시공간의 차원이 기본 11차원으로 이야기하고 있는 경우가 제일 많고, 심지어 10^{500}차원까지 이야기하는 사람들도 있습니다. 10^{500}차원이라 하면 거의 무한대에 가까운 숫자이지요? 즉 공간이 무한대의 숫자로 있다니요? 어마어마하지요?

제가 생각할 때는 이 초끈이론이 아직도 불완전한 것은 결국은 시간 문제 때문에 불완전할 거라고 생각합니다. 아마 추후에는 시간에 대해서 좀 더 연구를 많이 하신 분들이 더 많이 나왔으면 좋겠어요. 우리가 물질이론 중에 계속 오류에 빠지는 게 결국엔 이 시간 문제를 해결하지 못하는 문제에서 비롯되는 것입니다. 왜냐하면 시간은 1차원이 아니거든요. 우리가 아는 시간은 편도 1차원이잖아요? 그러니까 이건 0.5차원이란 말이에요. 즉 우리가 보는 시간이라는 것은 3차원 적인 실체가 아닌데 실체로써 계산을 하거나, 더구나 1차원도 아니고 0.5차원인 시간을 1차원이라고 계산하거나 하니 수학적인 오류가 생기는 겁니다.

그러면 공간 9차원은 어떻게 존재할까요? 우리 공간은 3차원이죠? 3차원적으로 공간은 우리에게 보이는 공간이지만 보이지 않는 나머지 6차원의 공간은 어디에 숨어있다고 했지요? 특이점에 숨어 있다고 했지요? 이게 바로 이제 칼라비-야우 공간이라고 합니다.

아래 그림에 보시면 그 모형도와 특이점(10^{-35}m)에 공간이 말려 들어가 있는 모양을 그림으로 나타내고 있습니다. 이 모형도는 칼라비라는 사람과 야우라는 사람 두 사람이 연구해서 만들어 논 6차원 공간이에요.

이렇게 이제 꽃 모양처럼 공간이 6차원이 숨어 있는 것을 표현하려니까 굉장히 기하학적으로 이상한 표현이 되게 됩니다.

그림 3-2. 특이점에 말려 들어가 있는 공간 6차원이 무슨 모습인지는 정확히 모른다. 하지만 기하학적으로 기괴한 모습일 것이다.

어찌 보면 위 그림들과 같은 모양과 비슷한 모양일지 모르겠네요. 그리고 이 특이점을 통해서 뭐가 간다고 했지요? 네 바로 중력이 새고 있다고 했습니다. 다시 말하면 중력자가 새고 있는 것이죠. 이래야 지 만 우주에 존재하는 4가지 힘 중에 중력이 왜 그리 터무니없이 작은 지를 설명을 할 수 있다는 겁니다.

초끈이론에서 가장 제일 중요한 것은 우리와 다른 세상이 있다는 것을 발견한 것이라고 했습니다. 즉 우리가 사는 막의 세계만이 아니라 다른 세계의 막이 존재한다는 것입니다. 즉 우리가 사는 세상만이 존재하는 것이 아니라는 것이죠.

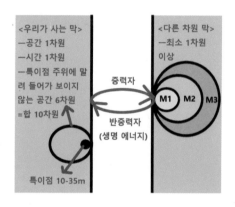

그림 3-3. 중력자는 우리가 사는 막에서 빠져나가서 다른 차원의 막으로 이동을 한다. 하지만 우주의 원리에 의하자면 반드시 대칭적으로 우리 세계와 반대되는 반중력자로 우리 세계의 막으로 온다. 그리고 그것이 바로 생명에너지의 근원이 된다. 그 물질은 우리가 사는 막에 존재하는 물질과 다른 존재이기 때문에 그 물질이 없이는 우리가 생명체를 다시 살릴 수가 없는 것이다.

최근에는 우주가 무한대의 개수로 존재할 수 있다는 다중우주론이 힘을 얻고 있는 실정입니다. 즉 우주 전체가 다 연결이 되어 있다는 것입니다.

그리고 중력은 힘이잖아요. 힘은 기본적으로 에너지원이죠. 우리가 사는 막인 M0의 공간에서 쓰이는 에너지는 강력, 약력, 전자기력이라고 했지요? 중력은 너무 터무니없이 작아서 우리 우주에서는 거의 에너지로써 힘을 발휘 못 하고 있습니다. 하지만 다른 차원으로 새는 중력이 어디에 쓰이는지는 아직 설명을 못 하고 있습니다. 중력자의 반중력자를 아직 못 찾은 것이죠.

우주에 존재하는 모든 입자는 반드시 반입자를 가지고 있습니다. 전자도 반입자로써 양전자란 게 있습니다. 둘이 만나면 쌍 소멸합니다.

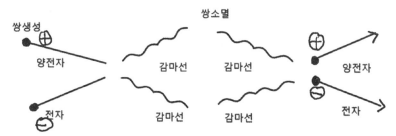

그림 3-4. 반입자는 반드시 존재하듯이 아직 밝혀지지는 않았지만 초대칭 입자는 반드시 존재할 것이다.

원래 모든 우주에 존재하는 입자는 다 반입자가 있다고 그랬어요. 빅뱅 초기에도 반입자가 생성이 되었다가 쌍으로 소멸을 하고 남은 극소수의 입자들이 지금의 물질세계를 만들고 있는 겁니다. 그런데 중력자도 분명 입자이기 때문에 반드시 반입자나 초대칭 입자를 가지고 있습니다.

2. 생명 현상을 에너지로 환산한다면?

자 이쯤 해서 우리가 생명이라는 것을 에너지로 환산한다고 합시다. 생명에너지를 에너지로 환산한다고 한다면 얼마나 많은 엔트로피 감소 에너지를 주어야 할까요? 즉 생명에너지의 핵심은 엔트로피를 감소시켜 주는 에너지이거든요. 지금까지는 그 에너지의 근원을 알 수가 없었죠. 어찌 보면 우주에서 가장 큰 에너지 단위가 필요할지도 모릅니다. 그 에너지의 근원이 바로 사라진 중력에너지라는 것입니다.

물질에너지의 전환 공식은 현재 증명이 되어 있죠. 아인슈타인의 공식으로도 알려진 $E=MC^2$라는 공식으로 증명이 되어 있습니다. 여기서 E는 에너지를 뜻하고요, M은 물질의 질량, C는 광속을 뜻합니다. 여기서 물질에너지가 엄청나게 커져 버리는 게 바로 이 광속의 크기에 있습니다. 즉 광속의 단위는 초속 300,000㎞이거든요. 에너지적으로 보면 얼마나 큰 에너지입니까? 여러분 초당 300,000㎞로 달리려면 얼마나 큰 힘이 필요할까요?

다들 100m 달리기는 해 보셨을 거예요. 100m 달리기하려면 정말 말 그대로 젖 먹던 힘까지 다 내야 합니다. 지구상에서 제일 빠른 선수들이 달리는 속도가 보통 얼마이지요? 100m는 보통 10초대 이쪽저쪽이지요? 그렇다면 초당 속도가 10m 정도 되겠네요. 즉 초당 10m로 달리는 것이 인간이 달릴 수 있는 최대의 속도인 것 같습니다.

그림 3-5. 인간이나 말이 전력 질주할 때 얼마나 많은 에너지를 쓰는가? 인간의 한계는 초당 10미터이다. 하지만 빛은 초당 3억 미터를 달린다. 얼마나 힘을 주어야 그렇게 달릴 수 있을까? 그래서 E=MC²의 에너지가 커지는 것이다. 실로 어마어마한 에너지이다. 그것도 빛의 속도의 제곱이라니!

　하지만 빛은 얼마라고요? 초당 300,000㎞입니다. 이를 ㎧로 환산하면 1초당 3억㎧이네요. 즉 빛은 1초당 3억㎧를 달려가는 겁니다. 이쯤 되면 우주 최고의 달리기 선수이지요? 얼마나 힘이 세야 이 정도로 달릴 수 있을까요? 실제로 빛은 우주에서 제일 빠른 달리기 선수입니다. 그런데 물질을 에너지 단위로 환산하면 이 빛은 속도를 제곱해야 합니다. 3억㎧의 3억 배니까 얼마나 달리죠? 제곱이라면 약 9경 ㎧ 정도의 개념이네요. 즉 이래서 물질의 에너지 단위가 엄청나게 올라가는 겁니다. 즉 1초에 9경 ㎧ 달리는 정도의 에너지를 내는 정도가 돼야 한다는 거죠.

　이렇듯 우주의 물질을 만드는 에너지가 크다는 거예요. 즉 우리가 보는 돌덩이 하나도 우주에서 만들어지기 위해서는 이렇듯 엄청난 에너지가 들어간다는 겁니다. 지금 우주물리학의 가장 큰 난점은 이러한 막대한 에너지가 도대체 어디에서 갑자기 생겨났냐는 거거든요.

　지금 여기서 이야기하고자 하는 것은 바로 위에서 본 물질에너지 즉 물질을 만드는 에너지의 크기입니다. 물질을 만드는 에너지도 이처럼 엄청나게 큰 에너지가 필요한데, 생명을 만드는 에너지는 대체 얼마나 큰 에너지일까요? 그 규모가 상상이 안 돼요.

그림 3-6. 물질을 만드는 에너지도 이렇게 큰데, 생명을 만드는 에너지는 얼마나 더 큰 에너지인가? 그래서 우리가 사는 우주에서는 죽은 생명체를 살릴 수가 없는 것이다. 즉 생명체가 만들어지는 데도 에너지가 많이 필요하지만, 죽은 생명체를 살리는 것은 어마어마하게 더 큰 에너지가 필요하기 때문이다.

물질과 생명의 차이가 무엇일까요? 엔트로피를 감소시키느냐 못 시키느냐의 차이입니다. 즉 살아 있느냐 죽어 있느냐의 차이라고 볼 수 있는데요. 여러분 살아 있느냐 죽어 있느냐의 차이라는 것은 어떠한 차이죠? 실로 어마어마한 차이이죠? 즉 엔트로피를 극단적으로 감소시켜야 생명체가 만들어질 수가 있거든요. 실로 엄청난 에너지가 들어가야 하는 것입니다.

이 생명에너지를 우리가 정확히 분석을 하고 계산해 낼 수 있다면 죽어 있는 생명체도 살릴 수 있겠지요? 하지만 우리가 이 우주의 에너지를 다 쓴다고 해도 개미 한 마리라도 죽은 생명체는 다시 살릴 수는 없어요.

왜 그러는 것일까요? 왜 이 큰 우주의 에너지를 다 쓴다 해도 죽은 개미 한 마리도 다시 못 살리는 것일까요? 그 이유는 위에서 보았듯이 물질에너지라는 것 자체도 엄청나게 큰 에너지이지만, 생명에너지라는 것은 그 물질에너지보다도 훨씬 더 큰 에너지가 필요하기 때문입니다.

우리가 보통 생명에너지하면 ATP라는 개념으로 이야기하죠. 이걸로 단순히 뭐 몇 ㎉다 이렇게 이야기를 하는데 이건 우리 의학이나 생물학에서 하는 이야기입니다. 하지만 이제 생물학과 물리학을 통합해서 모든 우주의 에너지 개념으로 이야기할 때는 아직 생명에너지는 규명이 안 되어 있고 이해할 수조차 없어요. 즉 한마디로 말해서 ATP를 통해서 나오는 몇 ㎉의 에너지로는 죽은 생명체를 절대 살릴 수 없다 이겁니다. 그러니까 ATP는 생명에너지의 본질이 아니라는 것이죠. 그 위에 무엇인가 생명에너지의 본질이 있다는 것입니다. 바로 중력자가 변화한 시간 에너지예요.

신천동설은 초끈이론에 바탕을 두고 있습니다. 생명체나 영혼은 우리가 사는 공간의 우주에서는 아주 이질적인 존재이므로 우리 우주에서는 생겨나기가 힘들어요. 즉 생명이나 영혼 그 자체는 다른 세계 즉 시간의 세계에서 온 것입니다. 즉 우리가 사는 우주에서 빠져나간 중력자는 다른 차원 즉 시간의 세계에서 빛보다 빠른 입자로 만들어진 시간자와 결합하여 생명체를 다시 살려내어 우리가 사는 우주로 다시 보냅니다.

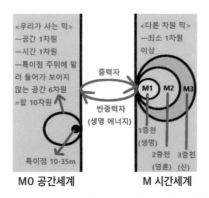

<우리가 사는 막>
—공간 1차원
—시간 1차원
—특이점 주위에 말려 들어가 보이지 않는 공간 6차원
=합 10차원

중력자

반중력자
(생명 에너지)

특이점 10-35m

M0 공간세계

<다른 차원 막>
—최소 1차원 이상

M1 M2 M3

1층천
(생명)

2층천   3층천
(영혼) (신)

M 시간세계

그림 3-7. 우리가 사는 막에서 빠져나온 중력자는 다른 차원의 막 즉 시간의 세계로 진입하여 생명을 다시 살리는 에너지원이 된다. 이때 시간자(빛보다 빠른 입자)의 도움을 받아 시간을 되돌려 M1의 세계에 있는 생명을 다시 부활을 시키는 것이다. 단 인간의 영혼이 있는 M2의 세계는 다시 못 살린다. 왜냐하면 인간의 영혼은 정녕 죽은 상태이기 때문이다.

이것은 윤회설이 아닙니다. 어떠한 이유로 인해 인간의 영혼은 M2라는 시간의 세계에 갇히게 되게 되었기 때문입니다.

즉, 우리가 사는 우주에서 생명체를 다시 살리기 위해서는 시간 세계와의 교류가 필요합니다. 왜냐하면 시간을 되돌리지 않으면 생명체를 다시 살릴 수가 없기 때문이죠. 원래 시간의 세계만 있고 공간의 세계가 없을 때는 굳이 이러한 과정이 필요가 없었어요. 하지만 우주라는 공간의 세계에 생명체라는 이질적인 존재를 정착시키기 위해서는 이러한 중간과정이 필요하게 된 겁니다. 이것이 신이 우주와 생명체와 인간의 영혼을 창조한 비밀입니다. 그렇기 때문에 우리가 사는 우주의 중력자는 거의 100%가 다른 차원의 막으로 빠져나가야 되는 거예요. 그렇기 때문에 우리가 사는 우주의 중력에너지는 거의 무한대에 가까울 만큼 필요하게 된 겁니다. 그래서 우리가 사는 우주에는 별과 행성이 이렇게 많은 거예요. 즉 우리가 사는 우주가 쓸데없이 크지 않다는 것이 신천동설의 주제입니다.

제가 말씀드렸다시피 현대의 과학자들이 가장 고민하는 문제가 2가지일 거예요. 첫째 문제는 우주의 크기에 관한 문제일 것입니다. 왜 우주는 이렇게 쓸데없이 보일 정도로 큰가 하는 문제이고요. 또 하나는 끝을 알 수 없을 정도의 큰 우주의 크기를 보면 지구라는 작은 행성(?)에 살고 있는 인간이라는 존재는 너무 작게 느껴지는 문제이죠. 즉 우리가 사는 지구나 우리가 너무나 의미가 없는 존재처럼 보인다는 거예요. 게다가 우주는 지금 현재도 더 커지고 있죠.

허블 시대 즉 1920년대에만 해도 은하계라는 개념 자체도 사실 생소했어요. 천문학은 사실 1960년대 이후로 본격적으로 발전됐다고 보시면 됩니다. 그전까지는 천문학은 뭐라고 할까 굉장히 미지의 대상이었죠. 즉 전에도 말씀드렸다시피 심지어 공상과학자들이 천문학자로 데뷔도 많이 했습니다. 문단 데뷔하는 것처럼 말이죠. 심지어 공상과학 소설에 나온 내용이 실제로 천문학 이론으로 채택된 경우도 있었기 때문입니다. 그 정도로 상상력이 중요한 과학(?)이었죠.

왜냐하면 그 당시에는 상상할 수밖에 없었어요. 관측 장비가 없었기 때문입니다. 지상에 있는 망원경으로 우주를 보기에는 태생적인 한계가 있을 수밖에 없습니다. 왜냐하면 지구 상층부에는 대기권이라는 게 있기 때문에 이 대기권이 망원경을 가려서 멀리까지 볼 수가 없었어요. 나사(NASA)에서 막대한 돈을 들여가며 우주선을 띄우는 이유가 바로 그것입니다. 즉 대기가 없는 곳까지 올라가서 맑은 상태에서 우주를 관찰하기 위해서예요. 그 상태에서 우주를 관찰하면 대기권이 없기 때문에 훨씬 더 양질의 우주 사진을 얻을 수가 있습니다.

우주의 크기를 보면 너무 크죠. 우리 은하계의 크기만 해도 지름이 10만 광년이잖아요. 1광년은 약 10조㎞ 정도 됩니다. 빛이 1초에 30만㎞

정도를 가는데 1년 동안 계속해서 달려가면 10조㎞ 정도 간다고 해요. 그렇다면 우리 은하계의 크기는 10조㎞ 곱하기 10만을 해야만 우리 은하계의 크기가 됩니다. 실로 어마어마한 크기죠.

그림 3-8. 허블 망원경을 비롯한 많은 우주망원경의 발전을 통해서 우리는 우리가 살고 있는 우주의 크기가 어마어마하다는 것을 알게 되었다.

가장 가까운 안드로메다은하는 약 200만 광년 정도 떨어져 있다고 그럽니다. 바로 우리 이웃 은하죠. 우리 은하계에만 해도 태양이 약 1,000억 개 정도 있다고 합니다. 보통 우주에 있는 은하계에는 태양이 1,000억 개에서 2,000억 개 정도 있다고 해요. 2천억 개라면 엄청나게 많은 거죠. 그런데 우리 우주에는 이런 은하가 또 최소 1,000억 개 이상 발견이 되어 있습니다. 이건 뭐 실로 천문학적인 숫자라고 할 수밖에 없어요. 그리고 계속 더 발견이 되고 있죠. 그럼 항성 즉 태양의 숫자는 몇 개나 될까요? 그리고 거기에 딸린 행성의 숫자는요? 실로 어마어마하지요? 사실 이 정도 되면 누구나 이렇게 생각하게 될 겁니다. 근데 왜 이렇게 많지? 쓸데없이?

하지만 제가 앞에서 말씀드렸다시피 우주는 에너지를 낭비하는 법이 없어요. 즉 쓸데없는 것은 절대 만들지 않는다는 말입니다. 초끈이론에서 가장 중요한 이론이 새는(leak) 중력이론입니다. 즉 중력이 제 11차원의 세계로 새는 것이라고 했습니다. 하지만 우주는 어떻다고 요? 에너지를 낭비하는 법이 없다고 했잖아요?

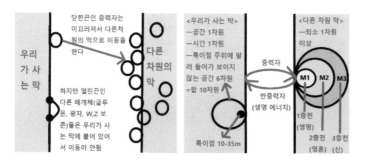

그림 3-9. 우리가 사는 막에서 탈출한 중력에너지는 다른 세계의 막으로 가게 된다. 그럼으로써 우리가 사는 세계와 다른 세계를 연결해주는 매개체가 되었다. 우리가 사는 공간의 세계와 다른 세계인 시간의 세계 즉 생명과 영혼, 신의 세계를 연결해 주고 있다.

이 사라진 중력에너지 때문에 입자물리학에서 대통일장이론이 나오지 않고 있다고 했지요? 그것은 중력에너지가 너무나도 터무니없이 작기 때문이라고 했습니다. 하지만 초끈이론을 통해서 우리는 중력이 우리가 사는 우주와는 다른 우주 즉 다른 막으로 새는 것을 알아내었고 그 중력이 어디에 쓰이는지도 알게 되었습니다.

이 사라진 중력은 우리 우주에 사는 생명체의 에너지로 쓰이고 있다고 했습니다. 즉 우리 우주에서 엔트로피를 극단적으로 감소시키며 일을 하는 에너지, 생명에너지로 쓰이고 있는 것이죠.

물질에너지의 양도 엄청난 거지만($E=MC^2$), 생명에너지는 이보다 훨씬 더 클 것으로 생각됩니다. 우리가 사는 우주에 존재하는 엄청난 양의 중력에너지는 지구상의 생명체나, 혹시 우주상에 있을지도 모르는 박테리아 같은 생명의 씨앗들에 쓰일 생명에너지의 에너지원으로 쓰인다는 겁니다.

우주는 쓸데없이 큰 것이 아니라고 그랬어요. 이렇듯 우리가 사는 공간의 세계와 다른 차원인 시간의 세계에 존재하는 시간과 생명, 시간과 공간, 공간과 생명, 이 모두가 전부 다 연결이 돼 있다는 거죠.

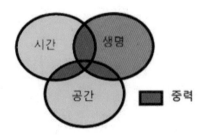

그림 3-10. 우주는 절대 에너지를 낭비하는 법이 없다. 바로 열역학법칙 때문이다. 즉 에너지는 새로 생성되지 않고 단지 변형될 뿐이다. 그러므로 우주는 절대 쓸데없이 덩치가 큰 것이 아니다. 이렇게 시간의 세계, 생명의 세계, 공간의 세계가 중력자로 연결이 되어 있는 것이다.

지금 우리는 생명에너지의 근원은 모릅니다. 생명에너지를 진정으로 알고 응용할 수 있다면 죽은 생명체도 살려낼 수 있겠지요. 지금 우리가 분자생물학을 비롯하여 나노 테크놀로지에 이르기까지 여러 가지 면으로 생물학에서 많은 학문적인 발전을 하고 있긴 하지만 생명이란 것이 무엇인가를 밝히는 것은 아직 요원합니다.

저는 의학을 전공했기에 의학이나 생물학의 어려움을 누구보다 잘 알고 있습니다. 저는 의학은 오히려 과학보다는 인문학에 가깝다고 생각을 합니다. 과학이나 공학은 오차율이 백만 분의 1에서 1억 분의 1 정도로 이야기하지만 의학의 오차율은 거의 인문학의 오차율에 가깝거든요. 그러니 인문학에 더 가까울 수밖에요. 그만큼 생명이라는 존재가 복잡한 존재라는 겁니다.

1800년대까지만 해도 생물학이라는 것이 아주 간단했어요. 왜냐하면 그 당시의 광학현미경의 수준으로 보기에는 세포는 아주 간단했거든요. 즉 생명의 단위가 되는 세포가 적으면 하등동물, 세포의 수가 많으면 고등동물 이렇게 이야기를 하는 정도였어요. 그래서 진화론적인 유추를 하기가 쉬웠습니다. 아주 단순하게 생각을 한 거죠. 그래서 진화론도 쉽게 이해가 됐던 거죠. 하지만 근대의 생물학과 현대 생물학의 다른 점을 들어보자면, 1900년대를 넘어 현대로 들어오면서 세포생물학이나 주변 학문들을 더 많이 알게 되면서 생명현상이 그리 단순한 현상이 아니라는 알게 되었다는 점입니다.

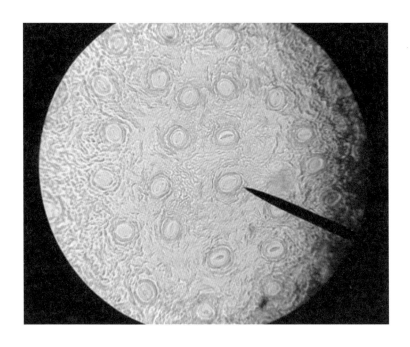

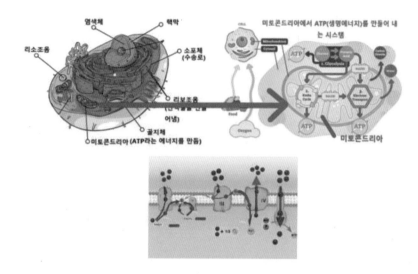

그림 3-11. 윗부분의 사진이 1800년대의 세포의 형태이다. 아주 단순하게 보인다. 아래 그림은 1900년대 이후에 밝혀진 세포의 복잡성. 세포 하나하나가 웬만한 화학공장 수백 개를 합친 것보다 복잡하다.

20세기를 전후해서 공학이 고도로 발달하면서 전자현미경 같은 측정 장비들이 발달하게 되고, 석유화학 산업의 발전과 더불어 생물학의 주위 학문 즉 유기화학이나 생화학 같은 주변 학문들이 발달하게 됩니다. 그러면서 생물학이 덩달아 그전과는 비교도 안 될 정도로 발달하게 되죠.

그러니까 그전에는 아주 간단하다고 생각했던 세포라는 것이 나중에 알고 보니 엄청난 화학공장이었던 것을 알게 됩니다. 즉 지구상에 존재하는 어떠한 화학공장보다 세포 하나에서 이루어지는 화학공정이 더 복잡하다는 것을 알게 된 거죠.

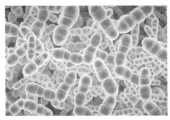

그림 3-12. 1800년대만 해도 아주 간단하다고 생각했던 세포 하나가 1900년대에 밝혀진 바로는 이 세상의 어떠한 화학공장보다도 복잡하다는 결론에 이르게 되었다. 그런데 1800년대에 만들어진 진화론은 이러한 공장이 저절로 생겨났다고 한 셈이고 심지어 이러한 공장이 스스로 자가복제를 한다는 것을 증명해야 하는 난제에 이르게 된다. 여러분은 본 적이 있는가? 이러한 복잡한 화학공장이 자가 복제를 하는 것을?

1800년대에도 어렴풋이 알고는 있었어요. 세포핵이나 세포의 소기관이 있다는 건 알고 있었지만, 그 당시에는 생화학이나 생리학의 개념이 부족해서 세포가 그렇게 복잡한 것인지를 알지를 못했습니다.

그런데 1900년대에 들어오면서 석유를 사용하게 되면서 관련 화학들 즉 유기화학이라든지 생화학 등이 발달이 되면서 이 세포 하나 안에서 일어나는 화학반응이라는 것이 엄청나게 많은 것을 알게 된 거예요.

1800년대 중반의 지식으로는 이러한 사실을 전혀 알 수가 없었죠. 그래서 1800년대 중반의 진화론적으로는 그냥 좀 더 작은 세포 단위에서 많은 세포로 발전이 되는 거라 간단히 생각을 한 것입니다. 근데 이게 1900년대로 넘어오면서는 세포 자체가 완벽한 구조를 가지고 있고, 엄청나게 복잡한 구조를 가진 것으로 파악이 되면서 이러한 진화론적인 사고방식에 의문을 품게 된 것입니다.

또한 돌연변이가 일어난다는 것은 이러한 거대한 화학공장이 시스템이 완전히 깨진다는 개념인데 이러한 시스템에서 새로운 것들이 만들어진다는 것은 더더욱 어렵다고 생각이 된 것이죠.

즉 구조가 간단하다고 생각할 때는 별문제가 아니라고 생각한 것들이 구조의 복잡성이 알려지고 나서는 그렇게 간단히 해석하기에는 무리가 있다는 생각을 하게 된 것이죠.

생명이라는 것이 무엇일까요? 초끈이론의 주제는 생명이론이라고 했습니다. 어찌 보면 두 가지 주제는 전혀 별개의 주제 같지만 가장 밀접한 주제입니다. 즉 우리가 사는 우주상에서는 생명에너지의 본질 즉 생명의 에너지원에 대해서는 설명할 방법이 없기 때문입니다. 우주가 물질만 있다면 무슨 의미가 있을까요? 우주에 의식과 정신이라는 것이 없어서 우주라는 존재를 인식할 수 없다면 우주는 무슨 의미를 가지고 있는 것일까요?

생명에너지라는 게 뭐냐? 아직 생명에너지라는 것은 미지의 것, 알 수 없는 것입니다. 여기에서는 생명의 본질을 이야기하는 겁니다. 생명이라는 것도 화학적으로 보면 간단하지요. 하지만 생명의 본질에 들어가면 이야기가 달라집니다. 즉 죽은 생명체를 다시 살린다는 측면에서 본다면요? 생명현상을 현대과학적으로만 본다면 그렇게 복잡한 현상이 아닙니다. 생리학적으로, 생화학적인 현상으로 해석은 합니다. 하지만 그 반대 현상은 해석을 하지 못하고 있거든요. 바로 '죽음'입니다.

그림 3-13. 생명체의 죽음에 이르게 되면 우리가 사는 막에서는 아무것도 할 수 없음에 이르게 된다. 아무리 간단한 구조인 박테리아나 바이러스라도 한번 죽은 생명체는 다시 살릴 수가 없다. 왜 그러는 것일까? 화학적 조성이 복잡하기는 하다 해도 우

리가 그 화학적인 조성을 모르는 바도 아니다. 왜 못 살리는 것일까? 생명체에는 우리 우주의 것이 아닌 다른 무엇이 있는 것이 분명하다.

즉 생명체의 죽음에 이르면 이야기가 달라집니다. 자동차가 고장이 나면 고치지요? TV나 컴퓨터가 고장이 나면 수리를 받습니다. 완전히 망가진다고 해도 원칙적으로는 다시 원상 복구가 가능하죠. 즉 우리 주위에 보는 물리 화학적인 현상은 다시 복구가 가능합니다. 하지만 생명체에 이르면 이야기가 달라집니다. 생명체가 살아있을 때는 우리 주위의 물질의 세계와 다르긴 하지만 그렇게까지 차이를 느끼지는 않습니다. 하지만 생명체가 죽었을 때는 차원이 다른 문제가 되죠. 왜냐하면 죽은 생명체는 다시 원상 복구가 되지 않게 되기 때문입니다.

진화론적으로 따지면 이 생명체가 죽은 환경에 번갯불이나 기타 전기적 자극을 한다든지 하면 아주 간단한 생명체는 다시 살릴 수도 있어야 합니다. 왜냐하면 초기의 생명체는 진화론적인 관점으로만 보자면 아주 간단한 것으로 자연적인 물질에서 자연적으로 나온 것이기 때문입니다. 하지만 이것도 불가능한 이야기이잖아요?

진화론적으로는 산 것과 죽은 것의 경계 상태가 없었다고 보아야 합니다. 그래야 무생물에서 생명체가 나올 수가 있지요. 하지만 실제적으로는 생물학적으로는 산 것은 산 것이고 죽은 것은 죽은 것이지 산 것과 죽은 것의 중간 단계는 없어요. 여러분 주위에서 한 번이라도 살지도 않고 죽은 것도 아닌 존재를 본 적이 있습니까? 죽은 생명체는 별수를 다 해도 살릴 수가 없어요. 한 번 죽은 것은 죽은 거란 말이에요.

그러니까 생명에는 뭔가가 있다는 겁니다. 왜 되돌릴 수가 없을까요? 그냥 물질의 결합일 뿐이잖아요? 엄밀하게 이야기하자면 물질의 정교한 결합일 뿐인 생명체인데 왜 되돌릴 수가 없는 것일까요? 생명이라는 것도 따지고 보면 이 지구상의 물질로 만들어진 것일 뿐이잖아요?

대체적으로 사람들은 이러한 현상을 생명의 신비로 이야기하곤 합니다. 신비하다는 것은 여러 가지 의미가 있는데 한마디로 말하자면 잘 모른다는 것입니다. 즉 신이 하는 일처럼 신비하다는 뜻이지요.

즉 이 말은 생명에너지의 본질에 무언가 비밀이 있다는 겁니다. 그러니까 비가역적인 변화 즉 돌이킬 수 없는 변화가 일어난다는 거죠. 비가역적 말의 뜻은 무엇일까요? 비가역적인 현상에서 가장 핵심적인 것은 한 방향으로만 흐른다는 뜻입니다. 편도 1차원이라는 말입니다. 편도 1차원적인 존재로는 뭐가 있다고 했지요? 바로 시간입니다. 좀 더 자세히 이야기하면 시계라 그랬죠. 그리고 그다음으로는 엔트로피를 들 수 있습니다. 그다음은 생명현상을 들 수가 있고요. 즉 시간, 엔트로피, 생명 이 세 가지는 비가역적인 존재들입니다. 편도 1차원적이란 말이에요. 이 세 가지는 뭔가 좀 일맥상통하는 게 있죠. 그래서 시간이라는 것을 엔트로피로 해석하는 과학자도 있습니다.[6]

지금의 주제는 우주가 쓸데없이 크지 않다는 겁니다. 신천동설이라고 말씀드렸죠? 즉 한마디로 이야기하자면 지구의 생명체를 중심으로 우주가 돌아간다는 것이에요. 시간과 생명과 중력은 연결이 되어있기 때문입니다.

블랙홀에 가면 시간이 느려진다고 그랬죠? 바로 중력이 세지기 때문이라고 했습니다. 즉 이 말은 다른 말로 하자면 중력이 시간을 늦추는 무언가의 에너지로 전환이 된다는 것이라고도 말씀드릴 수가 있어요. 즉, 중력과 시간, 생명과 시간 사이에는 일종의 연관 관계가 있다는 것이죠.

생명에너지는 물질에너지 하고는 전혀 다른 에너지라고 보아야 합

6) 다케우치 가오루, 『시간론』, 박정용 옮김, 전나무숲 출판사, 2006년, P 117.

니다. 만일 물질에너지가 생명에너지와 상호교환이 된다면 생명체가 죽은 상태가 됐을 때 생명체를 다시 살릴 수가 있어야 되겠죠. 근데 못 살리잖아요. 지금까지 뭐 동물은 제치더라도 세포 하나라도 누가 살렸다는 이야기를 들어본 적이 있나요? 죽은 세포를 다시 살릴 수가 있을까요? 못 살리지요? 요새 분자생물학에서 생물학적인 물질들을 많이 만들어내니까 우리가 생명을 창조하는 거 아니냐? 하고 착각하시는 분이 계실 거 같은데요. 이는 아주 잘못된 생각입니다. 우리가 생명체를 만들어 내는 것이 아니에요. 생명체의 물질을 이용하는 것일 뿐입니다.

이 부분에 대해서는 이미 1861년에 여러분들이 잘 아시는 파스퇴르라는 사람이 생물 속생설이라는 법칙을 정립을 했습니다.[7] 즉 생명체는 생명체에서만 생긴다는 법칙입니다. 즉 지금의 분자생물학적 조작들은 창조 과정이 아니라 합성 과정입니다. 즉 생물학적 법칙을 이용한 합성일 뿐이지 새로 만들어 내는 것은 아니라는 거예요.

즉 지금도 생명적인 것들은 생명체에서만 만들어낼 수가 있지, 무생물인 것에서 생물적인 것을 만들어내는 기술은 아직, 그리고 앞으로도 없을 겁니다. 왜냐하면 불가능하거든요. 그 둘은 전혀 다른 것 즉 이질적인 것이기 때문에 그런 거예요.

그래서 빅뱅 초기에 아주 짧은 시간 즉 10^{-34}초 정도 되는 거의 초기의 시간에 이 중력이 따로 빠져나갔다고 했잖아요? 중력에너지를 따로 뺀 것은 바로 생명체를 창조하기 위한 신의 방법적인 것입니다.

---

7) 루이 파스퇴르, 『자연발생설 비판』, 김학현 옮김, 서해문집 출판사, 1998년. 10장

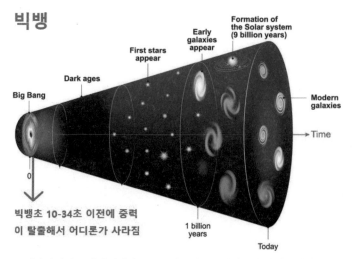

빅뱅

Big Bang

Dark ages

First stars appear

Early galaxies appear

Formation of the Solar system (9 billion years)

Modern galaxies

Time

0

빅뱅초 10-34초 이전에 중력이 탈출해서 어디론가 사라짐

1 billion years

Today

그림 3-14. 빅뱅의 가장 초기의 시간인 10^{-34}초에 중력은 우리 우주의 막에서 빠져나간다. 그리고 그 에너지는 우리가 사는 막이 아닌 다른 차원의 막에서 발견이 된다.

지구에만 유일하게 생명체가 있다는 말은 정확히 할 수가 없다고 했습니다. 즉 우리가 다른 우주에는 안 가봤으니까 모른다고 했어요. 하지만 지구상에 일어난 기적이 다른 행성에도 일어나 있다면 그것은 신이 우주에 생명의 씨앗을 뿌려 놓은 것이라고 볼 수 있다고 이야기했습니다. 왜냐하면 생명체는 우연히 만들어질 가능성이 없기 때문입니다.

우리 박테리아도 보면 우리 몸에 유익균도 있지만 안 좋은 균도 있잖아요?

신이 찰나의 순간에 창조를 할 때는 이런 것들이 상호 협조관계 하에 살게 되었지만, 찰나라는 무궁한 본질적인 시간의 세계가 깨지면서 시계가 흐르게 되는 역사로 변질되게 되죠. 그러면서 본질적인 시간이 역사로 변질되면서 서로 투쟁하는 관계로 변해버리죠. 흐르지 않는 시간이 진정한 의미의 시간이라고 했습니다.

즉, 찰나의 순간을 사는 존재들이었기 때문에 우리가 생각하는 그런 역사는 의미가 없었다는 거예요. 이 찰나의 순간이 깨져버리면서 이제 서로 투쟁하는 그런 존재들이 되어 버린 거죠.

그런데 참 이상하죠? 인간이 출현한 뒤에는 진화가 멈추어진 것처럼 보입니다. 신을 과학자로 생각해봅시다. 과학자로 생각해보면 이렇게도 해 보고 저렇게도 해 보고 그랬겠죠? 실험실에서 폭발이 일어나듯이 화산 폭발이 일어나거나 동물의 멸종 같은 것도 일어나고 그랬을 거 아니에요? 그리고 이러저러한 많은 가능성의 동물들이 만들어지기도 하고, 멸종되기도 하는 등 가장 최고의 생명체를 만들어 내기 위해 시간을 쓴 겁니다.

하지만 그것은 우리가 생각하는 시행착오의 개념이 아니라는 것입니다. 시행착오라는 것은 보통 사람들이 하게 되는 실수를 반성하고 더 나은 길로 간다는 것인데, 시간을 실체적으로 가진 신에게는 실수라는 것이 원칙적으로 없다는 말입니다. 그것은 어쩌면 우리 인류의 역사에도 해당되는 말일 것입니다. 일부의 사람들은 신이 실수를 하여 우리가 이렇게 불순종을 하게 되는 존재라고 이야기를 하는 사람들도 있는데 아직 인류의 역사가 끝난 것은 아니지 않습니까? 아직도 역사는 진행 중이고 성서에는 분명히 새 하늘과 새 땅이 온다고 되어 있지요? 그것은 이러한 비극적인 인간의 역사를 끝내겠다는 신의 의지의 표현인 것입니다.

그렇다면 한 생명체의 기능을 유지시키기 위해서는 어느 정도의 중력이 필요할까요? 이것을 수학적으로 계산해 내기는 힘들겠죠. 물론 중력을 포함한 대통일장이론이 완성되는 시기가 언제 될지는 모릅니다. 100년 후가 될지 200년 후에 될지 모르지요. 하지만 그 방정식의 해법이 나온다면 아마 이 비밀도 풀 수 있지 않을까 하는 생각이 듭니다.

과연 생명체를 탄생시키기 위해서는 어느 정도의 중력이 필요할까요? 즉 바꾸어 말하면 중력은 어느 정도의 생명에너지로 전환이 이루어질 수 있을까요? 예전에 그런 말이 있잖아요. 사람이 죽으면 뭐가된다고 그래요? 별이 된다고 그러지요?

그림 3-15. 사람이 죽으면 별이 된다는 말은 어쩌면 사실인지도 모른다. 즉 사람 한 사람의 생명력은 별 하나의 중력에너지가 필요할 수도 있다는 것이다.

옛날 어른들 말이 참 틀린 게 하나도 없다는 생각이 듭니다. 옛날 사람들은 어찌 그런 생각을 했을까요? 별을 보면서 인간의 생사화복에 대해 점을 치던 점성술사도 있었지요? 예수가 태어나던 날도 동방박사 세 사람이 그 별을 보고 예수의 탄생하는 곳까지 왔다는 내용도 성서에 나와 있습니다.

그림 3-16. 예수가 태어난 날에도 동방박사들이 크고 밝게 빛나는 별을 보고 왔었다고 했다. 이 때의 별은 일종의 초신성 폭발 같은 것이었을 것이다. 아니 어쩌면 초신성 폭발보다 훨씬 더 큰 폭발이었을지도 모른다. 거대한 에너지를 분출하는 전 우주적인 상황이 었기 때문이다.

그만큼 예전부터 인간과 사회와 농사에 이르기까지 인간과 별은 깊은 연관이 있는 것이 사실입니다. 별이 뭡니까? 태양과 같은 항성을 말하죠? 자기 스스로 빛을 내는 별을 항성이라고 합니다. 항상 타고 있는 별이라 해서 항성이라고 하죠. 그에 비해 지구나 화성 같은 별들은 항성이 아닌 태양 주위를 돌고 있는 별이라고 해서 행성이라고 말합니다.

이건 제 개인적인 생각으로 말씀드리는 건데 살인의 순간이라든지, 전쟁이 벌어져서 학살이 벌어지는 순간에는 이러한 큰 별이 폭발할 수도 있어요. 이것을 초신성 폭발이라고 하는데 이는 생명력의 강력한 에너지를 수반하는 상황이 벌어질 때 나타나는 현상으로 해석될 수도 있습니다.

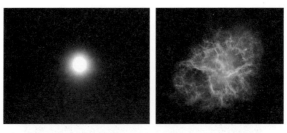

그림 3-17. 왼쪽의 일반적인 태양의 모습과 오른쪽의 초산성 폭발의 상태. 초신성 폭발이 일어나는 경우에는 밤하늘을 엄청나게 밝히게 된다. 인류사적인 일이 있을 때마다 이러한 초신성 폭발과 같은 일이 일어나게 된다.

　아무튼 여기서 중요한 점은 항성이나 행성, 블랙홀 등은 중력을 가지고 있고, 최근에 밝혀지고 있는 암흑물질이나 암흑에너지도 모두 중력과 관계가 있는 것으로 생각되고 있습니다.

　이런 면에서 봤을 때 개미 한 마리를 먹여 살리기 위한 생명에너지를 공급하기 위해서는 지구만 한 행성이 필요할 수도 있어요. 개미가 지구상에 몇 마리가 있을까요? 한 10조 마리 정도 될까요? 아니면 그 이상일지도 모르지만 아무튼 10조 마리 정도 있다고 합시다.

그림 3-18. 개미 한 마리의 생명력에 해당하는 중력에너지는 얼마나 될까? 아마 지구 하나 정도의 중력이 필요할지도 모른다.

그러면 전 우주에 지구만 한 행성이 10조 개 이상이 돼야 한다는 겁니다. 그렇다면 지구에 개미만 있는 것은 아니지요? 다른 생물체들도 거의 무한대에 가까이 있습니다. 지구상에 있는 모든 생명체와 인간까지 본다면 대체 얼마나 많은 생명체가 있을까요? 지구는 그야말로 생명체의 보고입니다. 박테리아는 그야말로 무한대의 숫자로 있다고 보아야 합니다. 하지만 이 박테리아 한 마리도 엄청난 구조를 가지고 있지요? 인간의 장에는 이러한 박테리아가 약 1천 조 마리 정도 서식을 하고 있다고 합니다. 심지어 생명체는 자기 자신을 복제하는 능력을 갖추고 있습니다. 그렇게 본다면 박테리아 한 마리에도 얼마나 많은 생명에너지가 숨겨져 있을까요? 자기 자신을 복제하는 에너지는 어디에서 나오는 것일까요? 인간이 만들어낸 기계 중 가장 복잡한 것이 자동차, 비행기, 우주선 등인데요, 각각 약 2만 개, 10만 개, 100만 개 정도의 부품이 들어간다고 합니다.

그림 3-19. 인간이 만들어낸 문명의 이기. 자동차에는 약 2만 개, 비행기에는 약 10만 개, 우주선에는 약 100만 개의 부품이 들어간다고 한다. 그럼 이 문명의 이기가 자기 자신을 복제해야 한다면 얼마나 더 많은 부품을 가져야 할까?

즉 아주 복잡한 구조를 가지고 있지요. 하지만 이들에게 자기 자신을 복제하라는 명령을 수행하려면 얼마나 많은 부품을 더 만들어야 할까요? 우주선이 아무리 복잡한 구조를 가진다 한들 자기자신을 복제해 낼 수 있을까요? 안 그래도 이들은 고장이 잘 나는 제품들입니다. 인간이 만든 기계는 복잡할수록 고장이 잘 나는 것을 주의해야 합니다.

복제?

그림 3-20. 지구상에 거하는 생명의 복잡성에 대해 생각해보면 자가복제 능력에 대해서 생각
하지 않을 수 없다. 인간이 만든 가장 복잡한 기계 중의 하나인 우주왕복선이라고
하더라도 스스로 자기를 복제하게 하는 것이 과연 가능할까?

　하지만 여기에 자기복제 기능을 추가한다면은 얼마나 복잡해질까요? 인
간이 지금까지 만들어낸 기계 중에 자기복제 기능이 있는 기계가 있나요? 이
렇듯이 생명체에는 엄청난 에너지들이 숨어 있습니다. 자기 복제를 못 하면
생명체가 아니기 때문입니다. 사실 박테리아 한 마리도 이 우주왕복선보다
는 훨씬 더 복잡합니다. 이렇듯 생명체의 에너지의 근원은 알기가 힘든 것이
사실입니다. 그래서 생명의 신비(神秘)라고 하지요.
　이렇듯 신천동설에서 이야기하는 것은 바로 우주라는 거대한 중력 집단이
바로 생명체를 위해서 준비되었다는 것입니다. 즉 우주는 절대 쓸데없이 크
지 않다는 것이 결론입니다.

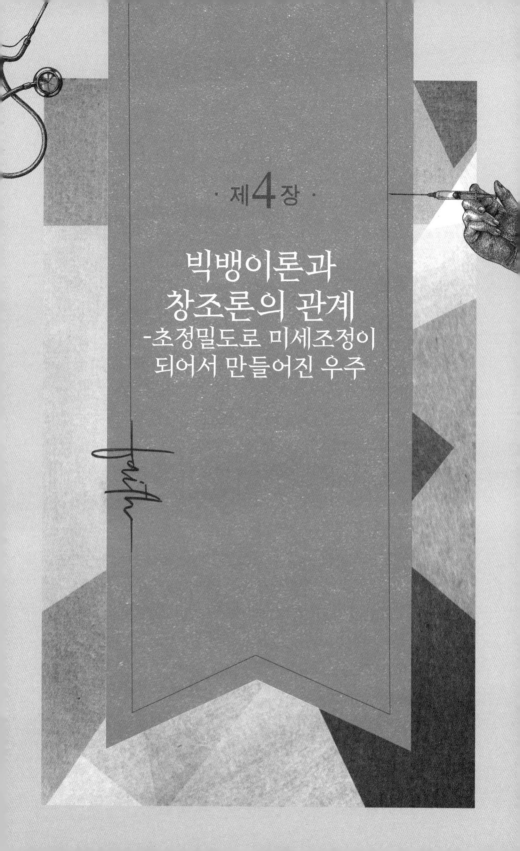

· 제4장 ·

빅뱅이론과
창조론의 관계
-초정밀도로 미세조정이
되어서 만들어진 우주

빅뱅이론의 의의는 물질에도 시작이 있었다는 것입니다. 사실 그전의 근대주의적인 물질 절대주의 사고방식에 의하자면 물질은 영원한 것이라고 생각을 했습니다. 즉 물질은 시작도 없고 끝도 없이 영원 전부터 영원 후까지 존재하는 것이라고 생각을 했죠. 하지만 빅뱅이론에 의해서 이러한 물질에도 시작이 있었다는 것이 밝혀지게 되었습니다. 물질에 시작이 있었다!! 참 이상한 일이지요? 그것도 폭발이라는 극단적인 방법으로 물질이 탄생하게 된 거란 말이에요. 앞으로 그 과정에 대해서 이야기해 보고자 합니다.

이번 장에서는 빅뱅이론에 대해서 자세히 이야기를 하겠습니다. 빅뱅이론은 불과 1990년대까지만 해도 변두리 이론에 불과한 취급을 받다가 최근에 들어서야 정설로 인정을 받은 이론입니다. 여러분이 찾아보서도 잘 나와 있어요. 인터넷에도 잘 나와 있고, 책에도 잘 나와 있겠지만 여기서는 신학적인 시각으로 빅뱅이론을 어떻게 봐야 되는지를 말해 보겠습니다.

빅뱅(Big Bang)이론! 참 신기한 이론이죠? 뉴턴이 이 사실을 알았다면 어떠한 이론을 펼치게 되었을까요? 참 궁금합니다. 그만큼 획기적인 이론이기 때문이죠. 우주가 어느 날 뻥 하고 폭발과 함께 순식간에 생겨났다는 이론이거든요. 아무리 생각해도 이해가 잘 되기 힘든 이론입니다. 하지만 지금은 이론이 아닙니다. 정설로 인정을 받았어요.

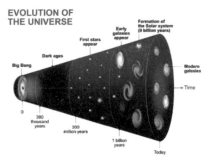

EVOLUTION OF
THE UNIVERSE

그림 4-1 폭발과 함께 우주가 생겨나서 137억 년에 걸쳐 지금과 같은 우주가 만들어지게 되었다는 빅뱅이론.

빅뱅은 위의 그림처럼 약 137억 년 전에 한 번의 폭발로 일어난 것으로 되어 있습니다. 현재 확정됐습니다. 여기서 노벨상이 나오고 있어요. 고등학교 교과서에도 실렸더라고요. 진화론도 같이 실리긴 실렸지만 진화론은 대안 이론이 없기 때문에 가설 이어도 유일하게 교과서에 실린 거고요. 아직 확실히 검증된 과학이 아닙니다. 교과서에 실린 내용들은 어느 정도 증명된 것만 올라가 있죠.

서론에서도 빅뱅 현상이 성공(?)하기 위한 우주의 여러 가지 상수가 있다고 말씀을 드렸었습니다. 지금부터는 그 우주의 수십 가지 상수에 대해서 좀 더 자세하게 말씀드리겠습니다.

빅뱅 현상은 한마디로 하면 일종의 폭발현상이죠? 그런데 이상한 게 있어요. 엄청나게 큰 폭발 현상인데 무질서를 만들어 내는 것이 아니라, 엄청난 질서를 만들어 내거든요. 여러분 생각해 보세요. 폭발이라는 것이 질서정연한 현상인가요? 아니면 매우 파괴적인 현상인가요? 당연히 폭발 현상이라는 것은 매우 파괴적이고도 무질서한 현상입니다. 하지만 이상하게 우주에서 제일 큰 폭발 현상이었던 빅뱅을 통해서는 엄청나게 정교한 질서 활동(?)이 이루어집니다.

즉 '우주적 우연'이라는 말이 여기에 쓰인 것도 어떻게 하여 빅뱅이라는 아주 무질서한 큰 폭발 현상이 지금처럼 질서정연한 우주가 만들어졌는가 하는 것에 대한 반론적인 표현입니다. 이 말은 바로 다른 말로 하면 '우주적 기적'이라는 말입니다.

그리고 또한 이 말은 창조론자들이나 지적설계자들이 한 말이 아니고 우주진화론자들이 한 말이에요. 이 사람들이 봐도 너무 신기하다는 거예요. 즉 어떻게 빅뱅이라는 엄청난 폭발 현상이 어떻게 이렇게 질서 정연한 우주를 만들어 냈냐는 거죠.

한마디로 말해 보자면 여러분 수류탄 터지는 것 보셨죠? 수류탄이 터지면 어떻게 됩니까? 수류탄이라는 폭탄이 펑 하고 터지면 주위가 쑥대밭이 되잖아요? 이보다 더 센 원자폭탄이 터지면 어떻게 됩니까? 엄청난 파괴 현상이 일어나지요? 하지만 빅뱅 현상은 그런 폭발 현상과 정반대의 길을 걷게 됩니다. 엄청난 질서를 만들어 내는 것이 바로 빅뱅이거든요. 참 이상한 현상이죠?

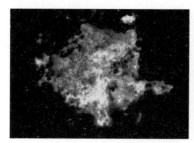

그림 4-2. 왼쪽 같은 폭발 현상 후에는 오른쪽 같은 파괴 현상이 일어나는 것이 정상적인 현상이다. 하지만 빅뱅 현상은 참 이상하게도 그 반대로 엄청나게 질서적인 현상을 만들어 낸다.

하물며 빅뱅 같은 엄청나게 큰 폭발현상은 질서 현상과는 더더구나 관계가 없어 보입니다. 하지만 빅뱅현상은 전혀 다른 폭발 양상을 보입니다. 즉 그 폭발 위에 지금의 우주와 같은 정교한 세계가 만들어지고, 심지어는 생명 현상까지 나타나게 된 이러한 현상은 우주 진화학자들이 봐도 너무 신기한 현상이라는 거예요. 그래서 이분들이 '우주적 우연'이라는 다소 자조적인 표현을 한 겁니다.

그래서 이 우주진화론자들이 빅뱅부터 시작해서 137억 년의 역사를 통해서 지금 우주가 만들어질 확률을 계산을 해봤어요. 하지만 그 과정이 대단히 어렵다는 겁니다. 당연히 그렇겠지요. 즉 빅뱅이라는 대폭발 후에 지금 같은 정교하고 질서 있는 우주가 된다는 것을 계산해 보니까 그 확률이 약 1,000억 분의 1 정도라고 합니다. 1,000억 분의 1이라니요! 이게 얼마나 큰 숫자입니까? 물질의 탄생 과정인 이 우주의 탄생 과정마저도 이렇게 큰 확률이라니 이것 또한 참 기막힌 우연의 일치네요. 사실 이것마저도 백번 양보해서 낸 통계이지 실제적으로 시뮬레이션을 해 본다면 이 확률도 훨씬 더 올라갈 것입니다.

이게 무슨 소리냐고요? 빅뱅이라는 폭발현상이 시작이 되어서도 우주가 이렇게 질서를 해치지 않기 위해서는 많은 조건을 만족을 시켜야 됩니다. 즉 이러한 조건을 만족시키려면 아주 기막히게 우연히 맞아떨어져야 한다는 거예요. 이처럼 아주 엄청난 우연히 맞아떨어져 지금 우주가 형성이 됐는데 이렇게 될 확률을 다 계산해 보니까 최소 1000억 분의 1이라는 겁니다. 여기에서 다중우주론이 도출이 되게 됩니다. 다중우주론에 대해서는 앞부분에서도 잠깐 언급한 적이 있습니다. 다시 간단하게 말씀드려 볼게요. 즉 이러한 확률을 만족시키기 위해서는 99,999,999,999번의 우주가 탄생을 한 끝에 나머지는 다 실패하고, 마지막에 단 한 번 성공을 했다고 주장을 하는 겁니다. 그리고 그 실패한 우주가 존재한다는 거죠. 그래서 다중우주론입니다. 이것이 원래의 다중우주론자들의 주장입니다. 그런데 다르게 주장하는 다중우주론자들도 있어요. 즉 다른 다중 우주론자들은 빅뱅이 다른 공간에서 지금도 계속되고 있으며, 심지어는 우리라는 존재가 다른 우주에 똑같은 모습으로 존재하지만 다른 모습으로 살아가고 있다는 등의 다소 종교적인 이야기까지 하고 있습니다.

아무튼 1,000억 분의 1이라는 확률을 한번 생각해보시면 엄청난 확률이에요. 우리 지구의 인구가 몇 명이죠? 70억 명이라고 하는데 70억 분의 1의 확률, 이 확률도 낮지는 않죠. 그렇다면 1,000억 분의 1 확률이라는 것은 얼마의 확률입니까? 바로 지구라는 별을 열네 개 정도 놓고 그 별 하나당 약 70억 명이 그 안에 살고 있는데 그중 한 명이 당첨될 확률과 똑같다는 거죠. 우리 지구에서 당신 혼자 선택될 확률이 작은 확률인가요? 이것도 쉬운 확률이 아닌 것은 분명합니다. 하지만 우리 지구와 같은 별이 14개가 있는데 그중에서 당신이 선택될 정도의 확률이라면요? 쉽지 않죠? 하지만 이 거대한 우주라는 존재가 태어날 확률이 그 정도로 큰 경우의 수에서 당첨될 확률에 의해서 우연히 탄생이 되었다는 겁니다.

우리가 생물진화론을 이야기할 때도 진땀을 빼야 하는데 우주 진화도 시작부터 막힙니다.

즉 그렇게 유물론자들, 진화론자들이 숭상해 마지않는 물질의 탄생 과정도 벌써 이렇게 순탄치가 않습니다. 그러니까 우리는 근대과학주의에 빠져서 우주진화론이나 생물 진화론을 기정사실처럼 이야기하지만, 실제로 현대과학자에게는 점점 이상하게 생각되는 게 많아지고 있다는 거예요.

현대과학에서 보면 다중우주론 이야기가 나오고, 심지어는 미래결정론 이런 이야기도 막 나오고 있거든요. 현대과학이 많이 발달할수록 근대과학에서는 생각할 수 없는 철학적인 이야기와 심지어는 종교적인 이야기까지 나오고 있습니다. 즉 요즘 현대 과학자들이 써 놓은 글을 보면 이게 과학자가 쓴 글인지, 철학자나 종교학자가 쓴 글인지 구별이 안 될 때가 많습니다. 오히려 근대주의의 영향을 더 많이 받는 일반 대중들은 근대과학적인 관점에서 이야기를 많이들 하시죠. 무언가 바뀐 느낌입니다.

현대과학은 오히려 종교학자들이 굉장히 좋아해요. 즉 지금의 현대과학은 종교학과 굉장히 친해져 있습니다. 왜냐하면 앞에서도 이야기했지만 양자역학도 보면 정말 이상한 이론들이 많이 나오죠. 상대성이론도 마찬가지고요. 요즘 종교학자들이 이런 거 많이 갖다 씁니다. 기독교는 과학과 별로 안 친하기 때문에 그러지만 특히 불교를 비롯한 다른 종파에서는 현대과학을 갖다가 엄청 많이 써요. 왜냐하면 점점 과학적인 이론이 종교하고 가까워지고 있기 때문이에요.

그런데 지금 다른 종교와 달리 왜 기독교는 과학을 멀리하는 것일까요? 제가 서론에서 미리 말씀드렸죠. 기독교는 과학에 의해서 과거부터 지금까지 너무 많이 당하고 살았죠. 그래서 좀 과격하게 이야기하자면 과학이라는 것에 대해서 아주 지긋지긋하게 생각합니다. 그런데 그건 근대과학까지예요. 오히려 현대과학은 굉장히 종교랑 친합니다. 빅뱅이론 같은 거 보세요. 빅뱅이론을 가만히 보시면 창세기이론하고 너무 흡사하지 않습니까? 뭔가 막 만들어내는 느낌이 들잖아요? 정상상태 우주론일 때는 우주가 오히려 신하고 관계가 없게 보였었지만 요즘 빅뱅이론을 보면 참으로 성서가 참으로 대단한 책이라는 생각이 듭니다. 즉 성서의 진실성이 밝혀지고 있다는 느낌이 들거든요. 이점에 대해서는 신학자들도 많은 관심을 갖고 보고 있죠.

일반 대중들은 오히려 과학 자체를 종교하고 분리해서 생각하고 있기 때문에 더 안 보고 있어요. 아니면 어쩌면 종교가 이미 과학의 상대가 안 될 만큼 과학이 커졌다고 생각하기 때문인지도 모릅니다. 하지만 이것은 현대과학을 잘 모르고 하는 행동들이라는 말을 하고 싶습니다.

지금 우리가 이야기하고자 하는 것은 이 빅뱅이라는 거대한 폭발이 왜 이렇게 질서정연한 폭발이 되었는가입니다. 수류탄 하나만 터져도 주위가 난장판이 되는 것이 정상적이죠? 그런데 어떻게 빅뱅이라는 거대한 폭탄은 우주에 이렇게 질서 정연함을 만들어 내었을까요? 그리고 어떻게 하여 심지어는 생명체까지 탄생을 시키게 되었을 정도로 그렇게 질서 정연한 폭발이 된 것일까요? 바로 그 비밀이 지금부터 이야기하려고 하는 우주의 상수들에 숨어있다는 것입니다.

빅뱅이론에는 여러 가지 상수가 등장을 합니다. 바로 이 여러 가지 상수의 이야기가 그 비밀의 열쇠를 쥐고 있는 것들입니다. 이러한 상수를 만족을 시켜야 하지만 그 무질서한 폭발 속에서도 지금과 같이 질서 정연한 우주라는 공간이 만들어질 수가 있는 겁니다.

상수라는 것은 일정한 숫자를 이야기합니다. 즉 변수가 아니라는 거죠. 즉 일정하다는 뜻이에요. 물질이라는 것은 아주 변덕스럽지 않나요? 하지만 그 변덕스러운 물질로 이루어진 우주에서도 변하지 않은 것들이 있습니다. 하나의 예를 들자면 빛의 속도 같은 것이지요. 즉 빛의 속도는 상수입니다. 또한 우리의 키 같은 것이 상수라고 보시면 돼요. 변하지 않는 숫자를 말해요. 그런데 우주의 생성 과정에서도 여러 가지의 상수가 나타납니다.

그 상수를 만족시켜야 위의 이야기처럼 그런 거대한 폭발 속에서도 이러한 질서 정연한 우주가 탄생을 하는 것입니다. 다시 말하면 우주는 반드시 그 숫자를 지켜야 한다는 것입니다.

하지만 이것과 관련해서 우리가 한 가지 잊지 말아야 할 중요한 점은 우주라는 이 어마어마한 스케일의 공간이 엄청나게 작은 힘에 의해서 조절되고 있다는 것입니다. 대부분의 사람들은 잘 모르고 있을 건데요. 아마 이것을 알고 나면 경악을 금치 못하실 겁니다. 이 거대한 우주를 움직이는 데는 우주상수를 비롯한 여러 가지의 우주계수가 있습니다.

그림 4-3. 비행기의 운행장치들. 각종 상수를 유지해야 비행이 유지될 수 있다.

위 사진에서 보듯이 비행기를 운전하기 위해서는 몇 가지 수치가 필요하지요? 고도와 크루즈 운항속도 등을 일정하게 정해 놓아야 합니다. 이 점은 우주에 있어도 마찬가지라는 겁니다. 우주를 관리하는 상수들이 있다는 것이에요.

영국의 저명한 물리학자 마틴 리스(AD 1942~)경이 제시한 우주의 기적적인 상수들입니다.[8]

비행기의 운항 상수	우주 유지에 필요한 상수
최고 속도의 한계	ε(엡실론), 수소원자 2개가 헬륨으로 핵융합을 일으킬 때 에너지로 전환하는 양. 0.007
비행기 자체의 밀도	Ω(오메가), 현재의 우주 밀도를 유지하기 위해서는 빅뱅 후 1초 때의 우주 전체의 밀도 차이가 0.000000000000001 이상 나면 안 됨.
비행기의 최저 속도	λ(람다), 아인슈타인의 일반상대성이론에서 나오는 우주상수. 6.2201×10^{-40} $N \cdot m^{-2} \cdot kg^{-2} s^{-1}$이다. 반중력으로써 우주의 팽창을 억제함.
비행기의 승강타력	Q(큐), 우주배경복사의 불규칙성을 나타내는 값. 즉 우주 전체의 온도 차이. 그 값은 $0.00001(10^{-5})$
비행기 소재 결합력	N, 원자 사이의 전자기력과 원자 사이의 중력의 차이. 약 10^{36}배 차이
비행기의 3차원 구조	D, 우리 공간의 차원의 수를 나타냄. 3차원

좀 어려운 이야기라서 비행기를 예로 들어 맞추어 보았습니다. 이러한 우주의 계측치 들은 한 20~30여 개 정도 됩니다. 그런데 문제는 이러한 상수가 모두 아주 작은 수치일 뿐만 아니라 때로는 엄청나게 작은 극한 값이라는 게 문제입니다. 즉 이렇게나 큰 우주를 유지하는 숫자들치고는 너무 작다는 거예요. 그런데 거의 모든 상수들이 그렇다는 겁니다. 마치 누군가

---

8) 미치오 카쿠, 『평행우주』, 박병철옮김, 김영사, 2006년. 8장.

우주를 미세하게 조정하고 있는 것처럼요. 이해가 안 될 정도로 작은 숫자들이에요. 또한 이러한 숫자들은 상수이기 때문에 반드시 그렇게 되어야 한다는 것입니다. 이러한 사실은 현대 천문학자들뿐만 아니라 전체 현대 과학자들을 괴롭히는 문제가 되어 버렸습니다. 이것을 우주 미세조정이론이라고 합니다. 그 말의 의미는 우주 존재 자체가 면도칼 위에 서 있는 사람처럼 너무나 미세하게 조정이 되어 있다는 것입니다. 이 책의 내용 중 제일 중요한 부분이며 이제부터 그 이야기를 해보려고 합니다.

위에서는 그중에서도 필수적인 몇 가지 정도만 모아서 이야기를 해보았습니다. 이 이야기는 아주 중요한 내용이므로 앞으로도 계속 이야기가 될 것이니 잘 숙지하셨으면 좋겠습니다.

아무튼 이 부분에서 가장 중요한 점은 위 숫자들의 크기를 보아주시기 바랍니다. 아주 작은 값이지요? 10^{-36}승이니 0.007, 0.000000000000001 등등이 그런 값이고요. 특히 우주상수를 보시면 단위가 10의 마이너스 40승 단위입니다. 어마어마하게 작은 값이지요? 즉 이 우주상수의 의미는 이 숫자보다 조금이라도 크거나 작으면 우주가 지금의 모습을 유지하기가 힘들다는 것입니다. 즉 이토록 큰 우주를 지탱하고 있는 계측 값들이 터무니없이 작은 양의 값이라는 것은 과학자들을 놀라게 만들고 있습니다.

이미 과학자들은 이러한 이유 때문에 혼돈 속에 빠진 상태이거든요? 우주라는 어마어마한 스케일을 가진 공간이 이러한 작은 숫자에 컨트롤을 당한다는 거예요. 즉, 이 조절 정도가 조금만 어긋나면 끝없이 팽창하거나 아니면 쪼그라들어 부딪혀 버리게 된다는 겁니다.

여러분 위에서 보시면 아인슈타인의 우주상수 단위를 봐주세요. N, m, sec 등등의 익숙한 단위들이 나오지요? 특히 N이라 함은 힘의 단위를 나타내는 뉴턴이라는 힘의 단위인데요. 보통 1뉴턴은 1kg의 물체를 1m의 가속도(1m/sec2)로 끌어주는 힘의 단위 정도를 이야기합니다. 그다지 큰 힘은 아니지요? 여러분이 1kg짜리 물체를 1m의 가속도로 끄는 것은 그다지 힘든 일은 아닐 겁니다. 그런데 우주상수는 그러한 단위의 10의 마이너스 40승의 단위의 힘입니다. 거의 없는 힘이나 마찬가지인 거예요. 즉 이러한 힘보다 약간이라도 힘이 크거나 작으면 우주의 유지에 문제가 생긴다는 것입니다. 즉 우주가 쪼그라들거나 흩어져 버린다는 거죠. 참 놀라운 사실이지요?

자 이제부터 이 상수들에 대해서 하나씩 살펴보도록 하겠습니다.

빅뱅이론에서 중요한 여러 가지 상수 중에 첫째는 엡실론(ε)이라는 상수가 있습니다. 이것은 한마디로 말하자면 수소와 수소가 합쳐져서 헬륨이라는 것이 되는데 그 전환 비율입니다. 이 수치가 0.007인데요. 한마디로 한다면 수소가 헬륨으로 변화되는 비율이라고 보시면 됩니다.

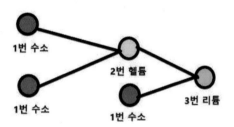

그림 4-4. 원자번호 1인 수소 2개가 뭉쳐서 원자번호 2인 헬륨이 되고 그 후에 원자번호 3번인 리튬이 되어가는 모식도. 화학반응이 꼭 이런 식으로 되는 것은 아니지만 이해하기 쉽게 설명해 보았다.

수소 하나와 수소 하나가 결합해서 헬륨이 되거든요. 한마디로 하면 1+1=2가 되는 원리입니다. 이것이 바로 핵융합이라는 거예요. 즉 양성자와 양성자가 결합해서 양성자 2개인 헬륨이 되는 것이죠. 이것이 바로 강한 핵력입니다. 이 세상에 존재하는 4가지 힘 중에 가장 강한 힘이 바로 강한 핵력이라고 했죠? 하지만 이 힘이 그냥 생기지는 않겠지요? 그것을 제공하는 최초의 힘은 바로 열이었습니다. 빅뱅 초기에는 온도가 아주 높았다고 했지요? 온도가 너무 높았을 때는 모든 것이 수프처럼 하나로 녹아 있었어요. 그러다가 온도가 식으면서 하나씩 분리가 됐다고 했잖아요? 마치 뜨거운 용광로 속에서 철을 식혀내는 것처럼 말이죠. 온도가 적당히 내려가서 섭씨 1억도(?) 정도 되면 수소와 수소가 부딪혀서 헬륨을 만들어 내게 됩니다. 그리고 이거 자체가 또 열을 발생시켜요. 열을 또 올리면서 핵융합이 더 가속화가 되죠.

그림 4-5. 빅뱅이라는 우주 용광로에 녹아 있던 물질이 우주 용광로가 식으면서 물질을 만들어 내는 과정.

사실 이게 태양이 타는 원리이거든요. 그런데 이 과정 속에서는 위의 그림에서 보듯이 양성자와 중성자가 합해져야 되는데 이것을 바로 전환율이라고 그래요.

그런데 이 전환율이 0.007로 아주 정밀하게 조율이 되어 있어요. 이 숫자 자체가 0.006이 되면 핵력이 너무 약해져서 양성자와 중성자가 결합하는 것 자체가 불가능하게 됩니다.

그리고 이 값이 만약에 0.008이 된다면 핵융합의 과정이 너무 빨리 진행이 되게 됩니다. 그렇게 되면 수소가 너무 빨리 타서 고갈이 되어 버려서 우주의 모든 태양이 너무 빨리 사라지게 되어버린다는 겁니다.

그다음 상수는 오메가(Ω)인데요. 이건 우주의 상대적 밀도를 이야기하는 겁니다. 빅뱅 현상에 의해서 모래알만 한 우주가 확장이 되어 길이가 10^{43}승 배만큼 커졌다고 합니다. 부피로는 10^{129}승 배만큼 커졌겠지요. 모래알만 한 것이 우주 끝까지 커졌다고 생각해 보세요. 그런데 이게 1초가 안 걸렸다고 했죠? 좀 더 정확히 말하자면 빅뱅이 터지고 나서 10^{-34}초(10의 마이너스 34승 초) 만에 우주가 지금의 우주의 크기까지 커진 겁니다. 이걸 급팽창이론이라고 해요. 그런데 이 이론은 지금 이론이 아니라 법칙이 됐어요. 과학계의 인정을 받고 수학적으로도 계산이 다 도출이 된 법칙입니다. 우리가 이걸 수학적으로 이해하려면 전문적인 수준을 이야기해야 하기 때문에 굉장히 복잡합니다. 그래서 여기서 그런 것까지 이야기할 수는 없겠지요. 우리의 목적은 뭐다? 이해하는 것이라고 했지요?

폭발이라는 게 일어났으면 가까운 곳과 먼 곳 사이에 밀도 차이가 있을 거 아니에요? 아무래도 가까운 데는 파편이 많이 튀고 먼 곳은 덜 튈 거 아닙니까? 그런데 신기하게도 빅뱅 현상은 그런 일반적인 자연의 법칙에 어긋난다는 겁니다.

즉 지금과 같은 우주적인 밀도를 유지하려면 초기 빅뱅 후 1초 후에 우주 전체의 밀도 차이가 1천 조 분의 1 이상 나면 안 된다는 계산이 나옵니다. 초기 우주 전체가 밀도 차이가 전혀 거의 안 나야 된다는 거예요. 1천 조 분의 1. 그러니까 0.000000000000001 이상 나면 안 된다는 거죠. 또한 반드시 그래야만 한다는 것입니다.

그림 4-6. 폭발 현상이라는 것은 필연적으로 가까운 곳과 먼 곳에 밀도 차이가 확연하게 날 수밖에 없다. 하지만 빅뱅은 그 차이가 폭발의 크기에 비해서 이해가 안 될 정도로 밀도의 차이가 1천 조 분의 1 정도로 작게 나야만 한다.

뭔가 이상하지 않습니까? 어떻게 이럴 수가 있을까요? 그리고 이 밀도 차이보다 좀 더 크거나 작으면 우주의 형성이 안 된다는 것입니다. 즉 우연적인 사건이 아니라 반드시 그렇게 되어야지만 지금 현재의 우주와 물질이 형성이 된다는 거예요. 이게 가능한 이야기일까요? 급팽창 당시의 우주의 크기 자체가 이미 지금의 우주공간과 같은 같은 크기였습니다. 그런데 빅뱅 현장, 즉 폭발의 현장에서 137억 광년 떨어진 곳까지 밀도의 차이가 1천 조 분의 1밖에 안 되다니요! 이거 좀 뭔가 이상하지 않습니까? 이것 또한 우주 진화론자들이 '우주적 우연 중에 우연'으로 치는 겁니다.

위의 그림에서 보다시피 통상적으로 폭발은 가까운 주위에 주로 영향을 미치는 것이지, 멀리까지 동일한 폭발효과를 내지는 못하거든요. 1광년이 보통 10,000,000,000,000(10조)㎞거든요? 그럼 우주의 전체의 크기는 137억 광년이므로 137,000,000,000,000,000,000,000㎞란 말이에요. 아무리 그 폭발이 크다 해도 그 멀리까지 밀도가 거의 차이가 안 난다는 것은 말이 안 되죠? 그래서 우주 진화론자 자신들도 이를 '우주적인 우연'이라고 이야기하고 있는 겁니다.

이런 수치들은 수학적으로 다 계산이 되어 있고 다 증명을 받은 것들입니다. 참 신기하다고 말할 수밖에 없죠. 이는 당연히 누군가의 조정을 받는 것이라고 생각을 하는 것이 오히려 더 합리적일 것 같습니다. 또다시 자연이 이러한 우연의 일치를 거듭 나타낸다는 것은 거의 불가능에 가까운 일이지 않겠습니까?

그다음 상수는 Q라는 것입니다. 이건 우주배경복사의 불규칙성을 나타내는 겁니다. 한마디로 말하면 우주의 온도 차이를 말합니다. 위에서 말씀드린 대로 빅뱅 후의 우주의 밀도 차이가 1천 조 분의 1이라고 했죠? 그와 마찬가지로 빅뱅은 일종의 폭발 현상이니 온도 차이도 있었을 거 아닙니까? 그런데 관측된 바에 의하면 빅뱅 시작점과 우주 끝하고의 온도 차이가 10만 분의 1 정도밖에 차이가 안 났다는 거예요. 그리고 이것도 상수이므로 반드시 그래야 한다는 겁니다. 반드시 그래야만 지금의 우주가 형성이 된다는 거예요. 이것은 이해가 더 안 되죠. 어떤 폭발이 일어날 때는 폭발 지점과 먼 곳 사이에는 반드시 온도 차이가 심하게 나는 것이 원칙 아닙니까? 즉 가까운 곳은 엄청 뜨겁겠지만 조금만 떨어져도 온도가 그렇게 뜨겁지가 않겠죠? 하지만 이상하게도 빅뱅에서는 폭발 지점과 137억 광년 차이가 나는 우주 끝과의 온도의 차이가 10만 분의 1 정도밖에 차이가 안 났다는 겁니다. 이것도 참 이상한 거죠.

그런데 더 이상한 것은 역시 이 상황도 반드시 이래야만 한다는 겁니다. 즉 이 온도 차이가 조금이라도 크면 우주 초기에만 은하가 형성이 되고 나머지 시기에는 은하가 형성이 안 되어 버려요. 즉 초기의 우주가 너무 크게 생기게 되고 그다음의 은하는 안 생기게 되니까 우주 자체의 형성이 안 된다는 겁니다. 그러니까 반드시 우주 시작점과 끝의 온도 차이가 이렇게 작게 나야지만 지금의 우주가 형성될 수 있었다는 거죠. 이것도 누군가의 조작에 의한 것 같은 냄새가 많이 나지요? 인위적으로 이렇게 조정해 놓지 않은 이상 어떻게 이런 일이 일어날 수가 있을까요?

그림 4-7. 예를 들자면 화산 폭발 시에는 발화지점과 먼 곳과는 확연히 온도 차이가 나게 된다. 하지만 빅뱅에서는 그 차이가 반드시 10만 분의 1 정도만 차이가 난다. 그리고 더 이상한 것은 반드시 또 그래야만 한다는 것이다.

위 그림의 화산이 터지는 사진을 다시 한번 보세요. 화산이 터지는 가운데 지점은 용암 등이 흘러서 뜨겁겠지만 화산을 벗어난 공간은 그렇게 뜨겁지 않겠지요. 즉 폭발 지점에서 벗어난 곳은 온도 차이가 많이 난다는 것입니다. 하지만 빅뱅우주에서는 처음 폭발이 시작하는 곳과 137억 광년 떨어진 지점의 온도 차이가 단 10만 분의 1의 차이도 나지 않았다는 말입니다. 이해가 되시나요? 이것 또한 반드시 그래야만 합니다. 즉 이것보다 조금이라도 크거나 작으면 우주의 생성이 안 된다는 거예요. 그래서 상수인 겁니다. 즉 반드시 그래야만 한다는 것이죠. 이는 누군가 그렇게 만들어 놓고 세팅해 놓지 않은 이상은 그렇게 될 수가 없겠죠? 이러한 우주적 우연이라는 것은 앞에서도 이야기 했듯이 사실 우리 식으로 표현을 한다면 기적이라는 것입니다. 사실 조금 더 과격하게 이야기한다면 누군가의 조작에 의해서 그렇게 되었다고 믿는 것이 우연히 됐다고 믿는 것보다는 더 쉬울 것입니다. 그래서 우주 진화론자 자신들도 신기하다고 이야기하는 거예요.

그 다음 상수는 우주 팽창 가속도를 결정하는 상수인 우주상수 람다(Λ)입니다. 이것도 굉장히 중요한 상수인데요, 바로 우주 팽창의 가속도를 말하는 것입니다. 이것은 처음에는 아인슈타인의 우주상수에서 나온 말입니다. 즉 아인슈타인의 1916년 발표한 일반상대성이론 공식에서 나온 말인데요, 아인슈타인은 우주가 움직이지 않는 정적인 구조라고 생각을 했습니다. 그런데 그의 수학 풀이 중에 계속 우주가 커지는 부분이 나오는 거예요. 그래서 그의 공식에서 우주의 팽창 가능성의 부분을 제거한 것이 바로 우주상수라고 보시면 돼요. 즉 우주의 정지된 상태를 유지하기 위해 만들어낸 가상의 상수가 바로 우주상수인 것입니다. 즉 그는 우주가 움직이지 않는다고 규정을 하고 우주상수를 수학 공식에 집어넣어서 우주를 움직이지 않는 구조로 만들어 버린 것입니다.

$$R_{\mu\nu} - \frac{1}{2}g_{\mu\nu}R + \lambda g_{\mu\nu} = \frac{8\pi G}{c^4}T_{\mu\nu}$$

$$\lambda = \frac{8\pi G}{3c^2}\rho$$

위의 식이 일반상대성 이론 공식이고요. 아래의 값이 즉 우주 상수 람다(λ)의 값입니다. 우주상수 람다의 실제적인 관측값은 대략 6.2201 $\times10^{-40}$ N·㎡·kg^{-2}·s^{-1}이고 다른 단위로 환산하면 1.19·10^{-52} ㎡$^{-2}$인데, 이것 자체도 가만히 보시면 엄청나게 미세하게 작은 값입니다. 제가 수학 공식 올리는 거 제일 싫어하는데 이건 어쩔 수가 없네요. 이 값은 이제는 우주의 확장을 억제해주는 우주상수가 아니라 반대로 우주의 팽창 가속도를 나타내는 값이 되어 버렸습니다.

우주 상수는 1917년에 아인슈타인이 본인의 일반상대성이론에 첨가한 내용입니다. 처음 1915년에 만든 일반상대성이론에는 우주 상수라는 것이 없었어요. 아인슈타인의 1915년도의 공식에 의하자면 우주는 팽창하게 될 수가 있었습니다. 하지만 아인슈타인은 우주가 정지된 상태라고 생각을 했기 때문에 우주상수라는 것을 만들어서 우주를 정지된 상태로 만들어버렸다고 했죠? 그런데 1920년대 들어와서 천문학자인 허블에 의해서 우주가 팽창한다는 것이 밝혀지면서 이 우주상수라는 개념을 철회하게 됩니다.

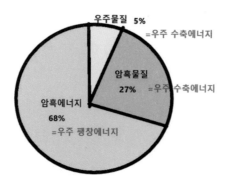

그림 4-8. 최근에 밝혀진 우리 우주의 물질의 분포도. 우주상수는 바로 우주팽창에너지인 암흑에너지를 가리키는 말이다.

그 후로 아인슈타인의 우주상수는 역사 속에 사라지게 되죠. 하지만 1990년대 후반에 들어와서 우주가 가속으로 팽창한다는 것이 밝혀지게 돼요. 즉 생각보다 훨씬 더 빨리 팽창을 하고 있다는 것으로 밝혀집니다. 그래서 다시 아인슈타인의 우주상수가 다시 주목을 받게 되죠. 그림 4-8에서 보듯이 최근에 밝혀진 바에 의하면 바로 이 우주상수가 우주 팽창에너지인 암흑에너지인 것으로 밝혀져 있습니다. 놀라운 사실은 우리가 사는 우주에는 우리가 보는 수천억 개의 은하의 물질을 다 합쳐도 우주 전체 물질의 5%가 안 됩니다. 놀라운 사실이죠? 우리 우주에서 제일 많은 물질은 암흑에너지라는 척력 즉 우주를 팽창시키는 물질입니다. 약 68% 정도를 차지하죠. 그리고 잡아당기는 인력으로 작용하는 물질이 바로 암흑물질이라는 것인데 그것이 약 27%를 차지합니다.

그런데 여기에서 큰 문제가 발생을 해요. 우주상수의 이론적인 값이 실제로 관측되는 값보다 10^{120}배 정도 큰 거예요. 즉 반대로 이야기하자면 우주상수의 실제 값이 이론값보다 10^{-120}배 정도 작다는 말입니다. 이것을 우주 상수 문제라고 하는데 현대 물리학에서 해결해야할 가장 어려운 문제로 알려져 있어요. 차라리 관측값이 정확히 0이라면 오히려 더 쉽겠죠. 하지만 0이 아니고 10^{-120}값이기 때문에 이렇게 작은 값을 찾아내는 것이 현대물리학의 최대의 난제입니다.

실제로 우주상수 람다의 실제적인 관측값은 대략 6.2201×10^{-40} $N \cdot m^{-2} \cdot kg^{-2} \cdot s^{-1}$($1.19 \cdot 10^{-52} m^{-2}$)인데 가만히 보시면 엄청나게 미세하게 작은 값인 것을 알 수 있죠? 이를 풀어서 해석을 해 본다면 이 값보다 조금이라도 더 크거나 작으면 우주의 팽창이 너무 빨라지게 되거나, 쪼그라들어서 이 크나큰 우주가 유지가 되기 힘들다는 거예요. 이것 역시 앞의 상수들과 마찬가지로 누군가에 의해서 초 미세조정이 되고 있는 우주의 모습을 보여주고 있습니다. 이건 누가 조정하고 있다고 생각하는 게 맞는 것이지 이렇게 큰 우주를 어떻게 이러한 작은 값으로 붙들고 있냐는 말입니다. 상식적으로 이해가 가십니까?

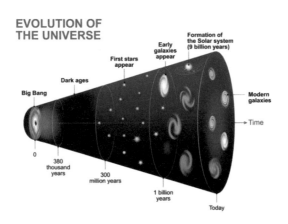

그림 4-9. 빅뱅 후 팽창하면서 멀어지고 있는 우주.

위의 그림을 보시면 하얀색 구름은 하나하나의 은하를 가리킵니다. 즉 공간이 멀어지면서 각 은하의 거리가 멀어진다고 하는 겁니다. 풍선이 커지면 풍선의 그림이 커진다는 것과 같은 이치라고 보시면 돼요.

아무튼 아인슈타인이라는 과학자는 탁월하긴 합니다. 비록 본인은 반대로 생각을 하긴 하였지만 일반상대성이론이 워낙 수학적으로 완벽한 이론이 되다 보니까 우주상수 같은 그런 정확한 오류(?)도 만들어 냈던 거겠지요.

한마디로 말하자면 이 크나큰 우주가 누가 붙잡고 있지 않으면 날아가 버리거나 쪼그라들어 버린다는 것처럼 보인다는 거죠. 이것은 우스갯소리가 아닙니다. 현대 물리학이 발전하면 할수록 더 심각하게 더 고려되고 있는 사실이에요.

즉, 지금 우주처럼 수천 억 개의 거대한 은하계로 이루어진 시스템이 수학적인 계산에 의하자면 너무나 작은 수치에 의해서 정밀하게 제어되고 있다 라는 거예요. 이 이야기는 창조론자들이 하는 말이 아니라 우주 진화론자들이 하는 이야기입니다. 이러한 우주적 우연(?)이 너무 신기하다고 이야기하는 거예요. '우주적 우연'이라고 하는 표현은 바로 '우주적 기적'이라는 말로 바꾸어 이야기해도 되겠죠?

그다음 상수로는 전자기력의 크기에 관한 상수입니다. 전자기력은 중력보다 무려 10^{36}배만큼이나 큽니다. 그런데 이것도 반드시 그래야 한다는 겁니다. 즉 전자기력은 반드시 중력보다 10^{36}배만큼 반드시 커야 한다는 거예요.

일반적으로 우리가 생각할 때는 중력은 태양이나 지구같이 큰 별 간에 작용하는 힘이므로 엄청나게 클 거 같죠? 하지만 이 힘이 바로 전자기력의 힘보다 이렇게 더 작다는 거예요. 그것도 자그마치 10^{36}배만큼이나요.

중력이 전자기력보다 10^{36}배만큼 힘이 적다. 이것은 대체 얼마나 작은 힘일까요? 여러분 전자기력 하니까 아주 어려운 이야기 같은데요, 그렇게 어려운 것이 아닙니다. 어렸을 적 학교 다닐 때 자석 실험 같은 거 많이 해보셨죠? 일종의 자석의 힘이지요. 아래 그림을 보시면 바로 이 자석의 힘 정도가 바로 전자기력이거든요.

그림 4-10. 왼쪽 그림의 전자기력이 오른쪽 그림의 별들 간에 작용하는 중력보다 훨씬 세다.

위 그림에서 보는 전자기력이라는 힘이 세 보이십니까? 여러분? 얼마나 세 보이세요? 제가 보기에는 그렇게 센 힘처럼은 안 보이는데요. 그런데 별 사이에 작용하는 중력은 이 힘보다도 10^{36}배만큼이나 약하다는 겁니다.

하지만 이러한 사실을 약간 다르게 해석을 하면 큰 문제가 생기게 됩니다. 즉 중력이 지금보다 조금만 더 강해지거나 약해지면 엄청난 문제가 생기게 된다는 거예요. 즉 태양이나 지구가 지금 가지고 있는 중력보다 조금만 더 강해지면 우주는 찌그러질 겁니다. 그리고 그 중력이 조금이라도 더 약해진다면 우주는 서로 끌어당기지 못하고 멀어져서 없어져 버리게 되는 엄청난 결과가 나오게 됩니다.

좀 이상하지 않으세요? 이 우주를 끌어당겨서 우주의 형태를 이루고 있는 힘이 이렇게 적다니요. 너무나 적어요. 그 말은 다르게 말해본다면 역시 우주가 아주 미세하게 조절이 되어 있다는 말입니다. 이만큼 큰 우주를 버티게 하는 중력이라는 힘이 이렇게 세밀하게 조종이 되어 있다니요! 힘의 조절이 이렇게 세밀하게 되어 있는 기계를 보신 적이 있나요?

중력이 그토록 작다는 것 때문에 이 우주의 나머지 3가지 힘과 통합이 되지 않는다고 했습니다. 또 한 가지의 의미를 본다면 이렇게 미세한 힘에 의해서 우주 전체가 조절을 받고 있다는 사실은 실로 놀라울 따름입니다.

여러분 우리가 어떠한 기계를 미세한 힘으로 조절할 때 컴퓨터로 제어를 많이 하지요? 하지만 시간이나 거리 등으로 미세하게 조절을 하게 되는데 그 단위가 아직 10의 마이너스 15승 단위(10^{-15}) 단위(펨토)를 넘기기가 힘든 것이 사실입니다. 시간이나 거리로 말하자면 펨토 단위거든요. 그 이하의 단위는 아직 인간의 기술로는 제어하기가 힘든 것이 사실입니다.

이는 실로 상상하기가 힘든 단위일 뿐만이 아니라 더군다나 이처럼 크나큰 우주가 그렇게 작은 단위의 힘에 의해서 조절된다는 것은 상상하기도 힘들 정도입니다.

그러니까 한마디로 말하면 너무나도 터무니없이 약한 힘이 우주를 버티고 있다는 거죠.

컴퓨터의 역할 중에 가장 중요한 게 뭡니까? 컴퓨터 제어잖아요? 우리가 우리 모든 전자제품이라든지 차, 비행기에 이르기까지 왜 컴퓨터를 씁니까? 제어 능력이 탁월하기 때문이에요. 그런데 인간이 그렇게 발전시켜온 컴퓨터 미세 제어 정도의 단위가 10^{-15} 단위라는 겁니다. 그러니 10^{36}이니 10^{-120}의 단위라는 것은 우리의 상식을 벗어난 수준의 값인 거예요.

우주 진화론자들이 봤을 때도 이것은 너무 작은 수치라는 거죠. 이건 그들이 봤을 때도 너무 심하게 작은 수치에 의해서 조절된 거 아니냐? 이렇게 크나큰 우주의 조절 정도가 왜 이렇게 작은 수치에 의해서 좌우되냐는 거죠. 좀 더 정확히 이야기한다면 우주를 지탱하는 힘이 지금 우리가 쓰는 어떠한 슈퍼컴퓨터보다도 더 정밀하게 조절되고 있다는 거예요.

위에서 본 여러 가지 상수들은 굉장히 의미가 있는 숫자들입니다. 바로 이 숫자들이 우주와 생명을 탄생시킨 숫자이지요. 상수라는 것은 반드시 그래야 된다는 것이라고 했죠? 하지만 문제는 이러한 상수들의 값이 너무나 턱없이 작은 값이라고 했습니다. 수소와 수소가 결합하여 헬륨이 되게 하는 전환비율은 0.007, 빅뱅 후 우주의 상대적 밀도를 나타내는 오메가 상수는 0.000000000000001(1천조 분의 1), 빅뱅 후 우주의 온도 차이를 나타내는 우주배경복사의 불규칙성을 나타내는 상수인 Q는 0.00001, 우주의 팽창가속도를 결정하는 우주상수인 람다 값은 6.2201×10^{-40} $N \cdot m^{-2} \cdot kg^{-2} \cdot s^{-1}$($1.19 \cdot 10^{-52}$ m^{-2}) 정도로 엄청나게 작은 값이어서 모든 현대 과학을 어리둥절하게 만들고 있죠. 거기에다가 중력의 크기는 반드시 전자기력의 10^{-36}승만큼 반드시 작아야 한다는 것 등등이죠. 이러한 상수들이 하나도 아니고 수십 개가 뒤얽혀 섞여 있고 이들 상수 중에 하나라도 문제가 생기면 우주 자체의 생성이 안 된다는 것입니다. 이러한 숫자들의 의미를 잘 생각해 보시면 '우주진화론'

이라는 말보다는 '우주 조절론'이 더 맞을 것입니다.

즉 진화론을 잘 생각해 보시면 기본적으로 우연이 기본적인 전제이지요. 하지만 이 여섯 가지 숫자들은 우연이라고 보기에는 영 꺼림직합니다. 우연이란 자꾸 반복이 되어서는 안되는 거잖아요? 우연이 많이 반복이 되면 그게 뭘까요? 네 맞습니다. 바로 필연이 되는 것입니다. 그래서 우주 진화론자들은 999,999,999,999번의 실패가 있은 후에 우주가 지금처럼 만들어지게 되었다고 하는 '다중우주론'을 이야기하는 겁니다. 우리 우주와 다른 공간에 이러한 실패한 공간이 있을 것이라고 주장하는 거예요. 즉 이러한 우연의 일치로 이러한 정교한 우주가 만들어진 것은 아닌 것 같다는 거죠. 그래서 우리의 우주가 만들어지기 전에 실패한 우주가 있었을 것이고, 지금도 빅뱅은 다른 곳에서 진행이 되고 있을 것이라는 논리입니다.

그래서 사실 우주 진화론자들은 우주적 우연이라는 말을 썼지만 사실은 '우주적 우연'이란 말은 '우주적 기적'이라고 써야 맞는 말입니다. 사실 최근에 밝혀진 바에 의하면 이러한 상수로 볼 수 있는 것이 심지어 약 20~30여 가지나 된다고 합니다. 즉 우주적인 미세조절인자가 더 늘어나게 된 거죠.

저도 다중우주론 가능성에 대해서 부정하는 건 아닙니다. 하지만 요즘 다중 우주론자들이 이야기하는 것은 위의 상수들의 이야기와는 많이 다르지요. 위에서 다중우주론은 자유의지와 관련해서 이야기할 수가 있다고 했습니다. 즉 우주 어딘가에는 나와 똑같은 사람이 다른 선택을 하면서 살아가는 또 다른 우주와 내가 있다는 이론이에요. 이것을 가만히 보며 신학적인 자유의지의 문제와 아주 밀접한 관계가 있다는 것을 눈치채실 수 있을 겁니다. 그만큼 현대의 과학은 앞서가고 있어요. 현대 과학으로 들어가면 마치 과학과 신학과 철학의 경계가 무너지고 있는 느낌을 줍니다.

초끈이론에서도 우주의 공간의 가능성이 10^{500}개 정도로 이야기하시는 분들이 많아요. 어떻습니까, 여러분 현대의 과학이란 건 참 신비하지요? 과학자인지 종교학자인지, 신학자인지 구별이 되지 않을 정도입니다.

이러한 이야기의 가장 큰 주제는 우리는 당연히 존재한다고 생각했던 우주와 물질의 부분이 우리가 생각했던 거보다 훨씬 더 정교하게 만들어지고 조작되고 있다는 것을 반증해 주는 것이라는 겁니다.

빅뱅 과정을 가만히 보면 이는 누가 만들어 가는 과정이라고 보이지 저절로 만들어진다는 느낌은 별로 들지를 않습니다. 이건 어찌 보면 과학적인 이야기라기보다는 상식적인 이야기입니다. 상식은 과학 위에 있는 개념이에요. 모든 것을 상식적으로 생각하고 상식 위에 서서 판단해야 건강한 과학이 되어 가는 것입니다. 과학이 상식을 무시하고 자기 멋대로의 길을 갈 때 바로 1차, 2차 세계대전 같은 비극이 벌어지는 것입니다.

한때 근대주의 시절에 과학과 인문학이 다른 길을 걸어갔었습니다. 하지만 결과가 어땠나요? 방향성을 잃고 속도감만 중요시한 채 무작정 달려가기만 한 결과가 어땠어요? 1, 2차 세계 대전이라는 끔찍한 비극으로 결말을 내고야 말았지요? 그런 면에서 본다면 과학도 생각이 필요하다는 것입니다. 판단이 필요하다는 거예요. 내가 지금 무엇을 하고 있는지, 무엇을 주장하고 있는지, 과연 내가 하는 말이 진실에 가까운 것인지를 끊임없이 질문하면서 주위의 사람들의 이야기를 경청하면서 나아가는 자세가 필요하다는 겁니다.

그래서 제가 현대 과학을 사춘기 과학으로 묘사한 겁니다. 자기반성을 할 줄을 알고 주위를 돌아보면서 가야 한다는 거예요. 오만하고 독선적인 자기주장만 하기보다는 주위 학문 체계들과 보조를 맞추면서 가야 건전한 학문이 될 수 있다는 겁니다.

우주진화론자들도 창조론이나 지적 설계론에도 좀 귀를 기울이도록 하는 것이 옳은 자세라고 보는 겁니다. 왜냐하면 학문이란 것이 깊어질수록 한곳에서 만나는 부분이 있거든요. 이제는 신학하시는 분들도 과학을 과학으로 받아들이고 일정 부분 학문적으로 대화하려고 하는 자세를 취하셔야 합니다.

현대의 학문들에서는 모든 논의들이 결국에는 시간 문제로 귀속이 됩니다. 그렇기 때문에 제가 시간 과학에서도 누차 말씀드렸지만 우리에게 가장 중요한 것이 이 시간 문제라고 이야기한 겁니다. 신에게는 아무 의미도 없는 시간이지만 우리 인간에게는 아주 중요한 문제이죠. 137억 년이든 10^{-43}초, 10^{-35}초이든 이런 시간이 신에게 무슨 의미가 있겠습니까? 너무나 짧은 시간이든 긴 시간이든 신에게는 의미가 없는 시간이란 말이에요. 신에게 중요한 것은 이벤트 즉 사건이라고 했어요.

중요한 시간은 연극배우가 공연을 시작하고 끝내는 시간인 거지, 무대장치 꾸미고 치우고 하는 시간이 중요한 건 아니지 않습니까? 즉 인간이라는 무대의 주인공이 나오기 전의 시간이 무슨 의미가 있습니까?

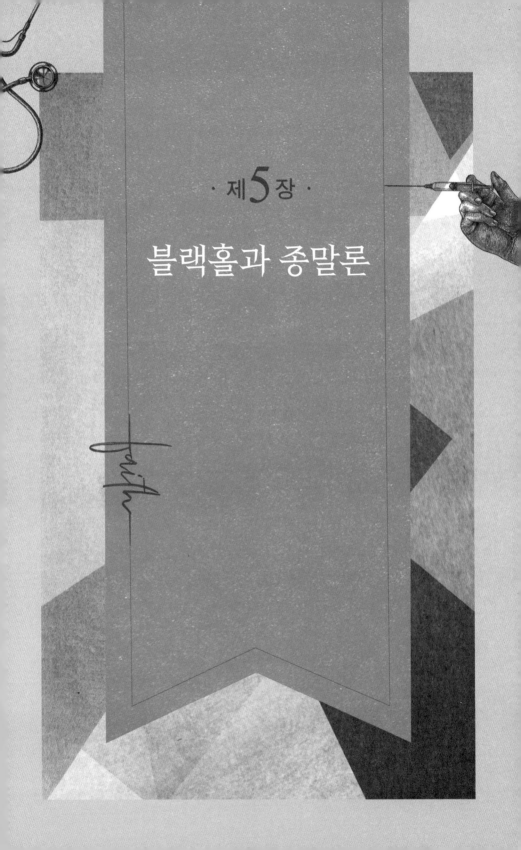

· 제 5 장 ·

블랙홀과 종말론

1. 블랙홀의 종말론적 의미

이제부터는 블랙홀이론에 대해서 살펴보고자 하는데요. 블랙홀이론의 의미는 종말의 의미입니다. 즉 빅뱅이론이 시작에 대해서 이야기했다면 블랙홀이론은 종말에 대해서 이야기하는 학문입니다. 빅뱅이 어떻게 시작이 됐지요? 갑자기 시작이 됐지요? 블랙홀이론은 이와는 정반대의 이야기입니다. 갑자기 사라지는 것에 대한 이야기이고 갑작스러운 차원 이동에 대한 이야기입니다. 즉 종말에 관한 이야기라는 거죠.

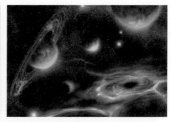

그림 5-1. 블랙홀이 지구에 다가오는 모습. 각 행성들이 블랙홀로 빨려 들어가고 있다.

지금까지 빅뱅이론이나 인플레이션이론 등등 중요한 이론들을 많이 공부했습니다. 그 의의를 생각해 보자면 빅뱅은 우주 역사의 시작이라고 볼 수가 있습니다. 이 이론들은 근대주의적 사고방식하고 상당히 비교가 돼요. 즉, 어떻게 생각해보면 정반대의 개념이라고 볼 수가 있어요. 물질의 시작에 대해서 이야기를 하고 있기 때문입니다.

그러니까 근대주의적 관점에서의 우주 존재의 방식은 여러 종교 중에서도 힌두교나 불교처럼 순환적 역사관을 가진 종교와 비슷했습니다. 즉 물질은 영원하고, 시작도 없고, 끝도 없는 것으로 생각을 했어요. 즉 근대주의나 순환론적인 종교관처럼 물질을 중요시하는 사고체계에서는 물질이 기반이 된 생각을 했기 때문에 물질에 대한 생각이 거의 비슷했던 것 같습니다.

즉 이러한 물질주의적인 사고방식에 의하자면 물질에 시작이 있었다는 생각은 하기 힘든 생각이었겠죠. 더더구나 물질에 끝이 있다고 생각하는 것은 상상도 못 했을 겁니다.

빅뱅이론은 불과 20년 전에 확립된 이론이에요. 1920년대부터 논쟁이 되다가 불과 2000년대에 들어와서 정설로 인정을 받은 학문이거든요. 근대적인 사고방식에서는 생각도 할 수 없었던 생각이라는 거죠. 물질이라는 것이 어떻게 시작이 있을 수 있다고 생각을 했겠어요?

1700~1800년대의 사고방식으로는 물질이란 것은 영원히 존재하는 거지 물질이 갑자기 생겨났다고 생각을 하지를 못 했어요. 근데 이제 빅뱅이론이 정설로 인정을 받으면서 창조론이 상당히 탄력을 받습니다. 사실 창조론이 탄력을 받는다고 하는 것은 기독교인들이 하는 이야기이고요, 이제 창조론이라고 이야기하는 사람들은 드물죠. 지적 설계론이라든지 외계인설로 많이 빠지고 있습니다. 사실 이 사람들은 신의 존재를 믿지 않는 사람들이 많습니다. 하지만 그럼에도 불구하고 진화론적인 생각은 바뀌어야 한다는 생각을 하고 있는 것 또한 사실입니다. 나중에 진화론 시간에 다 이야기하겠지만 사실 진화론은 분자 생물학이 발달하기 시작한 1990년대 이후에는 사실 상당히 어려움에 처해 있는 것이 사실입니다.

자 그러면 지금부터 현대 과학의 하나의 큰 주제인 블랙홀에 대해서 살펴보려고 합니다. 블랙홀은 아직 밝혀진 게 많지가 않고 불과 몇십 년 전부터 연구가 시작돼서 여러 가지 이론에 의해서 더 증명이 되어가고 있는 학설입니다.

블랙홀을 처음 이야기한 사람이 아주 오래전이기 하지만 라플라스(AD 1749~1827 프랑스 천문학자, 수학자)라는 분 이에요. 예전에 칸트-라플라스이론 들어 보셨죠? 태양계가 어떻게 형성되었냐 이걸 밝혀낸 것이 칸트-라플라스 이론입니다. 이분들은 둘 다 과학자이자 철학자였습니다. 두 분 다 1700년대 사람들이죠. 블랙홀은 라플라스가 최초로 예견을 했었습니다. 벌써 250년 전인데 대단한 사람이죠.

하지만 좀 더 구체적으로 이야기된 것은 역시 1916년에 발표된 아인슈타인의 일반 상대성이론에서입니다. 일반상대성이론이란 한마디로 말하면 중력에 관한 이론인데요. 중력을 이야기하다 보니까 블랙홀이 예견된 겁니다.

그림 5-2. 블랙홀은 생각보다 우리 가까이에 있다.

아인슈타인은 중력이 커질수록 시간이 느리게 가고 공간은 휘어질 것이라고 이야기했어요. 이것이 일반상대성이론의 큰 주제예요. 블랙홀은 이론적으로는 1916년 아인슈타인의 이론에 의해서 이야기가 되기 시작했는데 나중에 실제 여러 실험에서 증명이 됩니다. 그중의 하나가 바로 1959년도 시행한 하버드대학에서의 실험입니다. 어떤 실험을 했냐면 하버드대학에 있는 24미터 높이의 건물에서 시작을 했어요. 밥 파운드, 글렌레브카라는 두 사람이 하버드대학 건물 24미터 상방에서 실제로 시간을 재 봅니다. 건물 위로 올라갈수록 중력이 약해지므로 시간이 더 빨리 가게 되겠죠. 그리고 지구 표면에 올수록 중력 영향을 더 많이 받기 때문에 1층에서의 시간이 더 느리게 갑니다. 그래서 실제로 24미터 높이에서 잰 시간하고 1층에서 잰 시간을 비교하게 돼요. 아주 정밀하게 실험을 합니다. 그래서 증명을 해 놨는데 시간 차이가 어느 정도 차이가 나게 되냐면요 하루에 1조분의 1초 정도 차이 났어요. 이 정도 차이는 거의 느끼지 못할 정도지요.

그 후에 1976년도에는 인공위성 로켓을 쏘아 올려서 1만㎞ 상공에서 지구 표면과 인공위성과의 시간 차이를 계산하게 됩니다. 근데 이게 상당히 의미가 있게 나옵니다. 0.00003초 정도 차이가 나요. 즉 지구 표면보다 인공위성에서 중력이 더 약해지므로 인공위성에서의 시간이 0.00003초가 더 빠르게 가는 거죠.

그림 5-3. 지구 표면에서는 중력이 더 세므로 시간이 더 느리게 가고, 공중으로 높이 올라갈수록 중력이 약해지므로 시간이 더 빨리 간다.

그림 5-4. 우리가 쓰는 GPS 내비게이션은 인공위성에서의 시간이 더 빨리 가므로 지구상으로 신호를 보낼 때 시간을 조정해서 보내주게 된다.

단적인 예를 들자면 우리가 평소에 많이 쓰는 GPS는 내비게이션 정보를 주잖아요. 근데 시간 차이를 조정을 해야 됩니다. 시간 차이 조정을 안 하면 정밀도가 떨어지게 돼요. 왜냐하면 인공위성에서의 시간이 지구 표면보다 더 빨리 가고 있기 때문에 그 시간 차이만큼을 조정해 주어야 하는 거예요.

즉 우리는 매일 아인슈타인의 일반 상대성이론을 체험하고 사는 셈입니다. 그러면 블랙홀 이론에 대해서 본격적으로 이야기해 보겠습니다. 예를 들어 태양만 한 크기의 별이 야구공만 하게 줄어든다고 합시다. 그럼 어떻게 되죠? 야구공의 중력이 엄청나게 증가하겠죠?

그림 5-5. 우리의 태양이 야구공만 하게 작아지면 그 야구공은 블랙홀로 변한다.

그러면 블랙홀 표면에서는 시간이 엄청 느려지게 되겠지요? 지구 표면에서조차도 중력 때문에 시간이 느리게 가는데, 하물며 지구보다 중력이 수십조 배나 큰 블랙홀에서는 얼마나 늦어지겠습니까?

우리 은하 내부에만도 수만 개 이상의 블랙홀이 있다고 합니다. 우리 은하에는 우리의 태양 같은 항성 즉 별이 천억 개 이상 있다고 하죠? 거기에 비해서도 블랙홀의 개수가 적은 건 아니죠. 그중에서 가장 가까이 관찰된 블랙홀은 300광년 떨어져 있다고 해요.

왜 뜬금없이 블랙홀 이야기를 하냐면요. 바로 역사의 끝을 이야기하려고 하는 겁니다. 빅뱅을 우주의 시작이라고 하죠? 자 이제 역사의 시작이 있었으니 역사의 끝에 대해 이야기해 보려고 하는 거예요.

여러분 혹시 요한 계시록이라는 책에 대해서 들어보거나 본 적이 있으신가요? 요한계시록은 성서의 제일 끝에 나와 있는 일종의 예언서인데요. 네 맞습니다. 말도 많고 탈도 많은 책입니다. 종말론자들이 하도 악용을 많이 하는 바람에 일반인들에게는 별로 인식이 좋지 않은 책이기도 하죠. 하지만 분명한 것은 기독교에서는 창세기만큼이나 중요한 책이라는 사실입니다.

아무튼 여기에서 묘사된 인류 종말의 양상이 지금 이야기하려고 하는 블랙홀의 현상과 아주 유사한 면이 있기 때문에 말씀드리려고 합니다. 여기에서 묘사된 속칭 '휴거'라고 불리는 현상에서는 어떤 이유로 인해 사람들이 공중으로 붙들려 올라간다고 이야기합니다.

그리고 새 하늘과 새 땅이 온다고 이야기를 하죠. 앞으로 말씀드리겠지만 블랙홀은 강력한 중력을 가진 중력 덩어리입니다. 즉 사물을 끌어당기는 거죠. 그리고 아직 정확히 규명되지는 않았지만 그 중심에는 웜홀이라고 불리는 특이점을 통해서 다른 차원으로 통하는 포인트를 가지고 있습니다. 제가 〈인터스텔라〉라는 영화를 인용하기를 좋아하는데 근래에 들어서 이 영화만큼 지금 현대 물리학을 잘 설명해주는 영화가 없기 때문입니다.

그중에 제일 인상적인 부분이 제일 마지막 부분인데 이것이 현대 물리학의 정점을 설명해 주고 있습니다.

그림 5-6. 〈인터스텔라〉라는 영화에서 주인공은 블랙홀의 특이점으로 들어간 후 '테서렉트'라는 미지의 차원으로 이동을 하게 된다. 그곳이 바로 초끈이론에서 이야기하는 다른 차원의 세계였다.

이 영화의 후반부에 보면 주인공이 블랙홀의 특이점으로 빠지게 된 후에 다른 차원의 공간인 '테서렉트'에 갇히게 되는 장면이 나오게 되죠? 즉 위의 그림에서 보면 주인공은 자신을 희생하며 우주선을 버리게 되고 마침내 블랙홀의 특이점으로 빠지게 됩니다.

앞의 초끈이론에서 이야기한 특이점으로는 원래 중력자가 빠져나가는 것으로 되어 있습니다. 하지만 이 영화에서는 사람이 특이점, 즉 10^{-35}m라는 어마어마하게 작은 점으로 사람이 통과한다는 다소 과격한(?) 논리를 펼치고 있습니다.

그림 5-7. <인터스텔라>라는 영화에서 '테서렉트'라는 다른 차원에 갇히게 된 아버지가 우리 차원에 사는 자신의 딸과 중력을 통해서 대화하는 장면. 즉 영화에서는 책을 떨어뜨리면서 대화하는 장면이 나오는데, 이때 사용하는 것이 모스 부호 형태의 책 배열이다.

어쨌든 이론적으로는 가능한 일이니 일단은 가능하다고 하겠습니다. 실제로 '이그조틱 물질'이라는 음의 물질이 충분하다면 이 특이점을 벌려서 인간이 통과할 수 있을 뿐만 아니라 음의 물질의 양이 더 충분하다면 지구 정도 크기의 물체도 통과가 가능하다고 합니다.

여기에서 가장 중요한 대사가 나오는데요 "중력은 시공을 초월해서 전달이 되기 때문에 나와 딸은 오로지 중력을 통해서만 대화할 수 있다."라는 내용입니다. 이 말은 최신의 이론인 초끈이론 즉 M이론과 차원이론에서 나온 '중력자의 차원이동'에 대한 이야기를 종합 정리해서 한 이야기입니다.

그리고 바로 중력을 이용해서 대화를 하지요? 중력을 이용한 대화 즉 책을 떨어뜨린다든지, 흙을 흩뿌려 놓는다든지 하는 방법으로 자신들의 대화를 이어가는 것을 볼 수 있습니다.

여기에서 테서렉트라는 다른 차원의 공간에서 딸과 중력을 통해서 대화를 하는 장면이 나옵니다. 이때 모스 부호를 쓰게 되죠. 이때 이 테서렉트라는 곳이 아주 중요한 곳입니다.[9] 바로 우리가 그토록 초끈이론에서 이야기한 다른 차원의 세계 즉 시간의 세계가 그곳이기 때문입니다.

그리고 그 테서렉트에서 주인공은 다른 차원의 존재에 대한 이야기를 합니다. 그리고 제3의 그들(?)의 지혜를 전송하여 딸에게 중력방정식을 완전히 풀 수 있는 단서를 보내게 되지요? 그리고 그 다른 차원의 존재들이 우리를 도와준다고 이야기를 합니다. 이를 곰곰이 생각해 보면 신이라는 존재에 대해서 이야기하는 것 같지요? 물론 이를 외계인으로 생각하는 사람들도 있겠지만요. 하지만 제가 말씀드렸잖아요. 그렇다면 외계인은 누가 만들었냐라는 순환논리에 빠지게 된다고요. 아무튼 이 테서렉

9) 킵손 지음, 『인터스텔라의 과학』 전대호 옮김, 까치글방, 2015년. 29장

트라는 세계는 제가 앞에서 누누이 말씀드렸던 그러한 다른 세계, 시간의 세계를 이야기하는 겁니다.

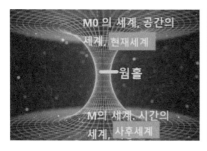 

그림 5-8. 주인공은 테서렉트에서 그들(?)의 지혜를 전송하여 딸이 중력방정식을 풀 수 있는 단서를 제공한 후 웜홀을 통해 다시 토성 근처로 돌아오게 된다.

그리고 주인공은 알 수 없는 힘에 이끌려 웜홀을 통해서 그곳을 빠져나와 우리 공간의 세계로 나오게 되어 마침내는 토성 근처에서 구조를 받게 되지요.

여기에 나오는 테서렉트라는 세계는 우리가 사는 시공간 4차원을 벗어난 제5차원의 공간, 즉 엄밀하게 초끈이론적으로 이야기하자면 11차원의 세계를 이야기하는 겁니다. 즉 초끈이론에서 나오는 다른 막의 세계를 이야기하는 거예요. 즉 블랙홀의 특이점을 통해 전혀 다른 차원으로 이동을 한 겁니다.

즉 요한계시록이라는 책에서 나온 우주 종말의 시나리오랑 아주 유사합니다. 즉 강력한 중력을 가진 존재에 의해서 현재의 우리가 거기에 끌려 들어가게 되고 그 특이점이라는 특별한 지점에서 다른 세계, 즉 새 하늘과 새 땅에 이르게 된다는 것입니다. 블랙홀이야말로 중력에 의한 끌어올림 현상과 특이점을 통한 차원의 이동 등이 일어날 수 있다는 것을 보여줍니다.

이 전제하에 지금 블랙홀을 살펴보려고 하는 거예요. 블랙홀은 연구가 한창 되고 있어서 지금 이론이 매우 분분합니다. 사실은 블랙홀 이론도 상대성이론이나 양자역학처럼 비슷하게 혁명적인 이론이에요.

블랙홀의 구조를 보시면 기본적으로 아래 그림과 같이 생겼습니다. 블랙홀이란 것이 무엇이죠? 질량이 너무 높아서 모든 물체를 빨아들인다는 거잖아요? 하나의 가장 작은 점 즉 특이점으로 다 빨아들이는 거예요. 심지어 빛마저도 빨아들인다고 합니다.

자 보통 블랙홀 구조가 이렇게 되어있어요.

그림 5-9 블랙홀의 기본 구조. 안으로 들어가면 사건의 지평선에 이르고 결국에는 10의 마이너스 35승 ㎧(10⁻³⁵㎧) 크기의 특이점으로 귀결이 된다.[10]

위의 그림에서 보시면 사건 지평선이라는 게 있죠? 여기서 사건의 지평선이란 블랙홀 내에서 빛이 안 보이기 시작하는 지점을 말합니다. 즉 블랙홀 안으로 들어가게 되었을 때 우리가 그 블랙홀 내부의 것을 들여다 볼 수 없는 마지막 지점을 이야기하는 거예요. 중력이 너무 강하여

---

10) 스티븐 호킹 지음, 『스티븐 호킹의 블랙홀』, 이종필 옮김, 동아시아 출판사, 2018년. 제
    2부 2장.

빛마저도 삼켜 버리는 게 블랙홀이잖아요. 즉 그 삼켜 버리는 지점을 사건의 지평선이라고 하는 겁니다. 지평선으로 사라졌다는 말이지요.

그니까 블랙홀 안에 중력이 너무 크기 때문에 시간과 질량이 왜곡된다는 거죠. 이는 아인슈타인의 일반상대성이론에서 나오는 내용과 똑같습니다. 그러면 우리가 블랙홀로 떨어진다 칩시다. 위에서 본 영화 인터스텔라에서 보면 주인공이 블랙홀에 빠지는 장면이 나오죠? 물론 블랙홀의 특이점은 아주 작은 공간이므로 절대로 사람이 살아서 빠져나가기는 힘들겠죠? 하지만 이론적으로 이그조틱이라는 음의 물질이 충분하다면 가능하다고 했습니다.

아직 블랙홀이론은 밝혀지지 않은 내용이 많은 최신 이론이기는 합니다. 하지만 그렇게 영화에서처럼 사람이 빠질 수도 있다고 해요. 왜냐면 중력이 너무 세기 때문에 사람이나 물체가 들어가면 파괴가 되어 버리는 것이 일반적이죠. 하지만 실제로는 아주 과격한 블랙홀도 있고, 아주 완만한 블랙홀도 있다고 하거든요. 즉 과격한 블랙홀에서는 모든 것이 다 파괴되어 버리지만, 완만한 블랙홀에서는 사람이나 심지어 지구만 한 크기의 행성도 특이점을 통해서 빠져나갈 수도 있다는 것이 블랙홀이론의 최신판입니다.

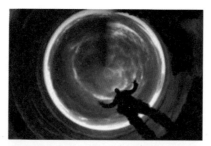

그림 5-10. 과격한 블랙홀에서는 중력이 너무 강하여 블랙홀 안으로 들어가게 되면 모든 것이 파괴되어 버리지만, 완만한 블랙홀에서는 이그조틱 물질, 즉 음의 물질이 충분하면 특이점을 통한 다른 차원으로의 이동이 가능하다.

만약에 사람이 블랙홀에 빠지는 상황이 된다면 어떻게 되죠? 그렇다면 당장 이 사람에게 시간이나 공간의 왜곡이 일어나는 게 아닙니다. 하지만 다른 사람이 볼 때 상대적으로 시간과 공간이 변하는 상황이 일어난다는 거죠.

즉 밖에서 볼 때 이 사람은 그냥 이 블랙홀 평면에 들어가는 거잖아요. 이 사람은 끊임없이 블랙홀의 중력에 의해서 블랙홀로 떨어지고 있는데 밖에서 볼 때는 이 사람이 블랙홀의 표면에서 멈춘 것처럼 보이도록 공간이 왜곡된다는 거예요. 더 이상 이야기하면 어려운 이야기가 될 것 같습니다. 즉 여기서 우리가 블랙홀에 대해서 전문적인 것을 말하고자 하는 건 아니고요. 중요한 것은 특이점이에요. 요새는 이런 이론들이 줄어들긴 했는데 예전에는 블랙홀의 특이점이 모두 웜홀로 이어져 있다고 본 사람들이 많았어요.

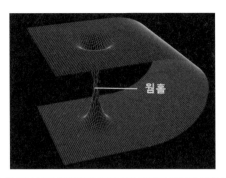

그림 5-11 대부분의 블랙홀의 특이점은 웜홀로 이어져 있을 것이다.

웜홀이란 건 뭐예요? 위 그림에서 보시면 알겠지만 공간적으로 멀지만 이렇게 접어버리면 단시간에 갈 수 있죠. 이게 웜홀입니다. 즉 '공간을 접어버리게 되면 바로 갈 수 있다.' 이게 웜홀의 개념인 거죠. 특이점은 상상도 못 할 정도로 작은 점을 말합니다. 우주에서 생각할 수 있는 가장 짧은 거리인 플랑크 거리 10^{-35}m를 생각하시면 됩니다.

우리가 왜 블랙홀을 중요시하냐면요. 블랙홀은 빅뱅보다 더 신비한 존재예요. 즉 블랙홀을 잘 연구하면 우주 탄생의 시나리오와 우주의 비밀까지도 알아낼 수 있을지도 모른다는 기대감 때문입니다. 빅뱅이론도 사실은 여러분 보시면은 딱 터져서 우주가 시작됐다는 거잖아요? 굉장히 생소하고도 신비한 개념이죠.

블랙홀은 거대한 별이 줄어들어서 만들어진 것이란 말이에요. 이 안에 우주의 신비를 다 가지고 있을 것으로 예측이 되고 있습니다. 그래서 지금 블랙홀의 특이점에서 시간과 공간이 어떻게 되는지를 연구 중입니다. 그런데 제대로 알기가 힘이 드는 것도 사실입니다. 왜냐하면 실험이 불가능하잖아요? 즉 블랙홀을 만들어 보거나 들어가 봐야 알 수가 있는데, 그럴 수가 없기 때문에 지금 전부 다 예측, 가설 다 그런 거밖에 없습니다.

사실 가설 중에서 가장 확실한 것이 특이점 이론이에요. 이 특이점이 빅뱅의 그 원점이 아닌가 하고 생각하고 있는 과학자들도 있죠. 즉 우주의 시작점이 바로 블랙홀의 특이점이라는 겁니다. 다중 우주론자들의 주장이기도 하죠.

이제부터는 블랙홀과 기독교적인 종말론과의 연관성에 대해서 설명 드리려고 합니다. 종말론이 기독교 역사상 가장 많은 문제를 피웠었죠. 우리나라뿐만이 아니라 전 세계적으로 전 종교에 걸쳐서 나타나는 현상입니다. 저는 그러한 종말론에 대해서 말씀드리는 것이 아니라 과학적인 종말의 가능성(?)에 대해서 말씀을 드리려고 합니다.

사실 현대를 살아가는 현대인들에게 천국이니, 지옥이니, 이승이니, 저승이니, 종말이니 하는 이야기들은 헛된 소리처럼 들립니다. 구시대의 유물처럼 생각을 한다는 말이지요.

종말의 모습은 어떤 모습일까요? 여러분은 종말이 온다고 생각하십니까?

빅뱅이론이 시사하는 의미는 크다고 했습니다. 그것은 바로 성경적인 역사관을 지지하기 때문입니다. 즉 물질의 시작이 있었다고 말하는 겁니다. 즉 물질의 시작이 있었다고 말하는 의미는 그 자체로서 의미가 크지요?

이 사실은 비물질적인 것을 철저히 배격하고 오직 우주는 물질만 존재한다고 하는 유물론적인 사고방식의 사고의 변화를 요구하고 있습니다. 즉 근대주의의 가장 큰 성과 중에 하나인 유물론이 도전을 받고 있다는 것이기도 합니다.

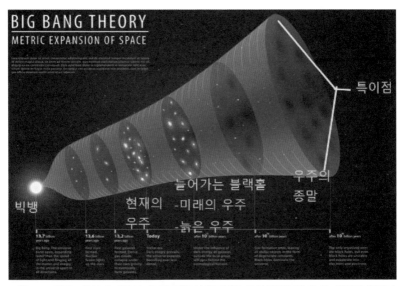

그림 5-12. 빅뱅으로부터 시작이 되어 블랙홀의 특이점을 통한 차원이동이라는 종말을 향해서
나아가는 우주의 역사.

즉 시작이 있다는 것은 어떤 의미입니까? 시작이 있다는 의미는 동전의
앞뒤 면처럼 반드시 끝이 있다는 사실을 포함하게 됩니다. 기독교의 교리의
핵심인 시작과 끝의 의미를 나타내는 것이지요.

성서에는 역사의 종말에 대해서 이야기하고 있습니다. 하지만 현실
적으로 이야기하자면 인류의 종말이 어떻게 올까? 비관적으로 보시는
분들도 있는 것이 사실입니다. 기독교 자체에서도 이러한 이유로 이론
이 여러 가지로 나누어져 있죠.

저는 종말의 가장 현실적인 형태가 블랙홀과 관계되어 있다는 점을
말씀드리려고 하는 것입니다.

지금 시대를 보면 인류 역사 어느 순간, 그 어느 때보다 더 네트워크가
발전된 사회로 발전이 되어가고 있습니다. 그리고 경제가 고도로 발달하

면서 인간의 개인정보의 문제가 가장 중요한 이슈가 되어 가고 있습니다. 벌써부터 인간의 생체인식에 대한 이야기도 많이 나오고 있지요?

그림 5-13. 지금의 시대는 우리가 살아왔던 어떠한 시대보다 더 네트워크화되어 있다.

물론 이러한 내용 자체는 새로운 내용은 아닙니다. 그전에 종말론자들이 많이 이야기하고 예측했던 문제들인 것도 많습니다. 물론 그 사람들이 문제를 많이 일으키고 사회적으로도 많은 지탄을 받은 것은 사실입니다. 왜냐하면 그들의 목표가 진리가 아니었고 돈을 추구하거나, 자신의 반사회적인 성향을 종교적으로 이용했다는 데 문제가 있는 거지요. 하지만 분명하고 중요한 것은 그렇다고 해도 종말론 자체는 유효하다는 것입니다. 즉 종말론적인 방향으로 가는 방향성이 틀리지 않다는 것이에요. 즉 종말은 반드시 있기 때문입니다.

여담이지만 야사에 의하면 만유인력의 법칙을 발견한 뉴턴은 대단히 신앙심이 깊어서 성경에 나온 숫자를 모두 연구를 했었다고 합니다. 그가 수학에 능통하고 모든 자연 이치에 대해서 지혜를 가지게 된 것은 바로 신에 대한 경외감 때문이었다고 하는데요. 그는 성경에 나오는 모든 숫자를 연구한 끝에 지구 멸망의 날짜를 계산해 냈었다고 합니다. 그것이 바로 2061년이라고 하거든요.

물론 이 날짜가 인류의 마지막 날 즉 심판의 날이라는 뜻은 아닙니다. 하지만 인류가 낳은 가장 위대한 과학자가 그러한 작업을 했었다는 것도 놀라운 사실이지요. 사실 뉴턴이 그러한 자연의 법칙을 발견하게 된 것은 신을 믿는 깊은 경외감에서 나온 것입니다. 그와 비슷한 예로 아인슈타인도 마찬가지로 빛을 처음으로 창조한 창세기를 보고 빛을 절대 기준으로 가정하고 특수 상대성이론을 정립했다고 합니다.

종말의 키워드를 생각해 봅시다. 적 그리스도, 아마겟돈 전쟁, 경제와 관련된 666의 표식, 그리고 예수 그리스도의 재림, 새 하늘과 새 땅의 도래 등등이 있죠. 이제부터 그 하나하나에 대해서 현대사회의 흐름과 맞추어서 생각해 보겠습니다.

먼저 적그리스도에 대해서 이야기해 보겠습니다. 지금의 발달된 네트워크는 적그리스도가 나타나기 위한 일종의 사전포석 같은 것이라고 볼 수 있습니다. 즉 세계 역사를 보면 그 어떤 큰 제국이라 하더라도 지금의 세계처럼 전 세계를 이처럼 하나로 묶어내지는 못했습니다. 즉 알렉산더 제국이나 로마제국, 몽골제국, 중국이나 인도제국처럼 큰 나라라고 해도 전 세계를 지배한 것은 아니었죠. 하지만 지금 돌아가는 전 세계의 추세를 보세요. 발달된 통신이나 네트워크, 인터넷의 발달로 인해 지금은 한 사람이 전 세계를 상태로 영향력을 끼칠 수 있는 정도가 되었죠. 즉 지금까지 지구상에 존재했던 모든 제국을 다 합친 것보다도 더 큰 영향을 미칠 수가 있게 되었습니다. 즉 개인이 마음만 먹으면 전 세계를 조종할 수 있는 시대가 된 겁니다. 최근에는 인터넷뿐만 아니라 SNS가 엄청나게 발달하면서 이 세계가 거의 하나가 된 것처럼 느껴질 정도입니다.

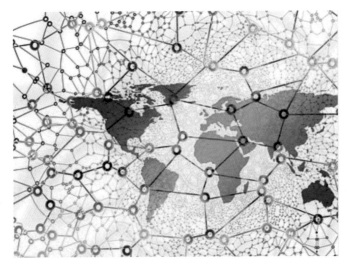

그림 5-14. 역사상 최고로 네트워크화되어 있는 지구. 이는 한 사람 개인이 전 세계인을 상대로 영향을 미칠 수 있는 구조를 만들어 내고 있다.

역사의 어느 순간에는 적그리스도가 나타나 전 세계인의 마음을 사로잡는다고 했습니다. 그는 우리가 전혀 예상치 못한 방법으로 적그리스도의 임무를 실행해 나갈 것입니다. 이미 적그리스도의 임무를 시행하고 있는지도 모릅니다. 왜냐하면 인간의 눈과 마음을 가리고 그리스도를 적대시하는 게 그의 임무이기 때문입니다.

경제 이야기를 해보죠. 지금 세계 경제는 소수의 사람에게, 선진국의 금융권에 집중되고 있는 실정입니다. 즉 세계 전체의 문제가 되고 있는 것입니다. 자본주의든 사회주의든 관계없이 무차별적으로 자본

사냥이 계속되고 있습니다. 이러한 현상은 결코 좋은 것이 아니죠. 돈이든 권력이든 간에 무엇인가가 한곳에 집중이 되는 현상은 결코 좋은 현상이 아닙니다. 흐르지 않는 곳은 반드시 썩기 마련입니다.

그리고 우리가 하나 경제생활과 관련해 유념해야 할 것은 개인 정보 보호의 중요성이 지금처럼 대두된 적은 별로 없었다는 겁니다. 왜냐하면 개인정보에 대한 해킹이나 모방기술이 엄청나게 발달해 있기 때문입니다. 지금 최첨단 개인정보 보호기술이라고 하는 홍채 인식 기술이나 지문 인식 기술도 언젠가는 도용당할 수가 있게 되겠죠. 지금 이미 애완견들은 몸속에 칩을 넣고 다니고 있지 않습니까?

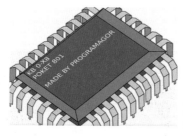 

그림 5-15. 우리나라에서도 애완동물을 체계적으로 관리하게 하기 위해서 반도체 칩을 심는 것이 의무화되었다.

사실 개인 정보를 보호하기 위해서 가장 쉽고 돈이 안 드는 것은 인간의 몸에 새기는 것일 것입니다. 하지만 이것은 기독교인들의 극심한 반대에 부딪혀 시행되지 못했었습니다. 하지만 문제는 지금부터입니다. 개인 정보 유출이 너무 심해져서 사회의 큰 문제로 대두되고 아무리 뛰어난 기술이 나오더라도 지금같이 발달된 사회에서는 모방 기술이 금방 나온다는 것이죠.

여담이지만 여러분 어렸을 때 누구나 호기심으로 지폐를 그대로 그려서 흉내 내본 적이 있을 것입니다. 물론 장난으로요. 하지만 벌써 1990년대에 나온 컬러 프린터기가 많은 가짜 돈을 만들어 내어서 사회문제가 많이 되지 않았었나요? 이때는 전문 위조지폐범이 아니라 초중등 학생들이 호기심으로 한 적이 많았었어요. 그만큼 기술의 발전으로 위조가 쉬워진 탓이었습니다.

그렇듯이 지금 현대에 들어와서는 기술의 발전에 의해서 독점적인 보안이 점점 힘들어지게 된 것입니다. 지금은 지문도 모자라 인간의 눈에 있는 홍채인식 장치까지 나온 상태이지 않습니까? 하지만 문제는 시간이 지나면 이러한 기술도 모방 기술이 금방 나온다는 것입니다.

그림 5-16. 기술이 발달함에 따라 각종 개인정보 보호기술이 연구되고 시행이 되고 있다.

그리하여 이러한 문제가 계속 대두가 될 경우 사회문제가 될 수 있고, 비기독교인 중심으로 몸에 심는 보안장치를 착용해 나간다면 결국에는 기독교인들이 훨씬 숫자가 적은 상태에서 점점 경제생활에서 밀려나게 되는 것도 사실 짐작해 볼 수 있는 것입니다.

전 세계는 현재 진화론이라는 장구한 시간의 법칙이라는 마법에 걸려 있습니다. 즉 시간이 무궁무진하게 흘러와서 인류 사회가 이루어 지게 되었고, 또한 앞으로도 무궁무진한 시간이 흐른다면 무엇이든지 지금 보다 더 진화한 세상이 될 것이라는 생각을 하고 있거든요.

하지만 우리가 현대과학을 보면서 느끼는 것은 우주와 물질, 생명에는 시작이 있었다는 것입니다. 1700~1800년대의 근대주의에서 바라볼 때는 물질에는 시작도 없고 끝도 없다는 생각이 지배적이었지만 현대에 들어오면서 과학이 엄밀해지고 정밀해지면서 밝혀진 사실입니다. 사실 우주와 지구의 역사를 보면 굉장히 역동적이지요. 우리는 막연히 우주의 시간이 오래되었다고 생각했지만 물질을 만들어 내는 빅뱅의 과정을 보세요 이 얼마나 역동적인 상황입니까?

그렇듯이 빅뱅이론과 블랙홀이론도 아주 밀접한 관계를 가지고 있습니다. 저는 이러한 면에서 빅뱅이론을 역사의 시작으로, 블랙홀이론을 역사의 끝으로 말씀드린 것입니다.

제 6 장

현대주의의
핵심이론으로서의
양자역학의 고찰

지금부터는 양자역학에 대해서 이야기를 해보겠습니다.

우리가 1900년대에 들어와서 그전의 근대사회와 가장 큰 학문적인 차이를 들자면, 상대성이론과 양자역학 두 개를 드는데 그중에서도 양자역학이 제일 어렵습니다. 좀 이해하기 힘든 부분들이 많아요. 상대성이론도 이해하기 힘든 부분이 많은데 양자역학은 더 힘들어요. 자 이렇게 생각하시면 될 거 같아요. 우주라는 공간이 있고 그것을 채우는 물질이 있잖습니까? 즉 우주를 형성하는 것은 시간과 공간과 물질이에요. 이 중에서 시간과 공간을 연구하는 학문이 상대성이론이고요, 물질 자체에 대해서 다루는 것이 양자역학이라 이해를 하시면 될 거 같습니다. 공간은 거시세계라고 합니다. 즉, 큰 세계를 말하죠. 이것은 상대성이론으로 잘 해석이 되고 있습니다. 그리고 양자역학에서 보는 물질의 공간은 미시세계라고 합니다. 아주 작은 공간을 뜻해요. 10의 마이너스 10승 m(10^{-10}m)에서 10의 마이너스 15승m(10^{-15}m)까지 정도입니다. 무척이나 작은 공간이지요. 우리가 사는 세계와는 비교도 안 될 정도로요.

공간적으로 본다면 아인슈타인의 상대성이론은 거대한 거시세계 즉 우주의 문제를 다루는 것이었고 양자역학은 아주 작은 미시세계, 즉 원자나 소립자의 세계를 다루는 것이라고 보시면 됩니다.

아인슈타인의 상대성이론이 다루는 영역
(거시 세계)

양자역학의 세계
(미시 세계)

그림 6-1. 상대성이론은 우주와 같은 큰 거시세계를 다루고, 양자역학은 원자와 같이 작은 미세세계를 다룬다.

양자역학의 가장 큰 의의라고 한다면 양자역학은 기존의 물질의 개념을 바꾸어 버렸다는 데 의의가 있습니다. 즉 1600~1800년대에 이르는 근대과학에서는 물질을 절대적인 것으로 보았습니다. 1900년대에 상대성이론과 거의 동시에 나타난 양자역학은 이러한 물질의 기존 개념을 "확률적으로 존재하는 것"으로 완전히 바꾸어 버리게 됩니다. 아인슈타인의 상대성이론이 기존의 시간과 공간 즉 우리가 사는 우주 자체를 '상대적'으로 만들어버렸다면, 양자역학은 그 안에 존재하는 모든 물질의 세계를 '확률적으로 존재'하는 것으로 만들어 버립니다. 물질이 확률적으로 존재한다는 말은 참 어마어마한 말이지요? 우리가 서 있는 근간인 물질이라는 것이 확실히 존재하는 것이 아니고 확률적으로 존재한다니요? 이로 인해 근대주의적 과학관은 완전히 깨져 버리게 됩니다.

양자역학의 키워드를 이야기하자면 우리가 사는 공간세계의 물질의 기반이 안정적이지 않고 지극히 불안정하며 심지어는 물질이 존재하는 기반이 일정한 확률에 의해 지배받는다고 하는 것입니다.

즉 양자역학의 의미를 한 마디로 이야기하자면 우리가 알던 물질세계가 그전처럼 확실한 기반의 세계가 아니라 불안정한 확률이 지배하는 세계였다는 것입니다. 우리가 양자역학을 모르던 시기에는 물리학이라는 것이 완벽하고 빈틈이 없는 것이었습니다. 하지만 양자역학의 세계를 통해 본 우리의 우주는 너무나도 불안정한 것에 기반을 두고 있는 것이었습니다. 우리 우주의 모든 불완전성은 여기에서부터 시작이 되었을 것입니다. 우리가 사는 세상이 불안정한 것은 양자의 세계가 불안정하기 때문입니다. 즉 우리가 사는 세계 자체가 이러한 불안정성 위에 기반하고 있는 것이죠.

시간론과 초끈이론을 연관 지어서 생각을 해보자면 이 불안정함은 바로 공간의 세계 즉 현세와 시간의 세계, 즉 사후세계의 분리에 따른 결과로 나타난 것입니다.

그렇다면 물질은 왜 불안정해진 것일까요? 양자역학적으로 봤을 때 지금처럼 물질이 불안정하지 않고 물질이 안정이 되어 있다면 이 우주가 어떤 모습으로 있을까요? 양자 역학적인 불안정성은 공간과 시간의 분리 때문이라고 했습니다. 즉 이러한 분리로 인하여 원래는 안정적이었던 물질세계의 기반이 변질되어 확률적인 기반으로 변하게 된 것이라는 겁니다.

태초의 시대에는 물질이 불안정할 일이 없었겠죠. 왜냐하면 공간의 세계와 시간의 세계가 완벽하게 결합되어 있었기 때문이죠. 공간세계와 물질세계의 불완전성은 시간세계와 결합에서 멀어질 때 시작이 됩니다. 이 공간우주가 확실한 것의 세계에서 불확실한 세계의 것으로 전이가 일어나 버린 것이죠. 즉 시간의 세계에서 공간의 세계로 전이가 일어나 버려서 그렇게 불안정해졌다는 것입니다.

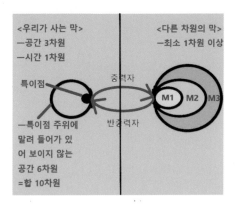

그림 6-2. 태초의 시대에는 원래 공간의 세계와 시간의 세계가 하나로 붙어 있었다. 이때는 양자적으로 안정 상태였다. 즉 공간의 세계와 시간의 세계가 완벽히 결합되어 있었던 양자적인 안정 상태였으므로 영원불멸이 가능했던 시대였던 것이다.

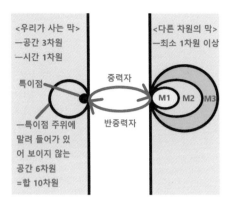

<우리가 사는 막>
—공간 3차원
—시간 1차원

특이점

중력자

반중력자

—특이점 주위에
말려 들어가 있
어 보이지 않는
공간 6차원
=합 10차원

<다른 차원의 막>
—최소 1차원 이상

M1 M2 M3

그림 6-3. 우리 공간우주와 시간의 세계가 분리가 되어 양자적 불안정 상태가 된 상태. 즉 무엇이든지 불안정한 상태로 변질이 된 것이다.

이러한 물질의 불안정성이 이 우주의 모든 불안정성의 원인이 된 것입니다. 앞에서도 수도 없이 말했듯이 물질의 세계는 반드시 시간의 세계와 결합이 되어야 완전한 세계가 됩니다. 이는 양자역학의 세계에 있어서도 마찬가지입니다. 즉 시간과 결합되어 있을 때에는 양자역학의 세계도 불안정하지 않았을 것입니다.

위의 상대성이론에서도 공간세계와 시간세계의 분리가 문제가 되었듯이 양자역학에서도 공간세계와 시간세계의 분리가 문제가 되었다는 것입니다. 필자는 직업이 의사여서 여러 가지 의학을 접해 보았습니다. 현대의학에서 동양의학, 대체의학에 이르기까지 많은 의학이 있습니다. 그중에서도 최근에는 양자의학까지 등장을 한 상태입니다. 양자의학이 비록 주류 의학은 아니지만 이 의학의 특징은 우리 몸을 이루고 있는 양자들의 불안정성이 인간의 질병을 일으킨다고 생각하고 있습니다. 이것이 다른 의학과는 아주 많이 다른 시각이죠.

즉 우리가 사는 공간의 세계와 다른 차원인 시간의 세계가 이상적으로 결합해 있다면 양자적 불안정성과 확률성이 제거되어, 안정되고 평안한 물질의 세계가 된다는 것입니다. 그렇게 되면 인간의 몸이 영원불멸의 삶을 살 수가 있게 된다는 것이죠.

여담이지만 우리가 사는 세상을 보면 얼마나 불합리한 일이 많습니까? 우리 주위에 사는 사람들의 모습을 보면 착하게 살던 사람들도 어처구니없는 교통사고 같은 불행한 일을 당하는 것을 많이 보게 됩니다. 또한 선량한 사람들이 알 수 없는 질병에 걸려서 죽는가 하면, 어렵고 힘든 생활을 하는 불쌍한 사람들이 암에 더 잘 걸리는 비참한 현실도 자주 보게 되죠. 그리고 우리 주위에서 일어나는 수많은 사건 사고들, 그리고 거기에 희생되는 무고한 사람들을 보다 보면, 왜 이러한 일이 일어나는가에 대해서 회의를 갖게 됩니다. 마치 신이 없는 것 같은 생각이 들죠.

이 우주를 지배하는 무자비한 확률의 원리에 무서워 치를 떨게 됩니다. 의학적으로도 맹장염에 걸릴 확률은 보통 약 1/500입니다. 맹장염의 원인은 아직 정확히 밝혀지지가 않았습니다. 우리 주위에 누군가는 아무런 이유도 없이 맹장염에 걸린다는 말입니다. 즉 맹장염은 확률적으로 발생을 하고 누군가는 이 확률의 희생자가 된다는 것이죠.

이것은 암이나 기타 질병, 사고까지도 마찬가지입니다. 이는 마치 인간사회에 불행의 양은 정해져 있고 이것은 무자비한 확률의 원리에 의해서 불특정 다수에게 배분이 된다는 것입니다. 누군가는 아무 이유 없이 이러한 확률의 피해자가 된다는 것이에요.

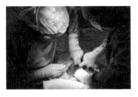

그림 6-4. 우리 주위에 일어나는 모든 사고, 질병 등등이 우리의 의사와는 관계없이 무자비하게 확률적으로 발생한다.

최근에 유행하는 학문 중에 '복잡계 이론'이란 학문이 있습니다. 이 학문은 『혼돈으로부터의 질서』라는 책을 쓴 일리야 프리고진이라는 사람에 의해서 시작이 된 학문체계입니다. 이 학문체계를 간단히 말하자면 우리 사회에 일어나는 모든 사회적인 문제 즉 전쟁, 기근, 지진, 홍수에 이르기까지 이러한 모든 일들에는 일정한 규칙이 있다는 것입니다. 즉 어찌 보면 우연히 일어나는 것처럼 보이는 일들에도 일정한 규칙이 있다는 거예요.

실제로 수많은 지진과 전쟁까지 통계를 내보았는데 여기에서 일정한 규칙이 발견이 된 것입니다. 우리 사회의 모든 불행에 일정한 규칙이 있다는 것은 실로 놀라운 일입니다. 즉 인간의 불행에는 일정한 규칙이 있고 일정한 양이 있다는 것입니다. 프리고진은 이 책에서도 많이 다룬 사람으로 진화론의 대표적인 사람이기도 합니다. 그런데 프리고진의 학문을 연구한 후배들이 이러한 규칙을 발견했다는 것도 아이러니합니다.

어찌 보면 우리 인생은 "우연과 확률"이라는 거대한 항공모함과 전투기와 달랑 "노력"이라는 소총을 들고 전쟁을 치르는 육군 병사와 같이 연약한 모습으로 보입니다.

운명 　　　　　　　　　확률 　　　　　　　　　인간의 노력

그림 6-5. 이러한 양자 역학적인 불안정성은 '운명이나 확률' 같은 괴물을 낳았으며, 인간은 '노력'이라는 작은 소총을 가지고 살아가는 존재이다.

　우리가 아무리 노력을 해도 우연과 확률이라는 '운'을 이겨낼 수는 없죠? 우리가 흔히 '운'이 좋다는 것은 이러한 우연과 확률이라는 불행을 피해 간 것을 뜻하기도 합니다. 물론 운에 의해서 행운을 얻는 경우도 있습니다. 하지만 우리의 사회를 보면 행운보다는 불운의 양이 훨씬 많아 보입니다. 그리고 이 행운과 불운이 불특정 다수의 사람에게 확률적으로 뿌려지고 있는 것입니다.

　물론 운명은 정해진 것은 아닙니다. 하지만 결과적으로 이러한 행운과 불운의 총량은 정해져 있으며 이것이 일정한 사람들에게 뿌려지고 있다는 측면에서 본다면 인간세계의 운명이란 것은 결과적으로는 정해져 있는 것입니다. 왜냐하면 행운과 불운의 양이 정해져 있기 때문입니다. 우리는 그것을 나누어 쓰는 것에 불과하지요.

　즉 시간의 세계가 공간의 세계와 연결되어 있을 땐 불운이라는 것이 있을 수가 없죠. 오로지 행운만이 있을 뿐입니다. 하지만 시간과 공간이 분리되면서부터는 행운의 양이 엄청나게 줄어들고 불운의 양이 엄청나게 늘어난 거죠. 확률적으로 그렇게 변했다는 것입니다.

　이러한 모든 것은 시간의 세계가 공간의 세계에서 분리됨으로써 시작된 것입니다. 우주 자체의 시스템에도 문제가 생겼듯이 우주에 있는 물질의 시스템에도 문제가 생긴 것이죠. 즉 이 문제가 바로 양자역학의 불안정성을 일으키고 우주와 인간 사회의 불완전성을 만든 장본인이라는 것입니다.

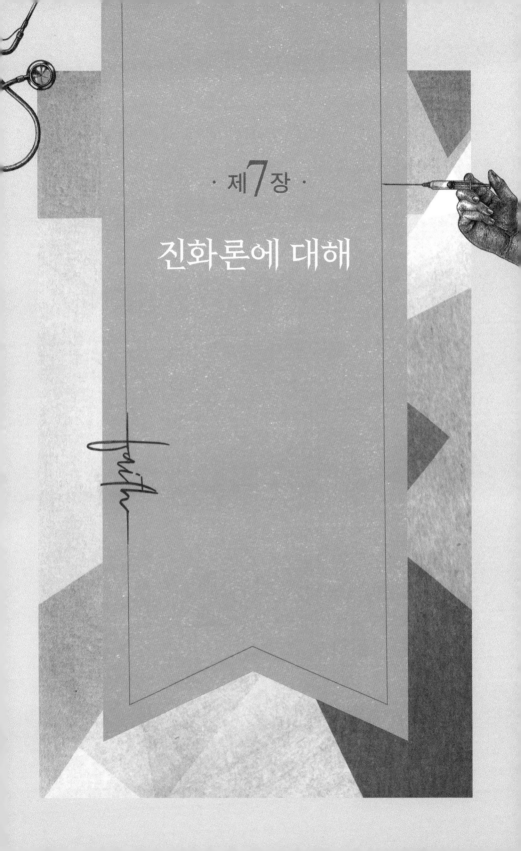

· 제7장 ·

진화론에 대해

진화론에 대해서는 서론 부분에서 직간접적으로 많은 이야기를 했습니다. 이제 여기에서 본격적으로 논의를 해보고자 합니다. 사실 서론 부분을 잘 읽어 보신 분들은 아마도 눈치채셨을 수도 있는데, 이 책에서 진화론에 관한 부분을 논의하는 것은 그렇게까지 의미를 두고 싶지는 않습니다. 왜냐하면 과학이 아닌 아직 논쟁 중인 학문을 가지고 논의를 하는 것은 마치 신화를 가지고 논쟁하는 것과 다를 바가 없기 때문입니다.

하지만 그럼에도 불구하고 근대주의에 입각해서 철저히 과학이라고 주장되는 학문이고, 또한 우리의 논쟁에서 빠질 수가 없는 부분이기 때문에 일단 이야기를 하려 합니다. 그리고 이어서 진화론과 연관된 중요한 이야기 중의 하나인 프리고진의 주장과 복잡계 이론에 대해서도 이야기하겠습니다.

1. 서론에서 이야기했듯이 진화는 시간이 부족하다. 신이 창조했기 때문에 38억 년이라는 짧으면서도(?) 최소한의 과학이 들어간 시간에 생명체를 만들 수 있었다

1900년대의 가장 큰 학문 변화로 위의 여러 가지를 들 수 있지만 실제로 저희들이 가장 중요시하는 것은 생물학의 발달입니다. 특히 저희들이 주목하는 부분은 인간이 만들어낸 가장 복잡한 기계보다 더 복잡한 생명체가 어떻게 저절로 만들어졌다고 생각을 하게 되었는지 그 과정을 한번 보고자 합니다.

그림 7-1. 우리가 화성에 가서 설사 박테리아를 발견하였다고 보자. 그럼 이 박테리아는 진화된 것일까? 아니면 창조된 것일까? 위 서론에서의 진화론적인 결과와 시간론적인 결과를 보았을 때 이 박테리아는 지적설계 된 것이라고 볼 수밖에 없다.

우리가 만일 화성에 갔다고 합시다. 그런데 거기서 글이 써진 종이를 보게 된다고 해 보죠. 그럼 그것이 자연의 풍화작용으로 우연히 만들어졌다고 말하는 사람이 있을까요? 제 생각에는 아마도 지구상의 인구 70억 명 중에 그렇게 생각하는 사람은 한 사람도 없을 것이라고 생각합니다. 그런데 어떻게 유독 복잡하고 어마어마하게 이질적인 생명체를 보고 자연의 선택이니 돌연변이니 이러한 말로 간단히 정리하면서, 진화론적으로 자연히 만들어졌다고 생각하게 되었을까요?

거기에는 과학이라는 단순한 원인만 있는 것은 아니었다 이렇게 말씀드리고 싶네요. 즉 그렇게 발달하지 못했던 1800년대의 과학 특히 지금 현대 과학의 눈으로 보면 거의 미개하다 싶을 정도로 보이기까지 한 생물학이라는 학문체계에 일차적인 문제가 있었고요, 그리고 이차적으로는 제국주의의 확산이라는 정치적으로 필요한 이유가 있었습니다.

일단 세포생물학, 전자현미경, 단백질과 DNA. 이렇게 4가지 키워드로 말씀드리겠습니다. 그러니까 서론 부분에서도 말씀드렸지만, 진화론이라는 것은 아직까지 증명이 된 이론은 아니고, 아직도 연구 중인 학문입니다. 1850년대 이전부터도 이미 다윈의 할아버지인 에라스무스 다윈을 비롯한 여러 과학자들이 진화에 대해 이야기한 사람도 많았어요. 다윈이 종의 기원이라는 책을 쓰게 되면서 확실한 헤게모니를 잡게 되었습니다.

마침 당시 1800년대는 제국주의가 가장 활발하게 활개를 펼치던 시대였죠. 1840년대 아편전쟁이 일어나면서 중국이 영국의 식민지로 전락하였고, 그전에 인도라든지 아프리카도 모두 유럽의 열강들에 의해서 식민지화되고 있었습니다.

거기에 1859년에 다윈의 진화론이 정설로 인정받으면서 그 시대에 제국주의를 자행하던 서구인들에게 엄청난 면죄부를 쥐여 주게 됩니다. 사실 그 당시의 대부분 제국주의 국가는 기독교 국가였습니다. 즉 어찌 보면 매우 이율배반적이고 아이러니한 일이었죠. 그 당시의 제국주의 국가들은 정상적인 기독교 사고방식으로는 도저히 불가능한 일을 자행하고 있었거든요. 노예제도를 비롯해서 온갖 다른 나라를 수탈하는 정책을 펼쳤던 겁니다.

어차피 세상이 돌아가는 이치는 경제적인 것이 제일 먼저이지 않습니까? 심지어 기독교의 최고 행위인 선교 행위조차도 정치적으로 이용을 할 정도였으니까요.

이때 진화론이 서구인들에게 쥐여준 면죄부는 바로 약육강식이 진리라는 것입니다. 즉 어차피 이루어지고 있는 약육강식의 상황을 과학적이고, 체계적으로 종합 정리해 준 것이 진화론이거든요. 하나의 정치 이데올로기가 된 것이죠.

여하튼 다윈이 살던 시대 즉 1850년대에는 현미경이라는 것이 다 아시다시피 광학 현미경이었죠. 광학 현미경은 뭡니까? 예전에 중고등학교 다닐 때 생물시간에 다들 광학현미경으로 세포 관찰해 보셨죠? 광학 현미경은 최대 배율이 1,500배율이거든요. 최대 1,500배율까지 나온다고는 하지만, 실제로는 400배 정도가 가장 잘 보이는 분해 능력이죠. 현미경은 1590년대에 얀센과 리퍼리라는 사람에 의해서 최초로 발명되었고 그 후 1600년대에 안톤 레벤후크와 로버트 후크에 의해 개선된 광학현미경이 개발되게 됩니다. 특히 로버트 후크는 현미경을 통해 코르크를 관찰하여 세포를 처음 발견하게 되는데, 그 당시에 세포라는 말은 바로 작은방을 뜻하는 말이었죠. 아주 단순하게 생각을 할 수밖에 없었습니다. 광학현미경 배율로는 보는 데 한계가 있게 마련이니까요. 물론 그 당시에 세포라는 것의 발견은 혁명적인 발견이었죠.

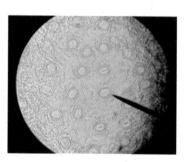

광학현미경   혈구세포

그림 7-2. 다윈의 시대인 1800년대의 세포에 대한 관찰 정도, 즉 광학현미경으로 본 세포. 세포 내의 구조물이 전혀 보이지 않고 세포의 형태만 보인다.

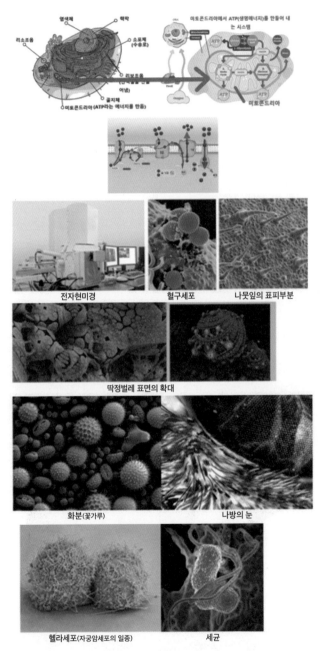

그림 7-3. 1900년대에 관찰된 세포와 세포기관인 미토콘드리아, 미토콘드리아 내부의 모습.
전자현미경으로 본 생물의 세계이다.

사실 진화론적인 사상은 여기에서부터 착안이 된 겁니다. 즉 "생물체라는 것을 들여다보니까 세포라는 것들이 있더라, 그런데 가만히 생각해보니 세포 수가 적으면 더 단순한 동물이 되는 거고, 세포 수가 많으면 더 복잡한 동물이 되는 거다" 이런 식으로 생각을 하게 된 거죠. 이러한 생각이 더 확장되어 가는 게 진화론의 과정이라고 볼 수 있습니다.

다윈은 이걸 가지고 종의 기원이라는 일종의 아이디어(?)를 이용해서 체계적으로 정리한 것일 뿐이죠. 어찌 보면 단순한 생각입니다. 하지만 그 당시의 과학 수준으로 봤을 때 오히려 더 당연한 생각이라고 볼 수도 있습니다.

이를 좀 더 자세히 표현하자면 극히 근대주의적 사고방식이라고 말할 수 있겠습니다. 근대주의라는 것이 뭐라고 했죠? 근대주의는 지극히 기계적이라고 말씀드렸잖아요? 근대주의적인 사고방식은 지금 현대의 기준으로 본다면 참 단순하다고 볼 수 있습니다. 잘 아시다시피 근대주의의 기본 정신이 중세를 벗어나는 거였거든요? 즉 신을 극복하고 인간의 이성으로 우리의 세계를 바라보자고 하는 것이 그때의 시대정신이었습니다. 시대정신은 그 시대 사람들의 집단 무의식의 표현이라고 했죠?

사실 근대주의 하면 제일 떠오르는 사람은 데카르트라고 볼 수 있는데요. 데카르트는 근대주의 사상의 시조라고 대부분의 사람들이 이야기합니다. 데카르트는 기본적으로 모두들 철학자로 알고 계시지요? 하지만 사실 1500~1800년대까지는 지식인들이 모든 것을 다 했습니다. 즉 그 당시에는 지식인과 비지식인들간의 차이만 있었지 지식인 간의 구별은 거의 없었던 셈이죠. 즉 인문학자가 과학도 하고, 수학도 하고, 미술도 하던 시대였죠. 우리나라에서도 정약용 같은 사람들은 인문학자였지만 실학적인 차원에서 과학적인 책들을 많이 쓰지 않았습니까? 즉 이런 면에서 보면 근대시대에는 동양이나 서양이나 큰 차이는 없었던 거 같습니다.

데카르트는 1600년대 그 당시로써는 생명체에 대해서 혁명적인(?) 의견을 제시했어요. 지금 시대에 보면 아주 유치할 정도로 단순한 이야기이지만 그 당시 사람들은 충격적일 정도로 신선한 이야기였습니다.

즉 데카르트가 이렇게 이야기를 했어요. "인간을 해부를 해보니 인간의 심장은 펌프와 같고, 인간의 혈관이라는 것은 우리가 쓰는 호스와 같은 것이더라. 그러므로 우리는 인간의 육체나 생명체에 대해서 전혀 신비롭게 생각할 필요가 없다. 우리는 기계적으로 인간에 대해서 모든 것을 설명할 수 있다."라고요. 어찌 보면 아주 단순한 말이지요?

하지만 그 시대 사람들은 이러한 생각을 한다는 것이 쉽지 않았습니다.

즉 그 시대가 어떤 시대입니까? 비록 중세시대를 빠져나오기는 했지만 아직은 중세주의를 극복은 못 한 시대였죠. 그래서 이러한 이야기들은 일반 대중들뿐만이 아니라 그 당시 지식인들 사이에서도 쉽게 생각할 수 없었던 신선한(?) 생각이었던 겁니다. 그래서 데카르트를 중세를 극복하고 근대시대를 연 근대 중의 창시자라고 이야기하고 있는 겁니다. 참 단순하죠?

1700년대의 뉴턴의 과학을 거쳐 1800년대에 이르러 과학주의가 어느 정도 무르익으면서 근대주의가 많이 완성되어가는 듯했습니다. 하지만 그럼에도 불구하고 생물학은 예외적인 거였어요. 비록 현미경이 있기는 있었지만 그 당시 사람들은 생명은 신비로운 것으로 생각을 했고, 신의 영역으로 생각을 했습니다. 즉 과학적으로 쉽게 해석을 못 했어요.

하지만 진화론이 이것을 딱 해결해 줍니다. 그것도 아주 그 당시에 맞는 전형적인 근대주의적인 사고방식으로요. 근대주의적인 사고방식이 뭡니까? 기계주의라고 했지요?

그 당시의 미개한 과학 수준으로 생물체를 기계적으로 정의를 해 버린 겁니다. 즉 광학현미경으로 보았을 때 세포의 수가 적으면 더 하등한 단세포 동물이고, 세포의 수가 많으면 더 고등한 다세포 동물이다. 딱 이렇게 생각을 한 거죠.

단순히 생각을 하자면 진화라는 것은 단지 세포의 수가 적은 저등 생명체에서 더 많은 세포를 가진 고등 생명체로 발전한다는 지극히 기계주의적인 생각을 하게 된 겁니다. 아주 전형적인 근대주의적인 생각이죠.

즉 진화론은 지금 시대의 시각으로 봐도 일종의 좋은 아이디어였어요. 하지만 아직도 완전히 증명이 된 것은 아닙니다. 그렇지만 진화론에 대한 대안이 아직은 창조론 밖에 없으므로 지금 시대는 진화론이 완전히 헤게모니를 장악한 것처럼 보입니다.

하지만 1900년대에 들어와서는 상황이 많이 변하게 되는데요, 앞에서 보았듯이 양자역학을 통해 물질세계의 애매모호함이 밝혀진다거나, 상대성이론에 의해서 시간과 공간이 변한다는 것이 밝혀지게 되었죠. 즉 아주 이상한 현상들이 밝혀지고 있어요. 특히 최근에 완성된 빅뱅이론 같은 것은 우주와 물질의 시작점에 대해서 이야기하는 등, 근대주의적인 관점으로는 도저히 이해할 수 없는 과학적인 사실들이 밝혀지면서 기존의 사고방식을 바꾸어야 하는 현대주의에 접어들게 됩니다.

특히 생물학은 다른 학문들에 비해서 발달 속도가 현저하게 느려서 아직도 사실 생물학에 대해서는 아는 것이 별로 없을 정도입니다. 인류의 마지막 남은 미개척지가 바로 바이오(BIO) 분야로 이야기하고 있죠? 그 말은 아직도 생명체에 대해서는 아는 것이 적다는 말의 반증이기도 합니다. 사실 생명에 대해서는 아직도 생명에 대한 정의조차도 못 내리고 있는 실정입니다.

1600년대에서 1800년대까지 약 300년 동안의 근대주의적인 사고체계에서 보았듯이 그 시대까지는 생물을 기계 현상의 연장으로 보아서 단순하게 결론을 내려 버렸죠. 하지만 그에 비한다면 1900년대~2000년대에 밝혀진 생물학적인 지식은 실로 경이로울 정도입니다.

특히 1900년대를 전후로는 생물학과 관련 있는 주위 학문인 유기화학이나 생화학, 세포생물학 등등이 크게 발전되게 되는데요. 이는 자동차의 발달로 석유를 많이 쓰게 되면서 석유 관련 학문, 즉 유기화학이나 생화학 등이 크게 발전되게 되었기 때문입니다. 그리고 산업 관련 화학이 극도로 발전하는 과정에서 생물 관련 화학이 엄청난 속도로 발전하게 돼요. 그러면서 간접적으로 세포 생물학이 많이 발전되게 된 겁니다.

그리고 특히 1930년대에 발명된 전자현미경은 세포의 세계나 생물학의 세계, 미생물학의 세계에 이르기까지 우리의 생물학적인 지식의 폭을 1800년대와는 비교도 안 될 정도로 넓혀 주었습니다. 이는 진화론 발표 후 불과 몇십 년 후에 진행된 일이었죠. 즉 불과 몇십 년 전만해도 상상할 수 없는 일들이 1900년경을 전후해서 벌어지게 됩니다.

전자현미경이야말로 1900년대의 최대의 작품이라고 생각합니다. 불과 70년 전에 진화론을 발표했었던 다윈이 이 사진을 보았다면 그와 같은 천재

분은 절대로 진화론이라는 책을 내지 않았을 것이라고 생각합니다.

위 사진을 보시면 그전에는 현미경이 발달을 하지 못해서 아주 간단하게 생각했었던 생명체들이 전자현미경을 통해서는 어마어마하게 복잡하고, 대칭성을 가지고 있으며, 심지어 벼룩처럼 미물이라고 불리는 생명체마저도 아름답게 보일 정도로 예술적인 대칭성을 보여주고 있습니다.

또한 그 후 1953년도에 밝혀진 DNA는 1990년대에 이르러 분자생물학이라는 분야를 획기적으로 발전시키게 되는 계기가 됩니다. 그런데 이상한 현상이 벌어지게 돼요. 최근에 발전된 분자 생물학은 진화론을 증명해 주는 것보다는 오히려 진화론에 반하고, 진화론에 의문을 품게 하는 연구 결과들을 자꾸 내고 있는 실정입니다. 즉 마치 1900년대에 들어오면서 물리학이 우주에 존재하는 물질과 시간, 공간의 개념을 바꾸어 놓았듯이, 분자 생물학은 그 생물이라는 것이 얼마나 복잡하고 난해한 것인지를 증명(?)해 주고 있어요. 그 학문적인 난해함 때문에 그런지 몰라도 속도는 좀 느리지만 엄청나게 엄밀하고 복잡한 생명체의 세계를 보여주고 있는 실정입니다.

나중에 좀 더 설명드리겠지만 진화론은 최근에 들어서는 화석학을 빼놓고는 점점 더 자신의 영역을 잃어가고 있는 것처럼 보입니다. 즉 화석 같은 현상학적인 설명만 할 뿐 생명체의 기초적인 부분에 가면 전혀 자신들의 이론을 증명을 못 해내고 있어요. 사실은 점점 더 미궁으로 빠지게 되면서 이제는 아예 내놓고 초기 진화 단계는 자신들이 밝힐 수 있는 영역이 아니라고 사실을 공공연히 주장하고 있을 정도입니다. 이 말이 무슨 말이냐고요? 이제부터 그 이야기를 시작해 보려고 하는 겁니다. 사실 대부분의 현대인들이 모르는 이야기입니다.

그만큼 초기 진화 즉 분자 생물학적인 단계에 이르게 되면 상대성이론이나 양자역학의 세계처럼 진화론도 점점 미궁에 빠져 버리게 돼요. 단적으로 이야기한다면 그들은 초기 생물 진화 단계의 구성에 대해서는 전혀 답을 내놓지 못하고 있습니다. 즉 단백질의 생성과정과 DNA나 RNA에 관한 내용이 실제적으로는 제일 중요한 내용임에도 불구하고, 이 내용으로 들어가면 자기들도 모르겠다는 식으로 나오는 사람들이 많습니다. 왜냐하면 진화론의 치명적인 약점들이 다 드러나게 되거든요.

앞에서도 누누이 말씀드렸지만 이것은 아주 중요한 이야기이기 때문에 다시 이야기를 해보겠습니다. 좀 지루하더라도 다시 한번 들어 주시기 바랍니다.

몇 가지만 예를 간단히 들자면 가장 간단한 박테리아가 만들어지는 데만 해도 단백질이 한 1,000개 정도가 최소한으로 필요하다고 했죠? 즉 단백질은 마치 벽돌 같은 것처럼 생명이라는 건축물의 가장 기본적인 부속품입니다.

다들 아시겠지만 단백질은 기본적으로 아미노산이 모여서 만들어집니다. 탄수화물은 포도당이 결합해서 만들어지는 것이고요. 그리고 지방은 지방산이 모여서 만들어진 것이지요. 생물체의 3대 영양소가 포도당, 지방산, 아미노산임은 다들 알고 계신 내용이죠?

○ 탄수화물 → 포도당 → 에너지원+나머지는 글리코겐으로 저장

○ 지방 → 지방산 → 에너지원+나머지는 지방으로 저장

○ 단백질 → 아미노산 → 에너지원+우리 몸의 세포 구성을 함

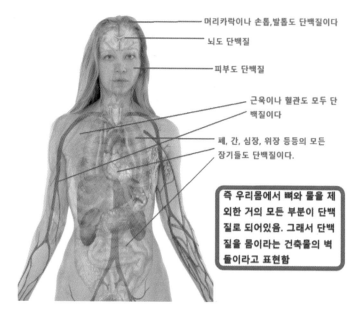

머리카락이나 손톱, 발톱도 단백질이다

뇌도 단백질

피부도 단백질

근육이나 혈관도 모두 단
백질이다

폐, 간, 심장, 위장 등등의 모든
장기들도 단백질이다.

즉 우리몸에서 뼈와 물을 제
외한 거의 모든 부분이 단백
질로 되어있음. 그래서 단백
질을 몸이라는 건축물의 벽
돌이라고 표현함

그림 7-4. 우리 몸의 대부문의 구성물질은 단백질로 되어 있다.

그런데 생명체에서 제일 중요한 외부 골격을 만들어 내는 것은 단백
질입니다. 포도당과 지방산은 대부분 땔감의 역할을 합니다. 즉 에너
지원의 역할을 하는 것이죠. 그에 비해 아미노산과 단백질은 여러 용
도로 쓰이지요. 대부분의 생명체의 몸을 이루는 것은 바로 아미노산
과 단백질입니다. 그래서 단백질을 집 짓는 벽돌에 비유해서 생체 벽
돌이라고 합니다.

생명체가 형성이 되게 되기 위해서는 제일 먼저 단백질이 먼저 만들
어져야 합니다. 벽돌이 있어야 생명체라는 집을 지을 거 아닙니까? 이
는 마치 레고로 작품을 만드는 것과도 흡사합니다.

그림 7-5. 레고를 겹겹이 쌓아서 쌓아서 하나의 작품을 만들 듯이, 이 하나하나의 레고 같은 단백질이 모여서 우리 몸의 전체 구성을 이루고 있다.

즉 이 레고 하나하나를 단백질 하나하나로 보시면 되겠습니다. 그런데 문제는 이 단백질을 이루는 것이 20개의 아미노산이라는 데 있습니다. 즉 20개의 아미노산 중에 골라서 정확한 배열을 해야 단백질 하나가 만들어진다는 것이죠.

문제는 여기서부터 벌어진다고 했습니다. 단백질을 만드는 아미노산의 배열이 너무 복잡하거든요. 즉 단백질은 적으면 아미노산이 최소 50개에서 많으면 500개, 심지어는 몇천 개 정도에 이를 정도로 많이 결합해야 비로소 하나의 단백질이 만들어지게 됩니다. 그런데 이를 확률적으로 계산해 볼게요. 20개의 아미노산 중에서 50개로 된 단백질을 만든다고 해봅시다. 그러면 어떻게 되지요? 20개에서 50개를 고르는 작업이므로 이것의 경우의 수는 20^{50}승 개가 됩니다. 실로 어마어마한 숫자이지요?

그러므로 아미노산 20개 중에서 정확한 배열을 해서 단백질을 만들어 내는 경우의 수는 기본적으로 20의 50승(20^{50})부터 20의 500승

(20^{500})이 돼요. 이게 무슨 말이냐면 제일 간단한 아미노산 50개짜리 단백질을 만드는 데는 십진수 단위로 환산을 하면 경우의 수가 10의 65승 개(10^{65} 경우의 수)라는 거예요. 무슨 말씀인지 잘 이해가 안 가실 겁니다. 즉 아미노산 20개 중에 하나하나를 골라서 50개를 만드는 확률을 통과해야 단백질 하나를 정확히 만들어낸다는 것입니다.

그림 7-6. 아미노산 50개로 이루어진 단백질은 그 경우의 수가 20의 50승 개(20^{50})의 경우의 수를 가지고 있으므로 이를 10진수로 환산하면 10의 65승 개(10^{65})라는 막대한 경우의 수를 가지게 된다. 이는 마치 비밀번호가 65개인 가방(10^{65})의 비밀번호를 푸는 것과 같다.

이를 좀 더 쉽게 이야기한다면 20의 50승(20^{50})을 십진수로 환산하면 10의 65승(10^{65})이 되거든요? 이를 쉽게 이야기하면 여러분 번호 자물쇠통 아시죠? 보통 007 가방문을 열 때 3자리나 4자리로 열잖아요? 그거 누가 안 가르쳐 주면 열기가 쉽나요? 절대 알기가 힘들죠. 그런데 이 경우는 자릿수가 65자리라는 거예요. 즉 007 가방문을 열어야 하는데 65자리 수의 비밀번호를 가르쳐 주지 않고 그냥 한번 열어 보라는 이야기와 같은 겁니다. 열 수 있습니까? 여러분?

만약에 이번에는 아미노산 500개짜리로 된 단백질을 한번 봅시다.

아미노산 500개짜리 단백질은 20의 500승(20^{500})이므로 이를 십진수로 환산을 하면 그 경우의 수가 약 10의 650승 개(10^{650})가 돼요. 이는 자물쇠 번호가 650개인 007 가방과도 같습니다. 650개짜리 비밀번호를 가르쳐 주지 않는데 알아낼 방법이 있을까요? 만일 누가 알려주더라도 그거 누르다가 다 까먹겠네요.

이게 무슨 말이냐면요 기본적으로 세상에서 제일 간단한 박테리아 한 마리가 생성이 되려고 하면 1,000개 정도의 단백질이 필요합니다. 그런데 이 단백질 하나하나가 아미노산이라고 하는 비밀번호를 수백 개짜리를 가진 007가방과도 같다는 것이죠. 그런데 가방의 개수가 기본적으로 최소한 1,000개 정도가 모여야지만 가능하다는 거예요.

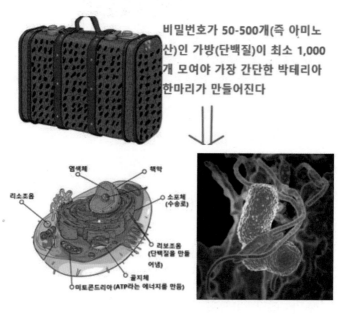

비밀번호가 50-500개(즉 아미노산)인 가방(단백질)이 최소 1,000개 모여야 가장 간단한 박테리아 한마리가 만들어진다

그림 7-7. 박테리아 한 마리가 만들어지기 위해서는 아미노산이라는 비밀번호가 몇백 개인 단백질이 최소 1,000개 이상이 되어야 한다. 벌써부터 진화의 시간의 부족해지기 시작한다.

여러분이 다 알고 계시는 로또 복권은 번호 6개의 일련번호를 맞추는 거지요? 이를 확률로 환산해 보면 비밀번호가 7개짜리 가방을 여는 것과 같습니다. 이거 맞히기 쉽지 않죠. 정확하게 이야기한다면 814만 분의 1의 확률인데, 좀 양보해서 약 천만 분의 1의 확률로 계산한다면, 이것은 10의 7승 정도가 되는 경우의 수이지요. 이는 비밀번호 7개짜리 007 가방을 여는 것이랑 비슷하다고 보시면 됩니다.

그런데 이 정도만 돼도 참 쉽지 않은 확률이죠? 비밀번호 7개짜리를 누가 가르쳐 주지 않는 이상 열기는 힘들겠지요. 만약에 이 확률이 쉬운 거라면 누구나 다 로또 복권 1등에 당첨이 될 수가 있겠지요?

위의 서론 부분에서 이미 말씀드린 바 있지만 중요한 이야기이므로 다시 한번 상기해 보겠습니다. 비밀번호 4개짜리 집 열쇠는 기본 조합의 수가 10,000개라고 했지요? 이를 조합마다 4초 만에 누른다고 할 때 경우의 수는 10,000번이므로 이를 시간으로 계산을 해보면 10,000번을 맞춰 보기 위해서는 약 11시간이 걸린다고 했죠?

그런데 이게 비밀번호 20개짜리로 가면 어떻게 될까요? 실로 어마어마한 시간이 필요하게 됩니다. 즉 비밀번호가 더 많기 때문이죠. 편의상 비밀번호 20개를 4초 만에 누른다고 계산해도 약 12조 년이 필요하다고 했습니다. 그렇다면 아미노산 300개짜리인 단백질(20^{300} 즉 10^{390})의 비밀번호 390개짜리는 대체 얼마나 많은 시간이 필요할까요? 그것도 지성이 있는 인간이 하는 일인데도 이렇게 시간이 많이 걸리는데, 지성이 없는 자연의 선택에 의해서 어떻게 이렇게 빨리 단백질을 만들어 낸 것일까요?

사실 아미노산 50개짜리 단백질은 우리 몸속에 아주 드문 단백질입니다. 사실은 100개에서 300개짜리가 제일 많습니다. 500개 이상 되는 것도 많고요.

　자 아무튼 일단 다시 계산에 들어가 보겠습니다. 65개짜리 비밀번호를 도둑이 대를 이어서 아직도 풀고 있다고 생각을 해보죠. 20개짜리는 12조 년이 걸리는데 30개짜리는 얼마나 시간이 걸릴까요? 약 1268해 년(12,680,000,000,000,000,000,000년)이 걸립니다. 도둑이 30개짜리 비밀번호를 푸는데 4초를 준다고 봤을 때입니다. 한번 끝까지 가 봅시다. 이번에는 40개짜리에 도전해 보겠습니다. 이번에도 4초 걸린다고 가정을 해보죠. 1.26백 억해 년이 걸리네요. 이는 상상도 못 할 시간입니다. 거의 무한대의 시간이 걸리는 겁니다. 자 내친김에 50개짜리 비밀번호를 가진 자물쇠로 가봅시다. 12조해 년이 걸립니다. 자 60개짜리 갑니다. 126경해 년(126,000,000,000,000,000,000,000,000,000,000,000,000년)이 걸리겠네요.

　비밀번호가 65개짜리 가방은 약 1.26해×해년(12,600,000,000,000,000,000,000,000,000,000,000,000,000)이 걸린다고 했습니다. 자 지성이 있는 인간이 아미노산을 조합해서 단백질을 만드는 시간이 이렇게 많이 걸리는 것을 자연은 어떻게 그렇게 쉽게 해내었을까요?

그림 7-8. 우리가 그렇게 힘들어하는 로또 복권 1등 당첨되는 것은 비밀번호 7개짜리 가방 여는 수준의 작은(?) 경우의 수이다. 하지만 최소한의 생명체인 세포 박테리아가 탄생되기 위해서는 것은 이러한 일곱 자리 비밀번호를 가진 007 가방보다 훨씬 더 많은

경우의 수가 필요하다. 즉 최소 65개에서 평균 650개짜리 비밀번호를 가진 007 가방을, 그것도 천 개나 열어야 결국 작은 세포 하나를 만드는 데 그친다. 이것도 우리가 상상할 수 있는 시간보다 훨씬 더 많은 무한대의 시간이 걸린다. 그래서 진화론적인 주장만으로는 시간이 너무 부족하다는 것이다.

그리고 여기에 대해서는 진화론자 자신들도 답을 내놓지 못하고 있습니다. 저는 앞으로도 영원히 못 내놓을 것이라고 생각합니다. 왜냐하면 불가능한 숫자의 영역이기 때문이지요.

그런데 진화론자라는 자격증이 있다면 그게 가장 기본 요건이에요. 즉 누가 자기가 진화론자라고 이야기를 할 수 있으려면 이 수수께끼 먼저 풀고 시작해야 합니다.

자 그다음 두 번째 수수께끼를 내 볼게요. 진화론에 의하자면 지구에는 35억 년 전부터 길게는 38억 년 전에 박테리아가 처음 나타났다고 합니다. 그런데 최근에 연구에 의하자면 물이 지구상에 처음 출현한 것도 거의 38억 년 전이라고 합니다. 이건 과학적으로 다 밝혀진 사실이고요. 그럼 제일 처음의 박테리아가 위에서 본 약 1,000여 개의 단백질을 만들어낼 시간은 대체 어디서 났을까요? 물과 생명이 거의 동시에 출현했다면 생명체가 진화할 시간은 거의 없는 거나 마찬가지입니다. 즉 물과 처음 생물이 거의 같은 시기에 출현을 한 거지요. 최대 3억 년의 차이가 나긴 하지만 위의 경우의 수를 본다면, 3억 년이라는 시간은 거의 의미가 없는 시간입니다. 그렇다면 처음 생명체가 만들어진 시간은 거의 걸리지 않은 셈이 돼요.

자 다시 한번 더듬어서 생각해 봅시다. 박테리아가 아무리 간단한 형체로 만들어진다고 해도 좀 양보해서 수백 개의 단백질이 필요하다고 생각해 봅시다. 그렇다면 물 밖에서 생성되었을 순 없었겠지요? 이에 대한 진화론자들의 답은 초기 박테리아와 단백질, 아미노산은 물처럼 혜성을 통해서 외계에서 왔을 가능성도 배제할 수 없다는 말로 얼버무립니다. 현재는 이러한 여러 가지 난제에 대한 답이 나오지 않은 상태입니다.

위의 확률에 대한 간단한 설명을 드리자면 생명체에서 가장 많은 단백질인 300개짜리 아미노산이라는 비밀번호를 가진 007 가방을 생각해 봅시다. 즉 이런 것들이 최소한 1,000개 이상 필요하다고 했죠. 이는 10의 390승 분의 1로 환산(10^{390})이 되는데 이는 로또 복권 1등 당첨이 계속해서 약 56주 연속 당첨될 확률과 같습니다. 여러분 생각해 보세요. 복권 당첨되신 적 있나요? 그것도 1등이요? 그런데 그러한 행운이 56주 동안 연속 계속된다면 그것은 우연일까요? 필연일까요? 물론 확률적으로는 가능은 합니다. 하지만 그런 일이 일어나는 법은 거의 없죠. 더군다나 10의 390승 분의 1이라는 확률로 우리는 가장 간단한 박테리아라는 집을 만드는데 필요한 1000여 장의 벽돌 중에 가장 작은 벽돌 한 장을 만들어낸 것에 불과합니다.

그런데 이번에는 500개짜리 비밀번호를 가진 벽돌이 필요합니다. 사실 자연계에서 발견되는 가장 많은 단백질은 보통 300개에서 500개짜리 비밀번호를 가진 007 가방입니다. 50개짜리나 150개짜리는 아주 드문 단백질이지요.

여하튼 다음 단계인 500개짜리 비밀번호를 가진 007가방을 열 차례입니다. 당연히 앞의 확률보다 확률이 훨씬 더 높습니다. 자그마치 10의 650승 분의 1입니다. 이는 더 상상하기가 힘이 듭니다. 사실 이 정도 확률은 우주에 존재하지 않는 확률이기 때문입니다. 우주에 있는 모든 입자 즉 수소 이상의 모든 입자의 수가 10의 80승 개 정도이거든요. 이러한 면에서 본다면 사실 10의 390승 분의 1의 확률도 또한 의미가 없는 확률입니다. 즉 우리 우주에서는 일어나지 않은 확률이란 말이죠.

확률적으로 의미가 없다는 것은 한마디로 하자면 우연이 아니라 필연이라는 겁니다. 즉 가방의 비밀번호가 650개가 있는 것을 열려면 누가 알려주지 않으면 불가능하다는 말입니다. 우연히 알 가능성이 거의 0이라는 것이죠. 4개짜리 비밀번호도 누가 알려주지 않으면 알기가 힘들잖아요? 10,000번을 손으로 직접 맞추어 보아야 하거든요.

자 이제 이번에는 1,000개짜리 아미노산을 가진 단백질입니다. 이는 비밀번호가 1,300개짜리 007 가방입니다. 이뿐만이 아닙니다. 실제로는 수천 개짜리 아미노산을 가진 단백질도 있거든요? 이 확률은 사실 더더욱 의미가 없는 확률이죠.

그런데 더 문제는 이러한 확률이 연속적으로 계속 일어나야 박테리아라는 거대한 집(?)을 지을 수 있다는 것입니다. 즉 이 말은 유기적으로 맞아떨어져야 한다는 거예요. 즉 톱니바퀴처럼 물려 있어야 한다는 것이죠. 즉 이는 마치 1,000명의 가족이 있는데 이 중에 가족이 아닌 사람이 있으면 가족이라고 부를 수 없는 것처럼, 그 시스템이 아주 정밀한 유기체로서 존재해야만 된다는 거예요.

즉 이러한 우연이 한 번만 일어나야 되는 것이 아닙니다. 최소 1,000번의 우연이 '동시에' 일어나야 가능합니다. 생각해 보세요. 우주 역사상 한 번도 일어나기 힘든 일이 최소한 수백 번 이상 동시에 일어나야 박테리아 한 마리가 만들어진다는 것입니다. 왜냐하면 생물체라는 것은 생명의 재료들이 '동시에' 존재해야 하기 때문입니다.

즉 우리가 일반적으로 짓는 건축물은 짓다가 자재가 떨어지면 쉬다가, 자재가 구해지면 다시 지어도 되죠. 우리가 짓는 일반적인 건축물은 '죽어 있는 존재'라서 그게 가능합니다.

하지만 생명이란 건축물은 그렇지가 않아요. 모든 자재가 '한꺼번에 준비'가 되어 있어야 하고, 생명이라는 '건축물을 순식간'에 존재하게 해야 해요. 안 그러면 생명체가 죽었다가 살았다가 하는 모순이 발생하게 되거든요. 여러분도 아시다시피 죽은 박테리아 한 마리라도 다시 살릴 수 있는 방법은 우리의 우주에는 존재하지 않기 때문입니다. 그래서 이것을 '유기적이다.'라고 표현을 하는 거예요.

하지만 문제는 여기서 끝이 아닙니다. 단백질이 만들어지려면 아미노산이 50~500개 정도가 제 순서대로 늘어서야 한다고 말씀드렸죠? 이것이 007 가방의 비밀번호가 되고요. 그런데 자연에는 이 비밀번호를 만들어 내는 비밀번호 생성기가 따로 또 존재를 합니다. 바로 DNA라는 것인데요. 여러분들도 모두 들어 보셨을 겁니다. 이 DNA라는 유전자가 바로 아미노산이라는 비밀번호 생성기예요.

아미노산 300개짜리 단백질을 만든다고 합시다. 그러면 이 300개짜리 아미노산이라는 비밀번호를 생성하는 생성기가 바로 DNA와 RNA라는 거예요. 그런데 이 DNA와 RNA에는 비밀코드가 각각 네 개씩 있어요. DNA에는 C, T, A, G라는 염기가 비밀번호 생성기이고, RNA에는 C, U, A, G가 비밀번호 생성기입니다. 그런데 이 비밀번호 생성기들은 4개 중에 3개를 골라서 비밀번호를 만들어 내요. 이것이 바로 아미노산이 됩니다. 단백질의 비밀번호가 바로 아미노산이라고 했지요? 그러니까 아미노산이라는 비밀번호를 만들어내는 비밀번호 생성기가 DNA와 RNA의 염기 배열입니다. 즉 CCT, AGG, TTA… 이런 식으로 비밀번호 생성기를 만들어 내면 이 비밀번호 생성기에 맞추어져 아미노산이 하나씩 만들어지게 된다는 거죠. 이 CCT, AGG, TTA 등을 코돈이라고 부릅니다. 이 코돈에는 기본 염기가 3개가 모이게 되고 이 코돈 하나하나가 각각의 아미노산을 만들어 낸다고 보시면 돼요.

그렇다면 300개짜리 아미노산을 만들려면 DNA와 RNA 비밀번호 생성기는 900개의 정확한 염기의 배열이 필요하겠죠? 즉 이 300개짜리 비밀번호 생성기(CTT/CAC/TAG…)를 만들려면 코돈 300개가 나열이 되어야 하겠죠? 그리고 코돈 하나에는 각각 3개씩의 염기가 필요하므로 결과적으로는 염기의 배열이 900개가 필요하다는 겁니다. 그리고 각각의 염기의 배열은 염기 4개 중에 1개를 취해야 하므로, 이것의 경우의 수는 4의 900승이(4^{900}) 되는 거예요. 즉 4의 900승(4^{900}) 개의 비밀번호 생성기가 먼저 정확히 생성이 되어야 300개의 아미노산이 만들어지게 된다는 것입니다.

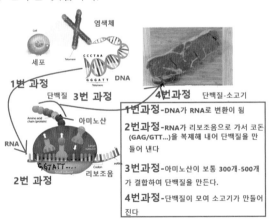

그림 7-9. 소고기라는 고기 단백질이 만들어지기 위해서는 그전에 아미노산이 리보조옴에서 만들어져야 하고 그전에는 세포의 핵에서 DNA가 활성화되어야 한다. 아미노산 300개짜리 단백질 하나를 만들기 위해서는 그전에 DNA의 코돈 900개의 배열이 정확히 이루어져야 한다. 그 확률이 바로 4의 900승(4^{900}개)이라는 것이다.

즉 아미노산 300개짜리 단백질 하나를 만들어 내기 위해서는 먼저 4^{900}승 분의 1, 즉 DNA 염기서열의 정확한 배열과 이로 인해 만들어지는 아미노산의 배열인 10^{390}개의 경우의 수 두 가지를 다 정확히 맞추어 내야 한다는 것입니다. 이러한 어마어마하게 정교한 작업을 자연이 스스로 만들어냈다는 것을 과연 믿을 수 있을까요? 이러한 기막힌 우연의 일치를 믿는다는 것은 과학 이전에 상식에 어긋나는 것이거든요.

서론에서 말씀드렸다시피 50개짜리 아미노산 단백질 하나 만드는 데의 시간 즉 10^{65}의 경우의 수의 확률에서도 무한대의 시간이 필요했는데 평균적인 수준의 단백질, 즉 300개짜리 아미노산 단백질을 만드는 경우의 수를 시간적으로 환산을 해보면 더 심한 무한대의 시간이 필요한 상태입니다.

이러한 이유로 지적설계론이 나오게 됩니다. 1990년대 이후로 부쩍 지적설계론이 각광을 받는 이유가 바로 이것입니다. 심지어 이 이야기는 비기독교인들 사이에서 나오는 이야기입니다.

외계인설도 그때부터 많이 나오고 더 구체화되고 있습니다. 외계인설은 새로운 형태의 창조론이라고 보시면 됩니다. 즉 아무리 연구를 해봐도 진화론은 틀린 것 같고 그렇다고 신을 인정하기는 더더욱 어려운 상황에서 외계인이라는 새로운 신을 설정하는 것입니다.

즉 이것은 진화론이라는 것이 너무 허술하고 부적절한 것에 대해서 비기독교인들이 진화론을 다른 무언가로 대체하려는 움직임이라고 보시면 돼요.

이 부분까지는 앞에서 다 말씀드린 거니까 앞 서론 부분을 잘 참조해 주시기 바랍니다. 이러한 사실은 모두 1990년대 이후에 발달한 분자생물학에 의해서 밝혀진 사실입니다. 즉 얼마 안 된 겁니다. 최근에 밝혀진 사실이에요. 지금 더 많은 자료들이 나오고 있는데 그렇게 되면 진화론자 들은 점점 더 실의에 빠지게 되겠죠.

진화론뿐만이 아닙니다. 이러한 현상은 과학계 전반에 일어나고 있는 현상입니다. 물리학에서부터 천문학에 이르기까지 엄청난 발견들이 이루어지고 있으며, 과학자들을 속칭 요즘 말로 정신혼란의 상태에 빠트리고 있는 실정입니다.

요즘 진화론자들이 고비사막에서, 아프리카에서, 또한 기타 오지 지역에서 화석을 캐고 있는 모습을 보면 안쓰러울 때가 있습니다. 안에서는 이러한 혁명이 일어나고 있는데, 그분들은 밖에서 무엇을 저리 찾고 다니시는 건지 말입니다. 물론 화석연구도 인류사 연구에 중요한 부분이므로 그것을 가지고 제가 뭐라고 하는 건 아닙니다. 다만 반신론적인 시각을 가지고 단순히 신의 존재를 부정하기 위해서 돌아다니는 분들도 꽤 많기 때문입니다.

증명도 하지 못했고 증명을 할 수도 없고, 실험을 할 수도 없는 이론이 바로 진화론입니다. 1990년대 이후로 제기되는 진화론에 대한 이러한 문제점들에 대해서 진화론은 이에 대한 답을 하나도 못 내놓고 있는 실정입니다. 진화론자들은 현재 화석의 증거 가지고만 외치거나, 외계 기원설로 빠지거나 하고 있습니다. 또한 진화론자들의 특징인 "어쨌든 생명체가 만들어진 것은 사실이지 않은가? 그래서 뭐 어쩌라고? 뭐 신이 만들기라도 했다는 것이니?"라는 버티기로 일관하고 있습니다.

또한 진화론자들은 "우리에게 그러한 것까지 밝혀야 하는 의무가 있는 것은 아니다. 진화론자들이 모든 것을 밝혀야 할 의무가 있는 것은 아니지 않은가? 우리는 이미 만들어진 세상에 대해서 과학적인 논증을 해가는 것일 뿐이다. 이런 걸 가지고 마치 신이 있네 없네 하는 말을 하지 말라. 어쨌든 생명체가 존재하는 것은 사실이지 않은가?"라는 말을 하면서 열심히 화석을 찾아다니고 있습니다.

즉 지금 2000년대의 진화론자들의 가장 큰 사명은 되도록이면 많은 화석을 발굴해서 진화의 고리를 맞추어 나가는 것이라고 생각하는 것 같습니다. 즉 기초과학에서 자신들의 영역이 점점 무너지고 있기 때문입니다.

마치 물리학이 발달할수록 현대 물리학자들이 더욱더 미궁에 빠지게 되는 것이 현실입니다. 요새 학문의 세계가 그렇습니다. **점점 더 깊이 들어갈수록 더 모르는 게 많아지고 더 혼돈스러운 현상이 일어나게 돼요. 이것이 바로 현대주의의 특징이라고 했지요? 근대주의와는 전혀 다른 현상입니다.**

지금까지도 이야기를 많이 해왔고 앞으로도 많은 시간에 걸쳐서 이 이야기를 하려고 하는 것입니다. 바로 현대주의에 대한 이야기입니다. 과학에 대한 이야기도 있고, 철학에 관한 이야기도 있습니다. 하지만 가장 중요한 포인트는 근대주의를 극복하자는 것입니다.

근대주의는 우리가 극복해야 할 가장 무서운 적입니다. 왜냐하면 인류 역사상 그렇게 포악한 사상은 없었기 때문입니다. 그 당시 사람들은 그렇게 생각을 못 했으나 결과물이 결국은 1, 2차 세계 대전이라는 참혹한 참상으로 끝을 맺게 되었지요? 즉 자기반성이 없이 발전한 과학 중심주의, 과학 만능주의의 사상이 얼마나 무서운 결과를 초래하게 되는지를 철저하게 보여주었습니다.

진화론은 다윈(AD 1809~1882)과 월리스(AD 1823~1913) 이 두 사람이

창시를 했죠. 두 사람의 주장을 보면 거의 일맥상통합니다. 다윈의 진화론은 1859년에 발표돼서 전 세계적으로 엄청난 변화를 이끌어낸 이론이지요. 지금 봐도 정말 자세하게 묘사가 되어 있습니다. 다윈이라는 사람이 굉장히 소심하기는 했지만 반면 굉장히 치밀한 사람이었다고 해요. 즉 요즘 식으로 이야기하자면 트리플 A형의 혈액형을 가졌다고 할까요?

진화론도 사실 1832년부터 비글호를 타는 6년 동안 완성을 했을 것으로 보이는데, 발표는 1859년에 하거든요? 이유는 자기가 그러한 사실을 이야기하면 사람들에게 테러를 당할 것이라고 생각했기 때문이라고 합니다. 그만큼 겁이 많고 소심했다는 이야기죠. 물론 그 당시 영국이 기독교 국가였기 때문에 대부분의 사람들이 기독교를 믿는 상황이었기 때문이기도 했거든요.

다윈 시대 이전에 1700년대 초반에 린네(AD 1707~1778)라는 아주 걸출한 생물학자가 나와서 생물 분류를 해냅니다. 그리고 방대한 양의 생물 분류표를 완성을 시키게 되죠. 근데 다윈은 이 분류표를 이용해서 진화론에 쓰게 됩니다.. 하지만 린네는 진화론자가 아니었고 기독교적인 사고를 가진 사람이었어요.

지금도 진화론자하고 창조론자들은 싸움 중입니다. 현대에 들어오면서 물질, 시간과 공간, 우주, 우주관이 굉장히 변하면서 세포에 관한 생각도 변하게 됩니다. 왜냐하면 현대와 근대의 차이가 뭐라고 했어요? 현대에는 근대보다 더 근본적인 것을 공부를 더 많이 해요. 그 전에는 당연시됐던 것 즉 시간과 공간, 물질, 우주 등등 이러한 것들을 바닥부터 연구를 하고 있죠. 아니 어떻게 보면 지속적인 연구를 하다 보니 그러한 바닥에까지 이르게 되었다고 표현하는 것이 맞겠네요. 근대에는 이러한 것들을 기본 조건으로만 봤어요. 그 위에 학문을 쌓아 왔거든요. 근데 현대에 오면서 어떻게 됩니까? 그 기본 조건들이 다 무너지잖아요. 즉 시간과 공간의 상대성, 영원하다고 생각했던 물질들의 이상한 현상 등등 기본 조건들의 생각이 다 깨집니다.

근대적인 사고방식에서는 당연히 시간과 공간이 있는 것이고, 물질도 당연히 있는 거죠. 그리고 우주는 끝도 없고 시작도 없다고 생각을 했어요. 즉 물질세계는 영원하다고 생각 한 것이죠. 하지만 이러한 모든 과학적인 상황의 변화와 함께 인문학적 사고에 이르기까지의 기본 전제 조건들이 다 무너지게 되었습니다.

그중에서도 1900년대 이후에 가장 발전한 혁명적인 학문 중에 하나가 세포생물학입니다. 1800년대 후반에 석유산업이나 화학 산업이 발달하게 되면서 일반화학, 유기화학, 생화학 등이 급속하게 발전이 됩니다. 그전에는 세포의 모양만 가지고 이야기하던 시대였다면 1900년대에 들어오면서는 이러한 발달한 화학을 바탕으로 세포생물학이 해부학적 발달에서 기능적인 것까지 알아내는 쪽으로 발달을 하게 됩니다. 특히 1930년대에 발명된 전자 현미경은 경이로운 세포의 모습을 보여주고 있죠. 즉 간단하게 생각했던 세포가 간단하지 않고 엄청나게 복잡하다는 것을 알게 됩니다. 그리고 그 복잡성에 혀를 내두르게 되죠.

지금은 이렇게 이야기합니다. 세포 하나하나가 이 세상에 있는 어떠한 화학공장보다 더 복잡한 시스템과 구조를 가지고 있다고요. 즉 아주 간단하다고 생각했던 세포가 사실은 거대한 화학 공장이었던 거죠.

즉 광학현미경으로만 봤을 때는 아주 간단하다고만 생각했던 세포가 전자현미경이나 여러 가지 발전된 화학의 눈으로 보니까 엄청나게 복잡한 거대한 화학공장으로 밝혀진 겁니다. 그전에 보지 못했던 엄청나게 세밀한 여러 세포 기관이 있다든지, 분자 생물학적으로 보면 핵 안에 DNA 같은 미세한 유전자가 있고, 또 그 DNA가 RAN으로 전사돼서 리보조옴이라는 세포 기관에서 단백질을 만들어 내고, 또한 골지체 같은 수송체가 있어서 이러한 것들을 나르는 등등, 그 작은 세포 하나 안에서 일어나는 화학 반응들이 엄청나게 복잡한 것으로 밝혀지게 돼요.

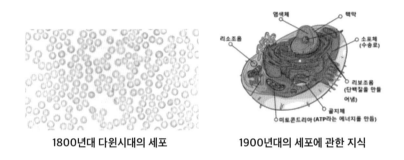

1800년대 다윈시대의 세포   1900년대의 세포에 관한 지식

그림 7-10. 1800년대의 다윈 시대의 밝혀진 세포의 복잡도와 1900년대에 밝혀진 세포의 복잡도.

또한 하나의 세포 안에는 미토콘드리아라는 것이 한 2,000개 정도가 있는데요. 그 안에 크렙스 회로라는 게 있어서 1초당 수십만 개의 화학반응이 일어납니다.

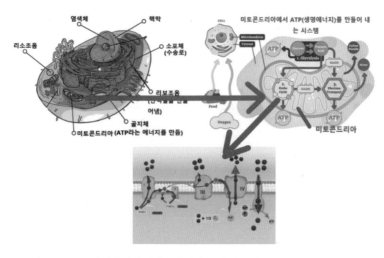

그림 7-11. 1900년대에 밝혀진 세포의 안에 들어 있는 미토콘드리아의 분자적 구조.

위 그림에서 보듯이 19세기의 다윈 시대의 세포에 대한 개념과 20세기의 세포의 개념에는 너무 큰 차이가 있습니다.

이러한 세포가 우리 몸에는 60조 개에서 100조 개까지 세포가 있습니다. 즉 근대생물학에서 생각했던 것보다 너무나 복잡한 구조로 밝혀진 겁니다. 시간과 공간, 물질의 개념이 근대과학과 현대과학에서 굉장히 다르게 밝혀지듯이, 세포생물학도 엄청난 차이점들이 밝혀지게 됩니다. 그것도 불과 몇십 년 차이로 밝혀진 것입니다. 생물학자 중에 이런 말까지 한 사람이 있다고 해요. "진화 과정 전체를 밝히는 것보다 세포 하나 연구하는 것이 더 힘들다."고요. 즉 지구상에 모든 생물이 만들어지게 되는 진화 과정을 연구하는 것보다 세포 하나 만들어지는 연구과정이 더 힘들다는 말입니다. 어떻게 보면 거대한 우주의 창조보다 더 복잡해요. 사실 생명체의 창조(?) 과정을 본다면 너무도 많은 우연이 겹쳐야 하는 난점이 있습니다.

그것은 우주 진화학도 마찬가지입니다. 우주 진화학에서도 이야기했듯이 우주가 만들어지는 것도 굉장히 힘든 과정이었어요. 빅뱅 후 현재의 우주가 만들어질 확률이 1,000억 분의 1이라고 했지요? 이것 또한 얼마나 드문 확률입니까? 또한 수소와 헬륨밖에 없는 우주에서 원자번호가 1인 수소에서 원자번호가 118번인 물질까지 만들어 내기 위해서는 엄청나게 많은 태양이 만들어지고 폭발하고, 또 합체되었다가 폭발하는 진통이 있어야 하는 것을 보았죠.

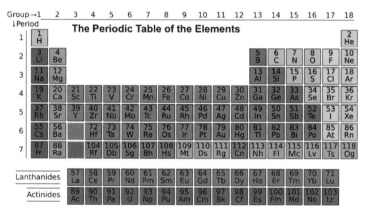

그림 7-12. 별의 초신성 폭발과 다시 응축하는 과정인 핵 합성을 통해서 원자번호가 1번인 수소부터 118번까지 만들어 가는 과정을 보는 주기율표. 우연적인 현상이라고 보기에는 너무나 질서 정연해 보인다.

이제부터는 이러한 물질이 어떻게 생명을 만들어 내는가를 보려고 합니다. 참 인건비 안 나오는 일입니다. 즉 근대시대에는 너무나도 당연히 했던 물질들마저도 이렇게 만들어지기가 힘들다는 것을 알게 된 거죠.

이는 마치 어렸을 때 우리가 쓰는 돈, 물질 이러한 것들이 부모님의 피땀 흘린 결과물이라는 것을 모르는 것과 유사하다고 보시면 될 거 같아요.

우리가 자연계를 보면 모든 존재들이 유기적으로, 목적적으로 결합해 있는 것으로 보입니다. 이것을 합목적적 결합이라고 해요. 이게 무엇에 위배된다고 그랬어요? 열역학법칙에 위배된다고 그랬죠? **즉 무목적 결합이 원래 더 자연스러운 거예요.** 자연에서는 무조건 흩어지게 되어 있고, 망가지게 되어 있는데 이걸 합목적적으로 바꾸려면 에너지가 필요하다고 그랬잖아요. 그런 면에서 본다면 자연의 법칙에서는 고등생물에서 저등생물로 가는 게 정상이에요. 즉 원래는 죽어서 썩는 게 정상적인 반응이란 말이죠.

열역학적으로 본다면 우주도 탄생도 되면 안 되죠. 더구나 생물체의 진화라는 것은 말이 안 되는 현상입니다. 그러니까 문제는 이 에너지는 어디서 나왔냐는 말이에요. 열역학 법칙은 에너지를 보존한다는 거지 에너지를 만들어 내는 게 아니거든요. 특히 생물학적으로 본다면 생명이라는 것 자체가 열역학 법칙에 철저하게 어긋나는 현상이라고 했어요. 에너지보존의 법칙에 어긋날 뿐만 아니라 엔트로피 증가의 법칙 즉 무질서도가 증가한다는 법칙에는 더더구나 어긋나죠.

생물체가 만들어지는 과정을 보면 난자와 정자가 만들어져 가지고 수정이 되잖아요? 그리고 그 후에 엄청난 분열 과정을 거쳐서 하나의 수정란이 10조 개에서 100조 개의 세포로 분화가 되어 생물체가 만들어져요. 이게 엔트로피가 증가되는 겁니까? 아니면 감소되는 겁니까? 이러한 현상은 누가 보아도 무질서도가 엄청나게 감소되는 현상이죠? 즉 무질서도가 증가하는 게 아니라 질서도가 엄청나게 증가하고 있는 것을 볼 수가 있어요. 질서도가 증가한다는 것은 무엇을 뜻하는 겁니까? 네 맞습니다. 엄청나게 에너지가 필요한 현상이에요.

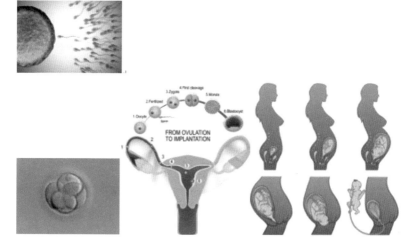

그림 7-13. 생명이 만들어져 가는 위의 그림을 보면 질서도가 증가하는 상황인가? 아님 질서도가 감소하는 상황인가? 말할 것도 없이 엄청나게 질서도가 증가하는 것을 볼 수가 있다.

지금도 생명에너지가 어디서 나오는 가의 문제는 해석이 안 되고 있죠. 생명에너지라 하면 흔히 ATP를 떠 올리는데, 이는 근본적인 설명이라기보다는 생명 현상을 단순히 화학적으로 해석을 한 것입니다. 별로 의미가 없는 해석이지요. 생명에너지 근원에 대해서는 아직 전혀 모르고 있습니다. 아직도 태아가 태어나는 시스템 즉 어떻게 분만 시스템이 작동이 되는 것인지도 모르고요. 인간의 노화의 시계의 개념이 어떻게 작동되는 것인지도 모르고 있습니다. 즉 생명체의 신비는 아직도 우리가 풀어야 할 숙제가 많습니다. 아직도 모르는 것이 너무 많다는 것이죠.

생명체에 대해서 모르는 것은 인간뿐만 아니라 식물, 동물 할 것 없이 심지어 박테리아까지도 마찬가지예요. 박테리아는 번식의 왕이지요. 하루에도 수백만 마리로 번식하고, 그다음에 며칠 지나면 수억 마리로 번식을 해버리죠. 이게 무질서도가 증가한 겁니까? 아니지요? 질서도가 엄청나게 증가하는 것이죠? 생물체의 특징은 질서도를 증가시키는 거예요.

그래서 물질 집단과는 이질적인 집단이 생물 집단이라고 하는 겁니다. 지금도 생명에너지라는 것이 무엇인지를 정확히 안다면 생명의 근본을 알 수가 있고 궁극적으로는 생명체를 다시 살릴 수가 있겠죠. 즉 부활을 시킬 수가 있을 것입니다. 하지만 한 번이라도 죽은 생명체가 살아났다는 말을 들어 보신 적 있습니까?

이렇게 생각해 봅시다. 파리를 죽여서 그 파리를 짓이겨서 컵에 집어넣어 놨어요. 그리고 이론적으로 파리의 모든 생명 활동을 분석해서 모든 부족한 부분을 생물학적 이론으로 환경을 만들어 준다고 합시다. 그러면 죽은 파리를 다시 살릴 수 있을까요?

즉 아직 우리의 과학이 완전히 밝혀지지는 않았지만 그런 면을 극복했다고 쳐요. 즉 생명의 부활에 관한 호르몬, 영양 문제, 전기 자극 등등의 기술을 완성했다고 해봅시다. 과연 그렇게 된다면 죽은 파리를 다시 살릴 수 있을까요? 그런 과학 시대가 온다고 해도 죽은 파리가 다시 살아날 거 같지는 않네요. 여러분 생각은 어떠세요? 다시 살아날 거 같나요?

그림 7-14. 왼쪽의 파리를 죽여서 오른쪽의 컵에 넣어 놓았을 때 과연 이 공간우주 안에서 죽은 파리를 다시 살릴 수 있는 방법은 있는가?

생명은 물질 위에 플러스 뭐가 있습니다. 즉 물질에 플러스알파가 있다는 거예요. 그런데 이 알파가 뭐냐? 하지만 물질적으로는 완벽하게 해석을 못 합니다. 그래서 우리가 물리화학과 생물학을 분리하는 거예요.

2. 진화론은 우연적이고 무목적적이다. 발전적인 개념이 아니다

또한 진화론의 기본 개념은 목적론적인 것이 아닙니다. 모든 것이 우연적으로 살아남은 거고, 돌연변이에 의한 자연의 선택이에요. 즉 우리는 어떠한 조직이 발전할 때 조직이 진화한다는 말을 쓰는데요. 이는 어 쩌면 진화론이 말하는 것과는 전혀 상관이 없는, 어쩌면 정반대의 개념을 이야기하는 거예요. 우연이라는 말은 목적이 없는 거잖아요. 진화론이 이야기하는 것은 우연에 의해서 환경이 변했는데, 그 환경이 살아남은 생물의 조건과 우연히 맞아떨어지게 되어 그 생명체가 살아남게 되었다는 것입니다. 그래서 자연 선택이라는 말을 쓰잖아요? 발전한다는 개념이 전혀 아니라는 말입니다. 근데 사람들은 뭔 이야기를 하고 있어요? 계속 진화한다는 말을 계속 발전을 하고 있다는 의미로 쓰고 있죠? 진화에 목적이 있습니까? 진화의 진정한 개념은 목적이라는 개념과는 정반대의 개념인 우연이라는 의미가 가장 중요한 개념입니다. 즉 발전이라는 말은 진화하고는 반대되는 개념이라는 거예요. 즉 진화의 기본 개념은 우연과 적자생존이에요. 이걸 **명확히 아셔야 합니다.** 어디로 튈지 모른다는 겁니다. 잘 될 수도 있고 잘못될 수도 있어요. 그리고 그중에서 환경에 맞는 존재가 살아남아서 여기까지 왔다는 겁니다.

무생물에서 생물로 진화한 경우를 보시죠. 무생물이라는 존재가 사실은 가장 안정적이고 환경친화적인데 왜 더 불안정한 생물로 진화를 했을까요? 이는 진화론과는 잘 안 맞죠. 전혀 이상한 이야기입니다. 즉 가장 안정적이고 환경에 완벽히 적응을 잘하는 무생물체인 무기물이 왜 더 불안하고 생존하기 어려운 상태인 생물로 굳이 진화를 했을까요? 이것도 아주 불가사의한 이야기이죠? 진화라는 말하고는 전혀 안 맞는 거 같지 않습니까? 진화라는 의미는 이러한 의미에서 본다면 목적이 있는 창조라는 말과 지적인 설계라는 말이 더 어울리는 말입니다. 우리가 전혀 다른 의미로 쓰고 있는 거지요. 정작 발전하는 것을 진화라 하는데 실제로 진화론의 입장에서 보면 우연이라는 것이 겹쳐서, 반복되는 것뿐이에요. 이것을 현대 철학의 거두인 들뢰즈는 베르그송의 창조적 진화 사상(?)을 이어받아 차이와 반복을 통해서 발전한다는 의미로 해석을 합니다. 이것도 진화라는 말을 전혀 다른 의미로 받아들이는 말이죠? 하지만 우연이 계속 겹치고 반복한다고 해서 이것이 발전한다는 보장은 없는 거잖아요? 환경이 갑자기 변해서 다른 생물들은 다 죽고 이 생명체만 우연히 살아남았는데, 이게 그저 환경에 적합해서 살아남게 되었다는 것입니다. 그것이 바로 진화론의 원래의 개념이거든요. 하지만 우리가 생명의 사슬을 보면 어떻게 됩니까? 아주 일목요연하게 발전이 돼가는 모습을 보여주지요? 아주 합목적적으로 말이지요. 사실 이러한 그림은 진화론의 진정한 모습은 아니죠.

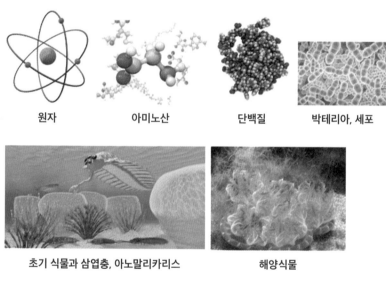

원자　　　아미노산　　　단백질　　　박테리아, 세포

초기 식물과 삼엽충, 아노말리카리스　　　해양식물

어류　　　육지식물

양서류   파충류   포유류

조류   원숭이   사람

그림 7-15. 진화라는 개념은 원래 무목적적이고 우연적으로 살아남는다는 개념이지 발전한다는 개념이 아니다. 하지만 자연계에서 일어난 위의 그림을 보면 자연은 아주 목적적이고 질서적으로 생명을 탄생시켜 온 것 같다. 우리는 진화를 발전적인 개념이라고 쓰면 안 된다. 사실 그러한 개념은 진화의 원래 취지와는 정반대의 개념임을 알아야 한다.

위의 그림을 보아서는 우리가 알고 있는 진화라는 것은 진화 본연의 원칙인 우연의 반복에 의한 환경적응이라는 말과는 전혀 다르게 보입니다. 즉 발전된 생물체로 나아가는 어떠한 목적을 가진 과정으로 보이고 있어요. 그것도 아주 고차원적인 합목적적인 목적을 가지고 발전해 나아가는 조직도처럼 보입니다. 이 부분은 빅뱅 부분에서도 이야기하였습니다. 물질이 만들어진 과정도 이렇듯 복잡해서 모든 것을 계산해 보니, 우리의 우주가 만들어진 확률이 거의 1000억 분의 1의 확률로 만들어진 것으로 밝혀져서 우주 진화론자들도 놀라서 붙인 말이 '우주적 우연'이라고 말을 했어요. 한마디로 기적이라는 말이지요. 그러면서 이러한 우주적인 우연을 보상하기 위해서는 실패한 99,999,999,999개의 다른 우주가 존재해야 한다는 다소 비논리적인(?)

이야기를 하게 된 것입니다. 이것이 바로 다중우주론의 시작점이라고 했지요? 즉 실패한 우주가 우주 어디엔가 있을 것이라는 것이죠. 그래 야지만 이러한 기적적인 우주적 우연을 과학에 맞춰 끼울 수가 있다는 것입니다. 이렇듯 물질의 탄생 과정도 현대적인 과학으로는 해석이 쉽지가 않다고 했어요.

1990년대 이후 근현대에 들어와서 나온 지적 설계론에서 하는 이야기들이 괜히 하는 말이 아니에요. 지적설계론자 중에서는 비기독교인들도 많다고 했어요. 가장 기본적인 문제이지요. 즉 가장 기본적인 단백질이 수천 개부터 수만 개가 모여야 비로소 세포 하나가 겨우 만들어집니다.

근데 단백질 하나도 만들기 힘든 상황에 무슨 진화가 될 시간이 됩니까? 위의 계산에 따르자면 지구 생명의 역사 38억 년도 찰나의 순간에 불과합니다.

그만큼 시간이 없어요. 과학적으로 불가능한 확률인 겁니다. 예전에는 잘 몰랐던 것들을 이제 조금 알게 되니까 생각들이 변해가는 거죠. 이미 최첨단을 걷는 분자생물학자들은 이 부분에 대해서는 논의하는 것을 거의 포기할 정도입니다. 상식에 어긋나거든요.

진화론자들은 마치 확률론자 같습니다. 확률에 맹목적으로 의지하는 듯이 보입니다. 물론 확률이 0은 아닙니다. 하지만 상식적으로 이러한 일이 일어날 수가 있을까요? 과학이란 논리 이전에 상식에 어긋나지 않아야 하거든요? 자식이 부모를 낳을 수는 없는 것 아니겠습니까? 하지만 그것도 엄밀한 의미에서는 확률이 0이라고는 할 수가 없지요. 그렇게 본다면 신이 존재할 확률도 0은 아니거든요?

진화론자들의 심각한 고민입니다. 진화론자들은 일반적으로 말을 많이 해요. 과학자이지만 이 사람들은 참 말을 많이 합니다. 왜냐하면 말이 많아진다는 것은 실험에서 검증을 못 하니까 그런 겁니다. 그래서 진화 논쟁인 거예요. 논쟁이라는 말은 아직도 검증 중이라는 말입니다.

과학적으로 완벽히 정리된 것은 법칙으로 이야기합니다. 하지만 진화론은 그렇지를 못합니다. 위와 같이 가장 기본적인 것도 설명을 못 해내고 있어요. 저는 이거 영원히 못 한다고 생각합니다. 이 확률을 어떻게 계산을 합니까? 그래서 화성 탐사나 목성의 위성인 유로파 등 태양계의 다른 행성에서조차 생명체를 발견하려고 무지 노력을 하고 있습니다. 이런 면에서 본다면 화성에도 박테리아가 있을 수 있어요. 저는 있을 수 있다고 봅니다. 하지만 위의 논리에서 보자면 이건 진화된 게 아니에요. 창조된 거지요. 생명의 진화는 불가능한 거거든요. 이미 지구에서 증명되기 시작하고 있잖아요? 이것도 이제 시작되고 있는 거나 마찬가지입니다.

그림 7-16. 위와 같이 생명체의 탄생에 꼭 필요한 어마어마한 경우의 수나 확률을 생각해 보면 생명체는 만들어진 것이지 진화될 수 없는 것이라는 결론이 나온다. 그러므로 화성에서 박테리아가 발견된다고 해도 그것은 창조의 씨앗으로 우주에 뿌려진 것이라고 보아야 한다.

신이라는 설계자가 직접 우주에 박테리아를 뿌려 놨을 수 있죠. 지금 나사(NASA)에서 하는 일이 뭔지 아세요? 화성에서 박테리아 한 마리 발견하려고 그 막대한 예산을 쓰고 있어요. 물론 꼭 그 목적뿐만은 아니지만요.

진화론자들이 그렇게까지 노력하는 이유는 지구상에서 생명이 출현할 확률 이게 너무나 힘든 확률이기 때문에 그런 거예요. 즉 만약 다른 행성에서 박테리아 한 마리라도 관찰이 된다면 이 생명체가 진화론적으로 만들어졌다는 것을 받아들이게 하기 위함이지요. 하지만 그들이 망각한 게 있어요. 원래는 신이 우주 전체에 생명이 거주하게 만들려고 우주를 창조한 것을 말이에요. 우주 전체에 생명의 씨앗은 뿌려졌을 수 있다는 겁니다. 왜냐하면 생명은 물질세계에서는 만들어질 수가 없는 것이니까요.

그래서 저는 화성에서 박테리아 발견을 한다 해도 진화될 가능성이 없다고 봅니다. 이미 이 단계에서 지적 설계가 이루어지지 않고 서는 생명체의 탄생은 불가능한 일이기 때문입니다. 이 확률을 누가 어떻게 감당을 합니까?

무기물에서 몇 개의 아미노산을 만들어 냈다고 하는 1953에 행해진 밀러의 실험을 봅시다. 스탠리 밀러라는 사람이 대학원생 때 자기의 지도 교수인 해럴드 유리 교수와 함께(?) 실험을 했어요. 원시 수프라는 개념을 가지고 접근을 했죠. 즉 우리가 대양에서 생물이 어떻게 만들어졌나 연구를 한 실험입니다. 실험의 방법은 실험실에서 플라스크에 메탄, 암모니아, 수소 등을 집어넣고 전기 자극을 주는 거예요. 그리고 일주일 후에 보니 아미노산이 몇 가지 만들어졌다는 겁니다.

그런데 여기에는 몇 가지 문제점이 있어요. 그들은 원시시대의 대기가 지금과는 완전히 다른 것으로 생각을 했어요. 즉 지금처럼 산소가 많은 것이 아니고 산소가 없고, 수소가 많다고 생각을 한 겁니다. 즉 다른 행성과 같이 수소, 메탄, 암모니아 등등이 많은 것으로 가정을 한 거죠. 왜냐하면 전기 스파크를 해서 화합물이 생기더라도 대기 중에 산소가 많으면 이러한 화합물질들이 대기 중의 많은 산소에 의해서 산화가 되어 버리기 때문입니다.

하지만 이 가정은 그 뒤에 과학적인 사실에 의해서 깨지게 되는데요. 지구의 원시의 대기는 수소가 많은 상태가 아니었고, 화산 분출에 의해 이산화탄소와 질소가 많았고, 산소의 농도가 미량에서 지금 산소 농도의 25% 정도까지 있었을 것으로 밝혀지게 되었습니다. 즉 실험 세팅 자체가 잘못된 거죠. 즉 아미노산만을 무리하게 빼내기 위해서 조작적인 실험을 한 거예요.

그 결과로 나타나는 것이 이 실험의 문제점으로 결국은 나타나게 됩니다. 또한 이 실험의 최대 문제점으로는 먼저 L형 D형 아미노산들의 혼재를 들 수가 있습니다. 즉 사람을 비롯한 대부분의 생명체에는 오직 L형 아미노산만 존재합니다. 특히 인간의 몸에는 오로지 L형 아미노산만 존재하지요. 그런데 이 실험에서 만들어진 아미노산은 L형과 D형이 섞여 있어요. 생명체의 발달에는 별로 쓸모없는 것입니다. 또한 이러한 아미노산을 농축시키거나 펩타이드를 결합을 촉진하는 메커니즘에 대해서는 답을 전혀 못 냈어요. 그리고 핵산과 당들은 전혀 만들어지지 않았습니다. 생명체가 형성되기 위해서는 이러한 물질이 다 같이 만들어져야 하죠. 이러한 물질을 못 만들어 낸다는 것은 이 실험의 세팅이 잘 못 되어 있었기 때문입니다. 즉 한마디로 하자면 조작된 실험이었기 때문에 어설픈 결과가 나온 거라는 겁니다.

그림 7-17. 1953년의 밀러와 그의 스승인 유리의 실험. 밀러의 실험에서는 몇 가지의 아미노산을 태초의 환경(?)이라고 하는 아주 극히 조작된 환경에서 만들어낸 것이 전부였다. 그리고 그 실험을 나중에 다시 반복하여 성공한 경우가 없다.[11]

그 뒤의 폭스 실험에 의해서 만들었다는 프로테노이드는 거의 소설 수준의 이야기입니다. 전혀 증명이 된 바가 없어요. 사실 밀러의 실험도 그 뒤로 성공한 사람이 없습니다.

이 두 실험의 공통점은 아주 미숙한 실험이었음에도 불구하고 진화론자들의 엄청난 선전도구로 이용이 되었다는 겁니다. 이런 어설픈 실험 결과에 노벨상을 주거나, 마치 무슨 법칙이라도 되는 것처럼 고등학교 교과서에까지 버젓이 실리기까지 하고 있습니다. 여러분 생각을 해보세요. 아미노산은 어떻게 만들어지죠? DNA, RNA에 의해서 세포 속의 리보조옴에서 만들어지지 않습니까? DNA에 의해서 정확히 만들어져야 생체 속에 쓸 수 있는 L형 아미노산을 만들 수가 있는 겁니다. D형과 L형이 섞여 있는 것은 아무 의미가 없는 겁니다. 밀러의 실험을 조작적이라 생각하고 믿을 수가 없는 것이 바로 이러한 이유

11) Gish, D. 2007. A Few Reasons an Evolutionary Origin of Life Is Impossible. Acts & Facts. 36 (1).

때문입니다.

　사실 이 과정은 별로 중요한 과정도 아닙니다. 앞에서 수차례 이야기했듯이 단백질을 만드는 그다음 과정이 진짜 과정이거든요. 즉 아미노산이라는 물질을 가지고 생물체라는 건축물의 기본 벽돌인 단백질을 만들어 내는데 그 과정이 진짜 힘든 과정이라는 말입니다. 근데 그 과정이 지금 분자 생물학에서 이야기하듯이 엄청난 과정으로 밝혀지고 있습니다. 즉 불가능의 확률에 도전하는 문제가 되어 버리고 있거든요.

　아무튼 백번 양보해서 천신만고 끝에 아미노산이 만들어졌다고 해도 그다음이 더 문제이지요. 위에서 말했듯이 단백질을 만들어 내는 데는 거의 무한대의 시간이 필요하거든요. 50개짜리 아미노산으로 된 단백질을 하나 만드는데 10의 65승(10^{65})의 확률로 딱 하나 만들어졌다고 합시다. 하나 갖고 되나요? 최소한 천 개가 있어야 돼요.

　그러면 이거 언제 만들어내요? 원시 수프에서 몇억 년간 천둥 치는 가운데 유기물질이 결합해서 생명체가 만들어졌다고 하는데요, 자! 지구가 45억 년 전에 만들어졌습니다. 그로부터 약 7억 년 경과 후에 물과 시아노 박테리아(남조류)가 거의 동시에 출현합니다. 사실 남조류의 출현 시기를 정확히 알기는 힘이 드는데 대략 35억 년 전부터 38억 년 전쯤으로 생각하고 있습니다.

　시아노 박테리아 출현에 몇억 년의 시간이 차이가 있기는 하지만, 사실 이 시간도 위에서 보는 확률론적인 부분으로 볼 때는 찰나의 시간도 되지 않습니다. 사실 우주의 역사 전체를 놓고 보아도 137억 년 전체의 그 시간마저도 생명 창조의 시간으로는 찰나의 시간이라는 것을 알 수가 있어요. 역설적으로 진화의 시간이 너무 부족한 거예요. 즉 단백질 하나를 만드는데도 그렇게 많은 시간이 걸리는데 언제 그 천여 개의 단백질을 다 만들고, 그 단백질 간의 유기성을 연결해서 만들고, DNA, RNA까지 만들어 내어 연결하냐는 말이에요.

또한 만들어진 것이 유기적으로 결합을 한다는 것은 목적론적인 결론에 이르게 된다는 것인데 이것은 진화론과는 잘 맞는 부분이 아니라고 했어요. 즉 우연에 우연이 겹치고, 적자의 생존을 통해서 살아남는다는 것이 진화론에 맞는 것이지, 목적론적으로 점점 발전해 가는 것은 진화론적인 사고방식과는 전혀 다른 개념인 것입니다. 어쩌면 정 반대되는 개념이지요.

그런데 위에서 보듯이 그러한 유기체적인 현상이 일어나지 않는 이상 지구상의 생명은 존재하지 않을 거 같습니다.

3. 단백질의 할아버지, 할머니 격인 DNA와 RNA에 대해

이제 DNA에 대해서 이야기를 더 깊이 해보고자 합니다. 초기 생물 진화에서 가장 중요한 점은 사실은 아미노산의 문제도 아니고 단백질의 문제도 아닙니다. 아미노산이 자식이고 단백질이 손자라면 DNA와

RNA는 할아버지요, 할머니입니다. 즉 DNA, RNA 이 두 가지 유전자의 작용으로 아미노산이 먼저 만들어지고, 그 뒤에 아미노산이 결합해서 단백질을 만들어 내게 되기 때문입니다.

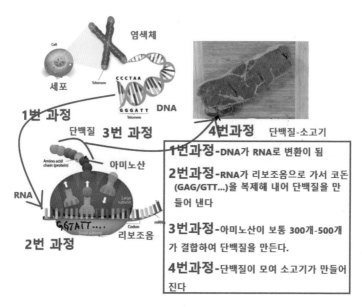

그림 7-18. 위에서도 많이 나온 그림인데 DNA의 코돈에서 시작해서 아미노산이 만들어지고, 아미노산에서 단백질이 만들어지는 과정이다. 그리고 이러한 단백질이 수억 개가 모여 소고기라는 최종 단백질이 만들어진 과정을 보여준다.

DNA는 1953년도에 왓슨과 크리크에 의해서 발견이 됐습니다. 이번에는 DNA의 집적도 이야기를 좀 해보고자 합니다. 집적도라는 것은 일정한 범위 안에서 얼마나 복잡한가를 나타내는 것이죠. 집적도의 대표로는 반도체의 집적도가 있잖아요. 즉 여기에서 DNA의 집적도를 이야기해 봄으로써 얼마나 생명체의 진화가 어려운 것인지 한번 다시 이야기해보고자 합니다.

나노미터기준으로
한다면 반도체는 약
2cm잡아도 = 약 2
천만 나노미터임
20,000,000 nm

반도체의 크기는 약 2천만 나노미터 즉 20,000,000 nm

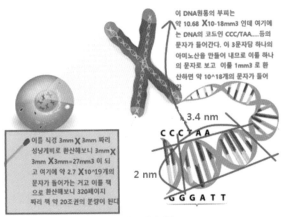

이 DNA원통의 부피는
약 10.68 X10-18mm3 안데 여기에
는 DNA의 코드인 CCC/TAA.....등의
문자가 들어간다. 이 3문자당 하나의
아미노산을 만들어 내므로 이를 하나
의 문자로 보고 이를 1mm3 로 환
산하면 약 10^18개의 문자가 들어

3.4 nm

C C C T A A

이를 직경 3mm X 3mm 짜리
성냥개비로 환산해보니 3mm X
3mm X3mm=27mm3 이 되
고 여기에 약 2.7 X10^19개의
문자가 들어가는 거고 이를 책
으로 환산해보니 320페이지
짜리 책 약 20조권의 분량이 된다

2 nm

G G G A T T

DNA 의 크기는 3.4 나노미터 즉 3.4 nm

그림 7-19. DNA는 원자보다 약 30배 정도밖에 크지 않을 정도로 작다. 그러므로 이를 환산해
보면 27㎣이라는 작은 부피 안에 320페이지짜리 책 20조 권을 넣을 정도의 집적
도 즉 복잡도를 가지고 있다. 이는 우리가 흔히 보는 반도체의 집적도를 훨씬 뛰어넘
는 것이다.[12]

　　집적도라는 것은 반도체의 능력을 이야기할 때 흔히 하는 이야기인
데 반도체의 가장 큰 특징은 연산능력을 가지고 있다는 데 있습니다.
일종의 정보처리 능력이지요. DNA도 이와 마찬가지로 정보를 가지
고 있지요? DNA는 일종의 정보를 가진 긴 실과 같이 생긴 것입니다.

12)　　Creation 20(1):6, December 1997.

DNA와 RNA는 구조가 비슷합니다. 실처럼 길지요? 이것이 세포핵 안에 염색체라는 기관에 똘똘 말려 있어요. 즉 아주 작은 공간에 엄청나게 많은 정보가 말려 들어가 있다는 겁니다.

이게 원자 간, 분자 간의 거리이기 때문에 아주 작아요. 좀 크게 표현을 했지만 DNA 사슬의 크기는 그 굵기가 약 2㎚입니다. 2㎚라고 하면 감이 잘 안 오시죠? 1㎚는(1나노미터)는 10억 분의 1미터입니다. 머리카락보다 얇은 1㎜를 100만 개로 쪼개야지 1㎚가 되는 거예요.

그리고 DNA 사슬은 나선형이므로 한 바퀴씩 돌면서 가게 됩니다. 위에서 아래까지 한 바퀴 도는 지점 즉 한 바퀴 도는 길이가 약 3.4㎚ 정도 돼요. 즉 가로 2㎚, 세로 3.4㎚라는 아주 작은 크기의 원통 모양이 되는 겁니다. 이 정도 작은 크기 단위로 정보를 가지고 있는 셈이지요. 즉 아주 엄청난 집적도를 보여주고 있어요.

사실 원자의 크기가 0.1㎚ 정도 됩니다. 즉 DNA의 길이가 3.4㎚ 정도 되는 것으로 보면 DNA는 원자의 크기보다 조금 더 큰 정도로 보시면 됩니다. 그런데 이 작은 곳에 이렇게 많은 정보가 쌓여 있다는 겁니다. 아주 놀라운 일이 아닐 수 없습니다.

그림 7-20. 원자의 크기는 약 0.1㎚이고 DNA 원통의 길이는 약 3.4㎚ 정도 된다. 즉 DNA 한 개 원통의 크기는 원자보다 약 30배 정도만 크다. 여기에 약 10개 정도의 문자 정보를 담고 있는 것이다. 실로 놀라운 복잡도가 아닐 수 없다.

위의 그림에 따르면 DNA 사슬이 한 바퀴 도는데 10개의 문자가 있는 것과 같습니다. 왜냐하면 DNA의 염기인 A, T, G, C는 하나하나가 의미 있는 문자와도 같기 때문입니다. 즉 ATT, AGC… 이런 식으로 가는 것을 코돈이라고 했지요? 이 코돈 하나하나가 나중에 아미노산 하나하나를 만든다고 했어요.

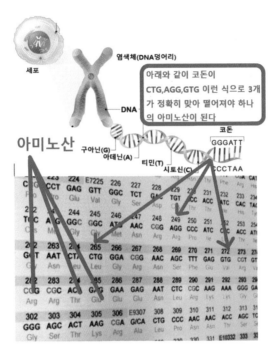

그림 7-21. DNA에서 아데닌(A), 구아닌(G), 티민(T), 시토신(C)과 같은 염기가 풀리면서 아미노산이 만들어지는 과정을 보여주고 있다.

이를 실제적인 크기 단위인 ㎜(밀리미터 단위, 사실 1밀리미터는 1백만 나노미터입니다) 단위로 환산을 해 볼게요. 문제는 이것의 크기에 있습니다. 염기 하나하나를 각각의 음절을 가진 자음과 모음처럼 문자로 해석한다면 이는 1㎣에 약 10^{18}승 개의 문자가 들어가 있는 것과 같은 집적도를 가진 것입니다.

이를 우리가 통상적으로 인식할 수 있는 크기 직경 3㎜(즉 27㎣의 부피)인 성냥개비 머리 하나의 현실적인 크기로 해석을 한다면 이 안에 얼마나 많은 정보를 가지고 있는 것과 같을까요?

그림 7-22. 성냥개비의 크기를 약 3㎜×3㎜×3㎜(부피가 27㎣)으로 계산했을 때 여기에 DNA 정보의 양은 320페이지 분량의 웬만한 책 20조 권이 들어간다는 것이다. 실로 어마어마한 집적도이다.

통상적으로 DNA 집적도는 계산해보면 직경 3㎜ 크기의 성냥개비 머리만 한 곳에 약 320페이지짜리 책으로 약 20조 권의 분량 정도 된다고 합니다. 즉 DNA의 집적도는 이렇듯 어마어마한 정도입니다. 이는 인간이 발명해낸 어떠한 기계보다 더 많은 집적도를 가지고 있습니다.

더 신기한 것은 이러한 "작은 단위의 물질"이 정보를 가지고 있다는 점입니다. 우리가 나노미터 정도의 크기의 물질에 정보가 담겨있다는 것도 신기한 일입니다. 즉 통상적으로 생명체가 아닌 무기물에 가까운 작은 물질에 정보를 담았다는 것이지요. 즉 원자, 분자 단위의 DNA에 정보를 담게 된 겁니다. 1900년대 들어와서 가장 변화된 생물학적인 인식은 생명체와 무생물 사이의 다른 점이 바로 이 생명체의 '정보 저장능력'에 있다고 보는 것입니다.

이러한 정보가 자연히 만들어지게 되었을까요? 정보라는 말이 들어가는 순간 무엇인가 작위적인 냄새가 많이 나기 시작하지요? 과연 이러한 정보라는 것이 저절로 생기겠는가의 문제입니다. 진화론에 의하자면 이러한 엄청난 정보를 자연이 만들어 내고 이를 이러한 작은 공간 안에 구겨 넣어서 만들어 내었다고 주장하는 거죠.

지능을 가진 인간도 이처럼 작은 분자라는 공간 안에 이처럼 많은 정보를 보관한다는 것은 불가능하죠. 하지만 지능이 없는 자연이 어떻게 이러한 일을 해낸 것일까요? 우리가 반도체라는 작은 공간 안에 정보라는 것을 만들어 내기 위해서 얼마나 많은 노력과 시간을 투자했습니까? 하지만 고도로 발달한 인간의 기술로도 아직도 요원한 일을 자연은 어떻게 해내었을까요?

즉 자연은 35억 년 전에 이미 반도체보다 더 훨씬 작은 공간 안에 이렇게 엄청나게 정밀한 유전자라는 정보를 만들어 놓은 것입니다. 이러한 면에서 본다면, DNA는 현재에도 인간이 만들어 놓은 가장 복잡한 집적도를 가진 어떠한 슈퍼컴퓨터보다도 훨씬 더 복잡한 정보를 가지고 있습니다.

그림 7-23. DNA의 이러한 복잡도는 이 세상에 존재하는 모든 슈퍼컴퓨터를 모아 놓은 것보다도 훨씬 더 복잡도가 더 높다고 할 수가 있다.

참 신기한 일입니다. 이건 거의 불가능한 이야기이죠. 즉 이러한 것이 자연적으로 진화되었을 확률은 거의 없다고 보는 것이 맞을 것입니다. 즉 지적설계가 아니고서는 불가능한 이야기라는 거죠. 집적도만 놓고 본다면 인간이 만든 반도체의 집적도는 생명체의 DNA의 집적도에 비한다면 거의 원시적인 수준입니다. DNA 뭉치 3㎜ 직경의 크기에 책을 20조(20,000,000,000,000) 권을 넣을 수 있는 집적도는 인간에게도 아직 불가능한 이야기입니다. 위의 상황을 묘사하자면 '상식은 과학에 앞선다.'입니다. 즉 이러한 것이 우연히 진화되었다는 것은 상식에 어긋난다는 것이죠. 즉 진화론은 상식에 어긋난다는 것이에요. 우연에 우연이 겹치고, 겹겹이 우연이 겹치는 힘든 확률을 넘어서야 가능하다는 것입니다.

이건 직관이나 상식에 어긋난다는 말이에요. 과학은 직관이나 상식이 맞아떨어져야지 그다음 과학이 진행되는 거잖아요. 다윈은 이런 걸 몰랐어요. 알 수도 없었고요. 저는 다윈 같은 똑똑한 사람이 이런 내용을 알았다면 진화론이라는 책을 안 썼을 것이라고 생각합니다. 제가 연구한 다윈이라는 인물은 너무나 과학적이고 신중하며 철저한 사람이거든요. 즉 시대적으로 좀 늦게 태어나서 이러한 모든 사실을 알았다면 절대로 진화론이라는 책을 쓸 분이 아니라고 봅니다.

자 또 한 가지 사실을 봅시다. DNA가 있어야지만 아미노산을 만들어지고, 이러한 아미노산이 모여 단백질을 만들어내어 생명체의 기본 구조가 만들어진다고 했습니다. 그렇다면 DNA는 처음에 어떻게 만들어졌을까요? 이것은 닭이 먼저냐, 계란이 먼저냐의 문제인데요. 생명체는 이 두 가지가 다 있어야 만들어지게 되거든요. DNA와 아미노산과 단백질은 각각 따로따로 만들어져서 존재하게 되었을까요? 아니면 DNA가 먼저 존재하고 아미노산이나 단백질을 만들어 내게 되었을까요? 아니면 그 반대일까요? 이게 아주 중요한 문제이거든요! 왜냐하면 DNA를 만드는 과정 자체에서 많은 효소 단백질이 쓰이게 되기 때문입니다. 그러면 그 효소 단백질은 어디에서 왔냐는 겁니다. 즉 단백질이 만들어지려면 DNA와 RNA가 먼저 존재해서 아미노산을 만들어 내어야 하죠? 그리고 그 후에 이 아미노산의 결합을 통해서 단백질인 효소를 만들어 내어야 하는데 이 과정은 어떻게 된 거냐 말이죠. 즉 말 그대로 닭이 먼저냐, 알이 먼저냐 하는 문제가 되네요. 그렇다면 DNA와 RNA 중에서는 무엇이 먼저 생겨야 할까요? 이 둘 사이에도 생겨난 순서가 존재할 거 아닙니까? 진화론자들은 RNA가 먼저 생긴 것으로 이야기합니다. 하지만 DNA가 됐든, RNA가 됐든 둘의 복잡성은 거의 비슷합니다. 어느 것이 먼저이든 그것이 생기는 데의 확률은 4^{900}-4^{1500} 승 정도 되는 엄청난 확률이 맞아 떨어져야 한다는 것입니다.

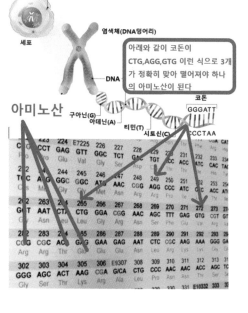

그림 7-24. DNA와 RNA의 차이는 아데닌(A), 티민(T), 구아닌(G), 시토신(C) 등의 염기 4개 중에서 다 같고 나머지 하나인 티민(T)이 우라실(U)로 바뀐 것 외에는 차이가 없다.

자연 상태에서 이러한 조합이 가능하겠냐는 것입니다. 이런 신들린 (?) 듯한 조화가 있지 않는 한 단백질의 부모 격인 DAN와 RNA는 탄생이 되지 않는다는 것이죠.

진화론자들은 이런 이야기를 하지 않습니다. 과학적으로 깊이 들어가면 갈수록 이러한 심오한 내용이 있다는 것을요.

이 내용은 지금 현재의 인간의 과학적 능력으로도 재생이 되지를 않습니다. 실험이 불가능한 내용이지요. 즉 아직 인간의 현재 과학의 능력으로는 이러한 내용을 재현을 할 수가 없어요. 왜냐하면 지구상에는 생명체와 비 생명체의 중간 과정이 없기 때문이죠. 즉 생명은 생명이고 무생물은 무생물입니다. 그리고 지구상에는 더 이상 무생물체에서 생물체로 진화되는 과정을 보이지 않고 있습니다. 이상하게 인간이 만들어진 이후에는 지구상에서의 진화는 정지된 것처럼 보입니다. 요즈음 새로운 종이 탄생했다는 말을 들어 보신 적이 있나요? 멸종한다는 말만 들어보셨지요?

지금은 바다에서 새로운 생명체가 태어나지를 않습니다. 그리고 생명체와 비 생명체의 중간 과정도 없습니다. 이유는 간단합니다. 생명체는 고유의 존재이기 때문입니다.

1861년의 파스퇴르의 "생물 속생설"에 의하자면 생명은 무생물에서 생겨날 수 없다는 법칙이 확립이 되었습니다.

즉 1859년에 다윈은 진화론을 이야기했고 파스퇴르는 그보다 2년 후인 1861년에 생물 속생설을 완성을 시켰습니다. 물론 진화론자들은 이 법칙을 자기 자신의 방법으로 흡수해 버린 상태입니다. 진화론자들의 특징은 독점적인 직위를 이용하여 독재를 부리는 정치권력자와 같습니다. 즉 모든 것을 자신의 입맛대로 잘라버리는 거지요. 사실 현대 사회에서 진화론에 반하는 이론을 제기하는 사람은 거의 없지요? 생물학자나 과학자들의 학회에서 진화론에 반하는 이야기를 하는 사람은 그 학자들의 사회에서 왕따를 시킨다고 합니다. 그러니 정작 이 부분에 대해서 많이 알고 있는 과학자들은 감히 나서지를 못한다는 거죠. 그래서 저 같은 사람들이 나서서 이야기를 하는 겁니다.

4. 생명체가 죽었다가 살았다가 할 수는 없다

그다음으로 가장 풀기 어려운 하나의 문제에 대해서 이야기하고자 합니다. 즉 다음으로 진화론자들이 제일 신경을 써야 할 문제는 바로 생명 탄생의 순간입니다. 즉 생명체가 언제부터 살아있는 존재가 되었느냐는 문제부터 해결해야 한다는 겁니다.

냉장고를 예로 들어 볼게요. 냉장고는 부속이 하나만 부족해도 돌아가지를 않습니다. 생명체는 더욱 그렇지요. 생명체가 유지되기 위해서는 엄청나게 많은 부속품이 필요합니다. 기계에 불과한 냉장고도 부속품이 하나라도 부족하게 되면 기계가 작동이 되지를 않잖아요?

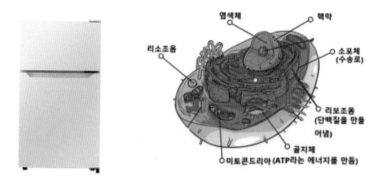

그림 7-25. 우리가 쓰는 냉장고는 전원이 한번 나가면 다시 충전을 시켜서 쓰면 되지만 생명체는 절대 전원이 나가면 안 된다. 왜냐하면 생명체는 다시 충전한다고 해서 다시 살아나지 않기 때문이다. 이것이 우리 우주의 물질의 세계와 생명의 세계와의 근본적인 차이이다.

하물며 생명체는 작동이 되려면 조건이 훨씬 복잡합니다. DNA, RNA를 비롯해서 각종 단백질에 이르기까지 엄청나게 복잡한 시스템을 가지고 있지요. 즉 냉장고를 예로 든다면 세포 하나를 작동시키는 데도 냉장고 수십억 개를 동시에 작동시키는 것과 맞먹을 정도입니다.

냉장고도 수십억 개가 긴밀히 연결되어서 일순간에 작동이 되어야 한다면 엄청나게 복잡한 일이 되겠지요. 여기서 생명체와 냉장고에는 차이점이 있습니다.

즉 생명체의 특이한 현상은 생명체는 다시 살릴 수가 없다는 겁니다. 냉장고는 부속이 하나가 없더라도 그 부속을 나중에 채워주면 돌아갑니다. 다시 살릴 수가 있는 것이죠. 즉 기계는 다시 살릴 수가 있지만 생명체는 다시 살릴 수가 없어요. 생명체는 부속이 한꺼번에 일시에 존재해야 하고 이것들이 일시에 연결이 되어야 돌아간다는 것입니다. 이것이 바로 냉장고와 생명체와의 결정적인 차이점입니다. 이 책 전체의 주제이기도 하죠.

생명체의 삶은 일회성이고 기계의 삶은 그렇지 않다는 것입니다. 즉 생명체는 일회성으로 존재하며 한 번에 완성이 되어야 한다는 것이죠. 기계처럼 여기저기서 부속을 만들어와 조합하는 개념이 아니라는 겁니다. 한번 무생물은 무생물이고 한번 생명은 생명이기 때문입니다. 그런 면에서 본다면 진화론적으로는 생명체가 탄생하기까지는 생명과 비생명의 단계를 수없이 왔다 갔다 해야 한다는 결론입니다. 왜냐하면 수많은 시행착오를 거쳐야지만 진화론적인 생명체는 탄생이 되는 것이거든요. 이것은 원래 생명체의 개념과는 전혀 맞지 않다는 것입니다. 즉 생명체가 죽을 수는 있으나, 죽은 생물이 다시 살아날 수는 없기 때문입니다. 한마디로 말이 안 되는 소리라는 거죠.

그리고 중요한 점은 이러한 비생명과 생명을 왔다 갔다 하는 것이 가능하다는 게 진화론이라면 지금도 진화 과정은 지속되어야 합니다. 즉 지금도 생명체와 비 생명체의 중간 과정이 존재해야겠죠.

하지만 지구의 어디를 가봐도 생명체는 생명체이고, 비생명체는 비생명체이지 그 중간적인 존재는 존재하지 않습니다. 즉 진화론에 의하자면 바닷속 어디선가에는 지금도 생명체를 만들어내는 활동이 있어야 해요. 하지만 지금 지구상의 그 어디를 보아도 그런 곳은 보이지 않습니다. 우리 주위에 생명체와 비생명체의 중간 단계인 존재가 있나요? 무생물은 무생물이고 생물은 생물일 뿐이지요? 즉 살아있지도 않고 죽어 있지도 않은 존재를 믿으라고 하는 것이 진화론입니다.

생명 현상에는 제일 중요한 요소들이 서로 물고 물려 있습니다. 뫼비우스의 띠처럼 서로 꼬리를 물고 있는 형상을 띠고 있거든요. 떼려야 뗄 수가 없다는 거죠. 생명의 고리에서는 어느 한 고리만 떨어져도 다 망가져 버리게 되어 있어요. 한 가지만 부족해도 생명현상이 이루어지지를 않는다는 겁니다. 이는 우리가 평소에 알고 있는 당연한 이야기인데도 진화론에만 들어가면 이것을 다 잊어버리게 됩니다.

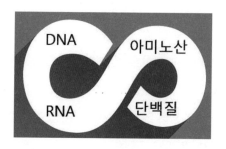

그림 7-26. 생명체라는 것은 기계와는 다르다. 생명체는 부속품을 여기저기에서 모아와서 결합하여 움직이는 시스템이 아니기 때문이다. 생명체의 부속은 위의 그림의 뫼비우스 띠처럼 한꺼번에 존재해야 의미가 있다. 생명은 살았다가 죽었다가 할 수가 없기 때문이다. 생명체는 삶 아니면 죽음 두 가지 중에 하나를 선택을 해야만 하는 존재이다.

즉 위의 그림처럼 DNA, RNA, 아미노산, 단백질이 뫼비우스의 띠처럼 얽혀 있습니다. 이들은 순차적으로 존재해도 의미가 없습니다. 반드시 서로 동시에 존재해야 합니다. 그래야 생명체가 존재할 수 있거든요. 안 그러면 죽었다가 살았다가 하는 과정을 거쳐야 합니다.

중간에 이 구조를 자르면 생명 자체가 존재하지를 않게 됩니다. 그래서 알이 먼저냐 닭이 먼저냐는 딜레마에 빠지게 된다는 거예요.

아무리 간단한 생명체라도 생명현상은 동시에 진행이 되는 것이지 뭐는 따로, 뭐는 따로 만들어져서는 생명현상이 진행되지를 않는다는 것입니다.

냉장고는 그렇게 만들어도 됩니다. 부품을 따로 모아서 각각 조립한 다음에 딱 결합하면 되죠. 하지만 생명체에서는 위에 있는 부품이 아래에 있는 부품과 연결되어 있을 뿐만이 아니라 동시에 존재해야지만 가능합니다. 즉 서로가 서로의 생산에 관여해야 하는 유기적인 면은 기계의 세계와는 완전히 다릅니다.

사실 화석 이야기는 진화론에서는 그렇게 중요한 이야기가 아니거든요? 무슨 말이냐고요? 우리가 빅뱅이론이나 초기 우주론에 대해서 이야기할 때도 마찬가지입니다. 빅뱅이론에서도 사실 가장 중요한 것은 초기 3분 이야기예요. 그 후에 이야기는 별로 의미가 없습니다. 이것은 진화론도 마찬가지예요. 생명의 초기 형성 과정이 가장 중요한 이야기입니다. 그 후에 이야기는 거의 인문학적인 논쟁에 가까워요.

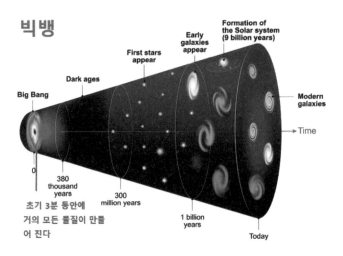

그림 7-27. 우주의 발전과정도 보면 초기의 3분 과정이 제일 중요하다. 그 외의 시간은 크게 의미가 없다. 이와 마찬가지로 진화론도 초기 과정이 제일 중요하다. 그 후에 일어나는 일들은 과학적인 이야기라기보다는 인문학적인 논쟁에 가깝다.

즉 빅뱅이론에서 물질이 한 번에 생겨나서 분화해 가듯이 생명체의 탄생 과정도 비슷해 보입니다. 즉 지구 초기인 35억 년~38억 년 전에 생명체가 거의 갑자기 나타난 것으로 보인다는 것입니다. 즉 엄밀하게 말하자면 초기 생명체인 시아노박테리아도 빅뱅이론에서 물질이 갑자기 나타나듯이 거의 진화될 시간이 없이 갑자기 나타난 셈입니다. 우리가 대략 잡아도 물의 출현과 박테리아의 출현 시기가 거의 동시다발적으로 보이거든요. 그 부분에 대해서는 위에서 충분히 이야기한 바 있습니다. 2~3억 년의 시간의 차이가 있다고 해도 생물 진화론적인 관점에서 본다면 그것은 거의 찰나에 불과한 시간이기 때문입니다.

아미노산이 만들어지는 시간, 또한 그것이 조합을 통해서 단백질을 만들어내는 시간, 또한 그것이 유기적으로 결합해서 몇백 개, 몇천 개의 단백질을 만들어 내고 시간. 그러한 단백질들이 유기적인 관계가 되고 거기에 DNA, RNA 부분까지 고려한다면 사실 생명체가 만들어지는 데는 수천억 조 년도 시간이 부족하거든요. 이 부분에 대해서는 위의 총론 시간에 충분히 이야기한 바가 있습니다. 참조해 주시고요.

그래서 엄밀하게 본다면 지구 초기에 생명체가 만들어진 것도 빅뱅 우주론과 마찬가지로 빅뱅 생물론이 되는 겁니다. 즉 물질이 우주에 갑자기 튀어나왔듯이 생명체도 지구에 어느 날 갑자기 튀어나온 상황이 된 것이라고 보시면 됩니다. 이 부분을 진화론자들은 외계 생명체 기원설로 얼버무리기도 합니다. 즉 물의 출현과 거의 동시에 박테리아가 나타난 것이나 다름이 없죠. 그렇기 때문에 답을 내놓은 것이 지구상에서의 시간이 부족하기 때문에 아미노산이나 유기물질이 혜성이나 소행성에 실려 와서 지구에 도달했다는 거예요. 심지어 어느 학자는 박테리아도 이러한 혜성이나 소행성에 실려 왔다고 주장하는 사람들도 있습니다. 말이 안 되는 소리죠. 여러분 이거 정확히 아셔야 합니다. 우리가 가만히 생각해 보면요. 물질이 왜 그렇게 갑자기 생긴 것인지는 알 수가 없어요. 하지만 물질은 몰라도 생명체는 갑자기 생기는 것이 맞거든요? 왜냐하면 생명체는 산 채로 갑자기 나타나야 하기 때문입니다. 왜냐하면 생명체는 유기체이기 때문에 그렇습니다. 유기체라는 것은 유기적으로 결합한 모두 부속품들이 제대로 동시에 한꺼번에 작동해야 돌아가는 것이기 때문입니다. 즉 부속품들을 준비해서 결합은 한 번에 시키고, 한꺼번에 작동을 시켜야 해요. 생명체는 한번 잘못되면 되돌릴 수가 없거든요. 냉장고와는 근본적으로 다른 구조를 가지고 있습니다. 냉장고는 작동이 안 되면 다시 고쳐서 작동을 시키면 돼요. 하지만 생명체는 그렇게 할 수가 없지요?

그것은 생명체라는 존재가 우리가 사는 공간우주와는 아주 다른 상이한 구조를 가지고 있기 때문입니다. 생명의 신비는 우리가 아직도 못 풀고 있을 정도로 신기한 거예요. 그 이유가 여기에 있어요. 즉 우리가 사는 세계와는 근본적으로 다른 구조로 되어 있기 때문입니다.

만약에 진화 과정을 통해서 자연이 생명체를 살렸다 죽였다 하는 과정을 밟았다면 우주는 신적인 존재가 되어 버리는 겁니다. 모순이에요.

생명체는 시간과 연관이 있다고 말씀드렸습니다. 그리고 시간은 또한 중력과도 연관이 되어 있습니다. 이 중력은 우주 전체와도 연관이 되어 있다고도 했습니다. 생명체가 다시 살아나지 못하는 것은 생명이라는 존재가 시간과 연결이 되어 있기 때문이에요. 생명을 살린다는 것은 시간을 되돌리는 것과 같이 아주 힘들고 불가능한 일입니다. 우리가 사는 우주에서 생명체의 부활이 일어나지 않는 이유는 바로 우리가 사는 우주에서는 시간을 되돌릴 수가 없기 때문입니다.

자연이 생명체의 상태와 비생명체의 상태를 왔다 갔다 하면서 생명체의 진화를 끌어왔다면 이것은 자연이 시간을 왔다 갔다 하면서 자기 자신의 법칙을 넘어서서 우주와 생명체를 끌어왔다는 결론이 나옵니다. 바로 슈퍼내추럴(Supernatural)이죠! 슈퍼내추럴한 존재가 누구입니까? 바로 신(神) 아닙니까?

저는 진화론에 대해서는 말을 많이 하려 하지 않습니다. 왜냐하면 진화론은 아직 검증되지 않은 이론들이 많고 어찌 보면 초기 생물들의 발달과정을 제외하고는 거의 인문학에 가까운 정치 논쟁으로 비화되는 경우가 많기 때문입니다. 별로 과학적이지 않기 때문이죠. 이렇게 이야기를 하면 "대체 너는 무슨 소리를 하는 거냐? 20세기 최대의 과학의 산물인 진화론에 대한 모독이다." 이런 이야기를 하실 분들이 있을지도 모르겠습니다. 하지만 위에서 살펴본 바와 같이 1950년대 이후의 고도로 발달된 생물학에 의하자면 진화론이 그리 과학적인 학문이 아니라는 것을 바로 눈치채실 수 있을 것입니다.

5. 생명지속의 힘, 생명복제 능력의 난제

그다음의 문제를 생각해 볼까요? 일단 생명체는 만들어진 후에는 가장 큰 숙제를 가지게 됩니다. 그것은 생명을 지속시키는 힘을 가져야 한다는 것이지요.

여러분이 어떠한 복잡한 기계를 만들었다 합시다. 그런데 그것을 복제하는 기능까지 만들어야 한다고 생각을 해 보세요. 즉 이 기계의 다음 대(?)를 그 기계 자체가 생산해 내도록 만들어야 한다면요? 이는 마치 새 핸드폰을 만들 때 그 핸드폰이 일정 시기가 지나면 저절로 자기 자신을 업그레이드하는 것뿐만 아니라 그 본체까지 다시 만들어 내는 핸드폰을 만들어 내야 한다고 생각을 해보세요. 이러한 핸드폰이 있다면 엄청난 인기가 있겠지요? 하지만 이게 가능한 일입니까? 이것은 그 기계를 만드는 것보다도 훨씬 더 어려운 일이 될 것입니다. 이것이 바로 생명 자가복제의 어려움입니다.

생명체란 가장 간단한 박테리아 한 마리라고 해도, 이 세상에서 우리가 만든 그 어떠한 기계나 화학 공장보다도 더 복잡한 구조를 가진 화학 공장입니다. 단순히 기계가 아니라 거기에는 수많은 분자 기계들의 기계 공장과 그 분자 기계들 사이에 이루어지는 수백만 가지의 화학반응이 일어나는 화학 공장이에요.

여러분 주위에 보시면 가까운 곳에 거대한 기계 공장이라든지, 화학 공장을 보신 적이 있을 거예요. 생명체가 복제된다는 것은 단순히 하나의 기계가 복제되는 것이 아니라 이러한 거대한 공장 자체가 복제된다는 거예요. 여러분 주위에 이런 공장을 본 적이 있나요? 자기 스스로 복제하는 거대한 화학 공장이나 기계 공장을요?

그림 7-28. 하나의 세포는 거대한 화학공장보다 더 복잡하다. 그런데 이처럼 복잡한 화학공장이
자기 자신을 복제한다는 능력을 갖고 있다는 것은 실로 신비한 일이 아닐 수 없다.

하지만 여기에서 이야기하고자 하는 문제의 핵심이 이것이 아닙니다. 생명체는 무생물이라는 엄청난 장애물을 이겨 내고 생명체가 된 후에는 그것보다 훨씬 더 큰 죽음이라는 더 큰 장애물을 만나게 됩니다. 자 그렇다면 생명체는 이렇게 힘든 생명 복제라는 거의 창조에 가까운 행위를 언제부터 습득했을까요? 참 신기할 따름이지요?

사실 생식능력이 없는 생명체는 지구에 존재하지 않습니다. 즉 존재할 수가 없지요. 원래 예전의 사람들은 종간의 생식이 불가능하다고 생각을 했습니다. 하지만 다윈은 당시 사람들에게는 불가능해 보였던 이러한 종간의 생식이 윗대의 어느 순간에는 가능했었을 것으로 보았습니다. 즉 위의 조상으로 가면 어느 순간에는 이러한 종간의 생식이 가능했었다고 생각한 것이었죠. 즉 개와 고양이는 지금은 생식이 불가능하나 위의 조상으로 올라가 보면 어느 시점에서는 생식이 가능했었다고 본 것입니다. 이런 식으로 올라가 보면 어느 하나의 조상에서 후손들이 다 만들어지게 되었을 거라고 생각한 거예요. 이 원리가 바로 다윈의 책 제목이기도 한 종의 기원이라는 말입니다.

하지만 아이러니하게도 현재 지구상에서 생식능력을 상실하게 된 동물들은 종간의 생식을 통해 만들어진 동물이지요. 말과 당나귀의 잡종인 노새나 사자와 호랑이 간의 잡종인 라이거 등이 그 대표적인 예입니다. 이들은 대부분 당대에나 2~3대의 후손에 이르면 모두 불임이 돼요. 진화론에 의하자면 종간의 활발한 교류가 일어나야 종의 진화가 일어날 것인데, 오히려 반대되는 현상이 일어나는 겁니다.

그림 7-29. 이상하게도 사자와 호랑이의 잡종인 라이거나 말과 당나귀의 잡종인 노새는 생식 능력이 없어지게 된다.

여하튼 생식을 통한 자가 복제의 문제는 전 지구상에 일어나는 문제인데 이 기능을 어중간하게 가지고 있는 중간단계의 생명체는 없습니다.

6. 왜 안정적인 물질에서 불안정한 생명으로 진화한 것인가?

그다음 문제에 대해서 이야기해 보겠습니다. 초기의 박테리아는 안정적인 자기복제 능력을 가지고 안정적인 삶을 살아가고 있었는데 대체 왜 그다음 단계의 불안정한 생물로 진화를 한 것일까요? 진화론의 가장 큰 특징을 이야기하라고 하면 우연성과 무목적성이거든요. 그런데 우리 사회에서 이야기하다 보면 진화론의 본래 취지와는 전혀 다른 개념들을 이야기하는 것을 볼 수가 있어요. 어찌 보면 우리가 쓰는 진화라는 개념은 원래 진화라는 개념과는 정반대의 개념으로 쓰고 있는 거 같습니다. 우리는 진화라는 개념을 발전한다는 개념으로 생각할 때가 많잖아요? 근데 원래 진화라는 개념은 발전이라는 개념하고는 전혀 관계가 없습니다. 진화는 살아남는다는 개념으로 생각하시는 것이 훨씬 더 비슷한 개념입니다.

사회에서는 강자가 살아남는 경우가 많기 때문에 저희들이 '진화＝살아남기＝발전한다.'라는 개념으로 생각하시는 분이 많으신 거 같은데 실제로 자연환경에서는 살아남는다는 것의 의미가 전혀 다릅니다. 환경에 적응하는 자가 살아남는다는 말이 더 맞습니다. 강자가 살아남는다는 것이 아니에요. 오히려 자연환경에서는 사자나 호랑이가 오래 사는 법이 없지요? 즉 자연에서는 강한 자일수록 살아남기가 더 힘든 법입니다. 우리나라도 예전에 산에 살던 맹수들이 지금은 모두 사라졌잖아요? 환경이 어려워지면 제일 살기 힘들어지는 것이 강한

자들이거든요.

그림 7-30. 진화론적인 생명은 살아남는 것이지 발전하는 것이 아니다. 발전론적으로 따지면 가장 상위계층에 있는 포식자가 오래 살아남아야 하지만, 실제적으로는 환경이 안 좋아지면 제일 먼저 타격을 받는 것이 상위 포식자들이다.

그래서 진화라는 개념을 생각할 때 가장 염두에 두어야 할 것은 이런 개념을 가지고 접근을 해야 한다는 겁니다. 어찌 보면 우리가 생각하는 개념하고는 정반대의 개념으로 볼 수 있습니다.

위와 같은 진화의 개념으로 볼 때 진화라는 것은 계속적으로 역동적으로 발전하는 것이 아니라는 것을 아실 수 있을 겁니다. 오히려 환경이 변하면 거기에 맞춰 변화하는 자가 살아남는다는 겁니다.

그렇다면 박테리아처럼 안정된 구조를 가진 존재들이 더 상위 구조를 가진 식물이나 동물로 진화하는 이유는 무엇일까요? 사실 더 상위 구조로 진화를 한다는 것은 매우 불안정한 구조로 변한다는 것이거든요?

약 35억년전에 출현한 박테리아에서 갑자기 갑자기 5억7천만년전의 캄브리아기에 갑자기 생
명폭발 현상을 나타내는 것이 진화론의 난제임. 안정적인 박테리아는 왜 굳이 불안정한
존재인 식물이나, 식물을 잡아먹는 동물, 또는 그 동물을 잡아먹는 포식자로 진화한 것인가?
1번: 아노말리 카리스. 삼엽충을 잡아먹는 포식자
2번: 삼엽충   3번: 초기 해양식물

그림 7-31. 진화론적으로는 저등생물이 가장 안정적이고 생존에 더 유리하다. 그런데 왜 박테
리아는 굳이 상위 포식자인 식물로 진화를 했을까? 또한 식물은 굳이 자신의 천적
인 동물로 왜 진화를 했으며, 동물들은 대체 왜 자기를 잡아먹는 상위 포식자를 필
요로 했을까? 이렇게 가는 것은 진화론의 생존 전략이라기보다는 창조적인 세팅 과
정으로 보는 것이 더 합당하다. 포식자가 생기는 이유는 피식자의 개체 수를 조절하
기 위함이기 때문이다. 이는 진화하기 위해서가 아니라 세팅된 환경을 보호하기 위
한 것이다.

　진화론적인 입장에서 본다면 굳이 작은 생물체가 더 큰 생물체로 진화할
필요가 없어요. 왜냐하면 구조가 불안정해지기 때문입니다. 진화론적인 개
념 즉 살아남는다는 개념에서 보았을 때 더 상위 구조나 더 큰 몸집을 갖는
다는 것은 매우 불안정한 구조로 가는 것이기 때문에 이것은 진화론적인 측
면에서는 맞지 않아요. 이것은 발전이지 진화가 아니거든요. 여기서 창조와
진화의 차이점이 나옵니다. 진화는 환경에 적응하는 생물이 우연히 자기에
게 맞는 환경을 만나서 살아남은 것이고요, 창조나 지적 설계는 일정한 목표
를 가지고 발전적인 방향으로 나가는 것을 뜻합니다.

그림 7-32. 위의 그림을 보면 진화라는 개념보다는 일종의 조직 발전도라고 보인다. 즉 창조론
이나 지적설계론과 더 가까워 보인다.

이런 측면에서 볼 때 제일 문제가 되는 것이 무엇인지 아십니까? 자연이
자기의 천적을 만들어내는 것이 설명이 안 되는 겁니다. 즉 식물의 천적은 누
구입니까? 대부분의 동물은 식물의 입장에서 보면 천적에 해당하지요? 왜냐
하면 거의 모든 동물이 식물을 자기의 먹이로 삼기 때문입니다.

그렇다면 식물은 왜 굳이 동물로 진화를 했을까요? 동물의 세계는 어떻습

니까? 위의 그림을 보면 고생대 초기인 캄브리아 시기에 이미 삼엽충의 천적인 아노말로카리스라는 천적 동물이 거의 같은 시기에 발견이 됩니다. 거의 같은 시기에 식물의 천적인 동물, 동물의 천적인 포식자에 이르기까지 이러한 생태계가 떡 하고 나타난 겁니다. 그것도 어느 날 갑자기요.

앞에서도 이야기했듯이 5억 7천만 년 전의 캄브리아기 생명 대폭발 시기에 이러한 구조가 동시에 출현한다는 것입니다.

이것을 진화론적으로 어떻게 해석을 해야 할까요? 이것은 진화된 상황이라기보다는 하나의 세팅된 상황을 보는 것 같습니다. 즉 우연과 돌연변이가 난무하고 질서가 없는 진화라는 상황이 아니라 마치 잘 차려진 밥상을 보는 것 같은 기분이 듭니다. 자연계에서 과학적으로 천적에 대해서 살펴보면 천적은 자기보다 하위 동물의 개체 수를 조절해 주는 역할을 합니다. 그럼으로써 자연 생태계의 조화를 조절해주는 기능을 가지고 있습니다. 즉 천적이 없어지면 어떤 특정한 동물의 개체 수가 기하급수적으로 늘어나게 됩니다. 예를 들자면 늪지에 개구리를 먹고 사는 특정 동물이 있다고 합시다. 그런데 어느 순간에 이 특정 동물이 없어지게 되면 개구리의 개체 수가 급증을 하게 되고 개구리가 먹고사는 생물의 개체 수가 급감을 하게 됩니다. 그러면 개구리가 먹고 사는 생물을 공동 먹이로 하는 다른 동물들이 거의 멸종의 단계에 이르게 된다는 겁니다. 그러므로 자연 생태계를 지키기 위해서 천적 동물은 필수 불가결한 것으로 보입니다.

그림 7-33. 자연계에서 진짜 필요한 것이 바로 천적이다. 천적은 자연계의 균형을 유지해주기 때문이다. 진화론적으로는 천적이라는 것을 만들어 낼 필요가 전혀 없다. 생존이 목적인 진화 시스템에서 전 단계의 동물이 천적을 만들어 낸다는 것은 말이 되지 않는 이야기이다. 오히려 천적이라는 것은 발전적인 개념이나 지적설계적인 개념에서 동물들의 개체 수를 조절하기 위해서 만들어낸 일종의 인조물 같은 것이다.

하지만 진화론은 개개인의 생물체가 살아남는 이야기입니다. 이 생물체는 살아남기 위해서 최선을 다할 뿐입니다. 그 개개인의 생물체가 이런 생태계를 걱정할 이유가 전혀 없죠. 자연에 있는 동물 자신이 자신의 생태계를 걱정해서 자기 종족의 개체 수를 조절하는 포식자를 만들어 내지는 않잖아요? 진화론에서는 이렇게 주장을 하고 있는 것입니다. 사실 자신들이 무슨 이야기를 하고 있는지도 모르는 것 같아요.

바로 이런 점이 지적설계론이나 창조론에서 천적을 만들어내는 이유인 것 같습니다. 자 그것은 자연계의 조절자가 하는 일이고요 진화론이 하는 일은 아닙니다. 진화론에는 철저히 위배되는 일이지요. 진화론적으로는 안정된 자기의 상태를 벗어나서 굳이 자기 자신의 상태보다 더 불안정한 상태인 식물이나 동물, 나아가서는 포식자에 이르기까지 점점 더 불안정한 상태로 진화할 필요가 없다는 것입니다. 약육강식이라는 말이 있지요? 이 말을 진화론을 주장하는 사람들이 많이 쓰는데, 원래 이 말은 전혀 진화론적인 말이 아니라는 거죠.

사자나 호랑이, 북극곰 등을 보세요. 그들의 삶을 보면 아주 혹독한 삶을 살지요? 그들의 삶을 보면 약육강식이라는 말은 전혀 진화적이지 않습니다. 그들은 이제 개체 수 조절에는 목적을 다한, 필요 없는 잉여동물처럼 보이는 것이 사실입니다. 즉 진화의 목적은 강해지는 것이 아니고 살아남는 데에 있기 때문입니다. 즉 진화라는 것은 환경에 적응해서 환경에 맞는 존재가 되는 것입니다. 하지만 우리는 지금 진화라는 말의 의미를 전혀 다르게 쓰고 있는 거 같습니다. 진화의 계통수 즉 진화의 나무에 나오는 순서를 보면, 이것은 무질서적이고 우연에 의한 진화라기보다는, 잘 계획된 계획에 의해서 발전적으로 설계된 조직발전도에 더 가까워 보입니다.

7. 진화론의 난제: 중간 단계의 부재

진화론의 다른 문제점에 대해서 이야기해 보도록 하겠습니다. 진화론의 최대 문제점은 바로 중간단계가 없다는 것입니다. 위에서 이야기했듯이 제일 먼저는 생물체와 무생물체의 중간단계가 없습니다. 즉 생명이 진화되기 위해서는 수없이 많은 시행착오를 겪어야 할 것입니다. 그중에 가장 큰 시행착오는 생과 사의 사이를 왔다 갔다 하는 것입니다. 즉 무생물에서 생명으로 진화되기 위해서는 살아있다 죽어 있는 상태를 수도 없이 반복하며 생명을 취득했을 것입니다. 하지만 살아있다 죽어 있다는 것을 반복한다는 것 자체가 불가능하기 때문에 이것이 불가능한 이야기라는 겁니다.

대체 살아있다가 죽어 있다가 하는 상태라는 것은 무엇일까요? 또한 만약에 진화론의 이 설정이 사실이라면 이러한 현상이 아직도 지구상에서 일어나고 있어야 한다는 것이죠? 즉 우리 주위에서 살아있지도 않고 죽어 있지도 않은 중간 생명체들이 널려 있어야 한다는 말입니다. 하지만 우리 주위의 어디를 둘러보아도 이러한 상태는 존재하지 않습니다. 여러분 주위를 둘러보세요. 지구는 반드시 무생물체 아니면 생물체로 나누어져 있습니다. 그 중간은 존재하지를 않죠.

예전에 영화 중에 〈인디아나 존스〉라는 영화가 있었지요? 저도 아주 재미있게 본 기억이 있는데 그 영화뿐만이 아니라 많은 영화에서 밀림을 탐사하는 장면이 많이 나오지요? 그 영화를 보면서 서양인들은 참 탐구심이 많은가 보다 하고 생각하시는 분들이 많았을 것입니다. 맞습니다. 서양인들은 탐구심이 참 많지요? 하지만 무엇을 탐구하러 갔을까요? 그 탐구 내용 중의 하나가 바로 사람과 원숭이의 중간 단계를 찾으러 갔던 겁니다. 그 당시에 서구인들은 진화론적인 시각에서 자신들이 가장 진화된 종족이라고 생각을 했습니다. 그리고 밀림의 어디엔 가는 인간과 유인원의 중간 단계인 종이 있을 거라는 생각을 한 거예요. 그곳에 사는 원주민들을 보면서 이보다 더 미개한 종을 찾으면 분명히 인간과 유인원의 중간 단계의 종을 찾을 수 있을 것이라는 생각을 실제로 했던 겁니다.

하지만 결국은 발견을 하지 못했죠. 결국 인간은 인간이고, 원숭이는 원숭이였던 겁니다.

중간단계의 문제는 진화론 최고의 문제인데요. 원래의 진화론적인 생각에 의하자면 지금도 바다에서는 진화되는 생명체가 계속 나와주어야 하거든요? 하지만 그런 징후는 전혀 보이지 않습니다. 또한 육상으로 올라오는 생물이 계속 있어야 되지 않겠습니까? 사실 최근 해양의 오염 등으로 인해 지금의 바다의 생태계는 지구가 만들어진 이후에 최악의 상태입니다. 환경이 급변하고 있어요. 그렇다면 이러한 환경의 급변 상태에 맞추어 바다에서 육지로 올라오는 생물체가 급증을 하여야 할 것입니다.

하지만 그런 징후는 보이지 않고 있지요?

그림 7-34. 지금 역사상 가장 해양 오염이 제일 심한 상태인데 바다에서 육지로 진화되어 올라오는 생물은 전혀 발견이 되지 않고 있다. 진화론에 의하자면 지구 역사상 최악의 오염 상태인 바다에서는, 그 오염을 피해서 지금 육지로 진화되어 올라오는 생물이 속출하고 있어야 한다. 하지만 그런 징후는 전혀 보이지 않고 있다.

이는 육상 동물들도 마찬가지입니다. 하지만 그런 징후는 보이지 않는 거 같습니다. 지금 육상 동물 중에 종간의 중간 특징을 가진 중간 동물은 하나도 없거든요. 진화라는 것은 환경의 변화에 따라서 항상 진행 중인 과정으로 보아야 하는데요. 지금은 진화가 멈춘 것처럼 보입니다.

현재 관찰 기간이 짧아서 진화할 시간이 부족하다고 이야기하고 있죠. 하지만 지금의 지구의 상태가 어떻습니까? 지구 역사상 최악의 환경 변화 상태에 있지요? 생태 환경의 급변하는 속도에 비하면 반응이 거의 없는 거나 마찬가지예요. 즉 지금은 환경오염으로 인한 돌연변이만을 일으키고 있어요. 하지만 현재 돌연변이를 일으키는 생물들은 환경에 더 적응을 하지 못하고 있는 것 같습니다.

즉 대체 지구 환경이 어떻게 변해야 그 종의 돌연변이가 더 잘 살아남을 수 있는 환경이 되는 건지 묻고 싶습니다. 인간의 예를 들어볼까요? 자연환경이 변한다는 것은 기껏해야 추워지거나 더워지거나 하는 정도이고, 아주 큰 변화는 화산 폭발이나 홍수 정도일 건데 인간의 어떤 돌연변이가 그 상황에서 더 잘 살아남게 될까요? 키가 더 커지면 더 잘 살아남게 될까요? 아니면 체온을 조절하는 능력을 키우면 잘 살아남게 될까요? 지구 환경이 엄청나게 변하는 상황이 된다고 하더라도 인간은 인간으로서 살아남게 되는 것이지 다른 종으로 변하기는 힘들 거 같은 생각이 듭니다.

요즘 영화 중에 돌연변이에 관한 영화 중에 〈엑스맨〉이라는 영화 시리즈를 다들 한 번쯤은 보셨을 겁니다. 원래 돌연변이라는 개념은 능력이 발전하는 것하고는 관계가 없다고 했습니다. 오히려 그 반대의 경우가 많지요. 하지만 여기서 나오는 돌연변이 인간들은 아주 특별한 능력, 즉 발달된 능력을 가지고 있지요? 이것은 엄밀하게 이야기하자면 돌연변이라기보다는 발전된 인류라고 하는 것이 맞습니다. 이는 돌연변이 개념하고 전혀 상반된 개념이죠.

돌연변이의 개념을 예로 들어 보자면 지구환경이 급변해서 샴쌍둥이로 태어나는 것이 더 유리한 상황이 됐다고 생각을 해봅시다. 그러면 다른 인간들은 멸종을 당하게 되고 샴쌍둥이들만 살아남겠지요. 그래서 살아남은 샴쌍둥이 자손들이 자손을 계속 퍼트리게 되고, 마침내 인류는 샴쌍둥이 종족으로 진화하게 된다는 것이 돌연변이설의 논리입니다.

그림 7-35. 샴쌍둥이의 모습. 샴쌍둥이가 보통 인간들에 비해 생존이 더 유리한 상황에는 어떠한 것이 있을까?

　대체 어떠한 자연적인 상황이 되어야 샴쌍둥이가 보통의 인간에 비해서 잘 살아남는 환경이 되는 것일까요? 비유가 다소 억지라고 생각하시는 분들이 있을지 모르겠습니다. 하지만 문제는 그 수많은 종들이 일일이 돌연변이를 일으켜야 하고, 그에 따라서 환경의 변화가 일어나야 한다면, 약 10^{40} 숫자만큼의 정도로 추정되는 지구상에 존재했던 생물을 일일이 돌연변이를 일으켜 그에 맞추어 환경 변화를 일으키는 과정을 겪어야 합니다. 환경 변화라는 것이 그렇게 쉽게 오는 것이 아닌데 어떻게 그렇게 많은 종들의 동물이 그렇게 쉽게 다른 종으로 돌연변이를 일으키냐는 거죠.

　하지만 그러기에는 초기 생물체의 문제와 마찬가지로 35억 년이라는 시간은 너무 부족한 시간입니다. 오히려 엄청난 많은 생명이 지적인 설계가 되었다가 폐기된 것으로 해석하는 것이 오히려 합리적으로 보입니다.

진화에 있어서는 시간의 양보다는 자연환경의 변화의 양이 더 중요한 것 같은데요? 지금 시대의 급격한 자연환경 변화의 정도에 비해서는 반응이 없는 것을 보면 진화는 쉽게 일어날 거 같지 않습니다.

중간단계의 문제로 진화론자들이 제일 예로 많이 드는 것이 슈퍼 박테리아의 출현인데요. 인류가 항생제를 쓴 것이 한 70년 되거든요? 최근에 나타나는 슈퍼 박테리아는 항생제에 효과가 없는 균들을 일컫는 말입니다. 이것이 유전자의 변화를 통해 나타난 박테리아의 돌연변이이며, 환경의 변화에 따라 돌연변이를 일으켜 종이 변해갈 모습을 보여주는 예라고 목청을 높여서 하는 이야기는 별로 설득력은 없는 것 같습니다. 단순한 변이에 해당한다는 생각이 드네요.

제 8 장

프리고진의
창발이론과
복잡계 이론

1. 복잡계 이론은 오히려 전쟁, 지진같은 인류의 불행에도 일정한 규칙성이 있음을 발견한 이론이다

프리고진에 대해서는 우리가 좀 더 많은 이야기를 해보려고 해요. 왜 이 이론이 나오게 됐고 최근에 이 이론이 각광받고 있는 이유를 요. 사실 프리고진은 최근에 가장 주목받고 있는 학자이기도 합니다. 사실 열역학과 관련하여 발생되는 문제는 진화론이 나오기 시작할 때부터 시작해서 거의 100년 동안 진화론을 괴롭혀 왔습니다. 하지만 프리고진의 이론이 발표되고 나서는 진화론자들이 많이 고무되게 되었죠.

프리고진의 이론을 한마디로 정의하자면 자연 스스로가 창조 행위를 통해서 우주의 진화가 일어날 수 있다고 주장하는 것입니다. 즉 신의 도움(?)이 없어도 우주와 생명의 진화가 일어날 수 있다는 거예요. 이를 좀 더 학문적으로 표현한 말이 바로 "평형계에서 멀어진 곳에서 창발 현상이 나타날 수 있다."라는 말입니다.

즉 우리는 일반적으로 평형계에서만 생명현상이 일어난다고 생각을 했기 때문에 열역학법칙을 적용을 해서 진화가 어렵다고 생각을 했지만 실제적인 진화는 이러한 안전한 평형계에서 일어나는 것이 아니라 평형계에서 멀어진 비 평형계에서 일어난다는 겁니다. 엄밀하게 이야기하자면 니체와 베르그송을 잇는 창조적 진화 철학에 과학적 배경을 제시해준 것이었죠. 그래서 진화론자들이 그렇게 열광을 하는 거예요.

일리야 프리고진 이 사람은 러시아 사람인데 1917년생입니다. 벨기에 브뤼셀에 정착해서 10살 때부터 벨기에에서 살았다고 해요. 즉 벨기에 학자이지만 원래는 러시아 사람인 거죠. 여기서는 진화론에 대해서 이야기하고자 하는 게 아니고 진화론의 최대의 적인 열역학 법칙과 그 열역학 법칙을 다시 반박한 프리고진의 이론에 대해서 이야기하고자 하는 겁니다.

1990년대 이후에 분자생물학이 발달을 하면서 진화론이 타격을 받고 있는 것도 사실입니다. 그런데 대안이 없기 때문에 진화론을 인정하고 있는 거죠. 대안이 없기는 없잖아요? 그래서 지적설계론이나 외계인설까지 나오고 그러는 겁니다. 초기에 박테리아가 만들어지고 그 후에 수십억 년 동안 아무런 생명의 징후가 없다가, 약 5억 7천만 년 전인 캄브리아기에 이르러서야 대폭발이라고 표현할 만큼, 갑자기 거의 모든 생명체들이 만들어집니다. 이는 마치 우주의 빅뱅현상을 보는 것 같습니다. 빅뱅현상도 왜 그렇게 갑자기 우주가 그 짧은 시간에 그렇게 갑자기 생겨났는지 이해가 잘 안 가시지요?

이것이 신이 일하는 방식입니다. 마치 신은 진화론을 비웃는 듯한 증거를 남겨 놓은 것 같아요. 즉 모든 과정이 진화론의 이론대로 아주 과학적(?)이고, 점진적으로 움직여 왔다면 이러한 논란도 없었겠지요.

하지만 신은 우주에서 제일 뛰어난 과학자이지요? 즉 이러한 과정에는 수도 없는 시행착오의 시간이 필요할 것 아닙니까? 그 수많은 단백질과 생명체를 만들어 내려면 거의 무한대에 가까운 시간이 필요하고, 또한 엄청난 시행착오를 거쳐야 하거든요. 물론 신은 시간을 뛰어넘는 존재이지만 그렇다고 시간을 무시하지도 않는 존재입니다. 자기가 만들어 놓은 법칙을 어기는 존재가 아니기 때문이에요. 즉 신이기에 그 정도의 짧은 (?) 시간으로 그 많은 생명 과정을 이루어 냈다는 말입니다.

수많은 동물들이 나왔다가 사라져갔지요? 그런데 그 많은 생물들(10^{40} 개체 정도 추산)이 만들어지고 사라지고 하는 과정에서, 단백질을 비롯한 새로운 물질들이 그에 따라 거의 창조에 가까운 수준으로 만들어져야 한다는 거예요. 즉 새로운 개체의 탄생은 새로운 단백질이 수천, 수 만개씩 변화해야 가능하다는 의미에서는 거의 새로운 창조에 가까운 일이 된다는 것이죠. 즉 모든 생명체는 "각각" "새롭게" 창조되었다는 것입니다.

그니까 생물이 만들어진 38억 년이라는 시간을 거의 "찰나의 시간"이었다고 하는 겁니다. 38억 년이라는 시간은 우리 인간들이 보기에는 엄청나게 긴 시간입니다. 하지만 자연발생이나 진화적으로 시간을 본다면 너무나도 짧은 시간 이에요. 즉 오직 시간의 소유자인 신만이 이러한 무한대의 시간과 무한대의 시행착오를 이겨낸 후, 우주의 물질과 생명의 창조를 할 수 있었다는 것입니다.

초기 생명 문제 이후의 진화론적인 이야기는 거의 소설 수준이 됩니다. 즉 새로운 수만 종의 단백질의 탄생이 전제가 되어야지만, 종간의 변종이라는 것이 가능한 겁니다. 그렇게 따지면 사실상 종간의 변화를 일으키는 변종이라는 것 자체도 어마어마한 창조의 과정이 된다는 것이죠. 현재 진화론과 지적설계론 사이의 논쟁은 거의 인문학적인 논쟁만 하는 상태예요. 즉 증명이나 실험은 없이 말싸움만 하는 상태란 말이지요.

그런데 최근 들어 이 문제를 억지로(?) 해석해 낸 이론이 나타난 거예요. 그것이 바로 프리고진의 창발이론과 그의 아이디어를 기반으로 만들어진 복잡계 이론입니다. 여러분이 듣기에는 약간 생소하시겠지만 진화론 자체가 21세기에 들어오면서 좀 시들해지고 있어요. 즉 그것은 분자생물학의 발전 때문이라고 했습니다. 그런데 그 와중에 이러한 이론들이 등장을 하면서 새로운 양상을 맞이하게 됩니다.

이제 프리고진의 이론에 대해서 본격적으로 이야기를 해보겠습니다. 즉 진화론의 최대의 적이었던 열역학 법칙과 그 열역학 법칙을 다시 반박하여 진화론을 다시 옹호한 프리고진의 획기적인(?) 이론에 대해서 이야기하고자 합니다.

사실 현재 진화론의 제일 큰 적은 아미노산의 형성 과정, 아미노산이 모여서 단백질이 되는 과정, 그리고 이 과정을 조절하는 DNA의 형성 과정, 그다음에 또 캄브리아 생명 대폭발 등등 많죠? 하지만 이것은 최근에 1990년대 이후에 벌어진 일이고요. 사실 초기 진화론에서 제일 진화론을 위협한(?) 법칙이 바로 열역학 법칙이었습니다.

열역학 법칙을 한마디로 정의한다면 이 우주의 에너지라는 것은 생겨나지도 않고 없어지지도 않는 것이며 단순히 변화만이 일어나는 것이라고 했죠? 즉 수력발전소에서 물이 떨어지는 것을 보면 물이 떨어지는 낙하에너지가 전자석을 돌려서 전기에너지로 변형이 일어나게 되죠. 이때의 에너지도 자세히 보면 변화만 일어나는 것이지 새로 생겨나는 것이 아니잖아요? 우주에 있는 모든 에너지의 양상이 그렇다는 거죠.

그림 8-1. 수력발전소의 물이 원래 가지고 있던 위치에너지 즉 낙하에너지는 전기 에너지로 변환이 될 뿐이지 새로 생겨나는 에너지가 아니다. 열역학 제1법칙.

열역학법칙 중에 두 번째 법칙이 제일 중요하다 그랬죠? 엔트로피 증가의 법칙입니다. 즉 무질서도가 증가한다는 것입니다. 한마디로 하자면 방이 어질러지는 것이 자연의 기본적인 법칙이고, 방이 치워져서 깨끗해지는 것은 반드시 에너지를 반드시 써야만 하는, 자연스럽지 못한 법칙이라는 말입니다.

그림 8-2. 우리가 사는 우주에서 무질서도는 증가하게 되어 있다. 즉 방이 어질러지는 것이 치워지는 것보다 더 자연적인 현상이다. 열역학 제2법칙.

그니까 열역학법칙에 따르자면 에너지는 생성되지도 않고 소멸하지도 않는다. 그다음에 무질서도는 증가한다는 것입니다. 즉 이에 따르자면 우주의 물질이 생성된다는 것도 불가능하게 돼요. 아인슈타인의 공식을 한번 떠올려 봅시다. $E=MC^2$이죠? 이 공식에서 보면 E는 에너지를 의미하고, M은 물질을 의미한다고 했어요. 이렇게 본다면 에너지가 물질이고 물질이 곧 에너지인데, 그렇다면 이 우주가 어떻게 생겨나요? 에너지는 만들어지는 것이 아니잖아요? 즉 에너지라는 것이 만들어지는 것이 아닌데 어떻게 이렇게 거대한 우주라는 물질이 만들어졌냐는 것이죠.

이 열역학법칙은 초기 진화론자들을 무지 괴롭히던 법칙이었어요. 1800년대 후반에 증기역학의 발전에 힘입어 엄청나게 발전한 학문입니다. 아주 엄밀한 과학적인 학문체계이죠. 진화론과는 비교도 안 됩니다. 사실 진화론은 지금도 학문적으로 본다면 학문이라고 말하기가 좀 뭣하죠.

프리고진의 의의는 이러한 열역학법칙에 대한 이야기를 잘 풀어내었다는 데 의미가 있습니다. 이 이야기가 좀 어려운 이야기인데요, 어려운 이야기이기 때문에 이해를 잘하셔야 됩니다. 열역학 법칙에서 진화론과 제일 부딪히는 부분이 제2법칙입니다. 즉 무질서도 증가의 법칙이죠. 무질서도가 증가하는 가장 대표적인 예가 뭐죠? 가장 쉽게 이야기하는 게 물에다가 잉크를 떨어뜨리면 어떻게 됩니까? 쫙 퍼지죠. 그런데 반대 현상이 일어나나요? 즉 퍼졌던 잉크가 다시 모이는 법은 없잖아요? 이것이 바로 무질서도 증가의 법칙 즉 엔트로피 증가의 법칙입니다.

그림 8-3. 위의 그림에서 보듯, 잉크가 퍼지거나 컵이 깨지는 것처럼 무질서도가 증가하는 방향으로는 일이 일어나지만 반대 방향으로의 일은 일어나지 않는다.

　이러한 반응을 '비가역적'이라고 말합니다. 즉 한쪽 방향으로는 가지만 반대편으로는 안 간다는 거예요. 무질서도가 증가하는 것은 비가역적인 현상입니다. 즉 잉크를 빠뜨려서 쭉 퍼졌는데 그 반대로 잉크가 다시 모여들어서 한 방울의 잉크로 변하진 않잖아요. 또 한 가지의 대표적인 경우를 봅시다. 컵을 깨트렸어요. 하지만 저절로 컵이 안 깨진 상태로 가지는 않죠? 즉 깨진 컵이 알아서 다시 붙지는 않잖아요?

　반대의 상황을 만들려면 어떻게 해야 하죠? 즉 잉크를 물에서 분리를 하려면 어떻게 해야 됩니까? 채로 걸러 가지고 물기를 싹 뺀 다음에 잉크 성분을 만들면 가능하겠죠? 또한 깨진 컵은 깨진 컵 쪼가리들을 모아서 반창고로 붙이든지 해야 할 겁니다. 이러한 상황의 공통점이 무엇이죠? 일을 하는 것 즉 바로 에너지를 투입하여야 한다는 것입니다. 즉 일을 하지 않고서는 위의 상황은 절대 반대 방향으로 흘러가지 않는다는 것입니다. 하지만 그럼에도 불구하고 완전한 앞 상황으로 돌아가는 것은 아니죠?

아주 작은 모기를 죽였어요. 그런데 아무리 작은 모기일지라도 죽은 모기를 다시 살릴 수가 있나요? 무질서도가 증가한다는 것은 생명이 죽는 방향으로 간다는 뜻입니다. 하지만 프리고진은 이 의견에 반대합니다. 즉 평형계에서 먼 비 선형적 시스템이라는 개념을 도입하면서 여기에서 무질서도가 감소하는 사건이 벌어질 수 있다고 주장을 합니다.

또한 지구라는 시스템은 태양이라는 외부에서 에너지를 공급해주는, 즉 일이라는 것을 해주는 존재가 있어서 무질서도가 감소하는 시스템이 될 수가 있다는 것이죠. 즉 무질서도가 감소하는 생명현상이 일어날 수가 있다는 것입니다.

또한 복잡계 이론은 1950년대에 처음 시작되게 되는데 기상학자이던 로렌츠라는 사람의 작은 실수에 의해 시작이 됩니다. 즉 이분이 기상관측을 하던 중에 잠시 쉬러 나가면서 컴퓨터에 기본 조건을 실수로 아주 미세하게 틀리게 설정해 놓고 갑니다. 그 정도가 소수점 세 자리 정도 되는 아주 작은 수치예요. 하지만 밖에 일을 보러 나갔다가 다시 왔더니 그 결괏값이 엄청나게 차이가 나는 상황을 목격하게 됩니다.

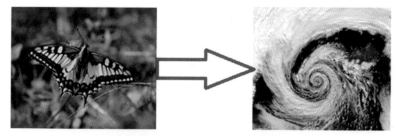

나비효과: 베이징의 작은 날갯짓이 뉴욕에서는 태풍이 된다.

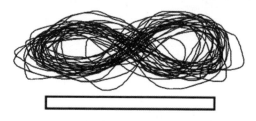

그림 8-4. 로렌츠의 컴퓨터상의 오류로 나타난 끌개현상. 복잡계 이론의 시발점이 되었다.

즉 초기 조건이 아무리 작은 정도라도 설정이 잘못되어 있으면 나중에는 엄청난 변화를 나타내게 된다는 바로 '로렌츠의 나비효과'라는 것입니다. 로렌츠의 이 나비 모양의 끌개는 나중에 들뢰즈 이론에서도 보면 많이 가져다 씁니다. 그 밖에도 나비효과를 갖다 쓴 이론을 굉장히 많이 볼 수가 있어요.

이 이론 중에서 최근에 어떤 이론까지 나왔냐면 지진, 태풍 등의 인간에게 일어난 자연재해, 그리고 심지어 인간이 인위적으로 일으킨 전쟁에 이르기까지 모든 것에 일정한 패턴과 규칙이 있더라는 거예요. 참 신기하지요? 우리가 우연적이고 무작위적으로 일어난다고 생각했던 일들이 전부 법칙이 있다는 겁니다. 예를 들면 어느 시점에 큰 지진이 한번 일어나면 그다음에는 바로 큰 지진이 일어나는 것이 아니라, 앞서 일어난 큰 지진에 상응하는 에너지만큼 두 번의 작은 지진이 일어나고, 그다음에 충분한 시간이 흐른 뒤에 그전에 일어났던 크기만큼의 큰 지진이 일어난다는 것입니다. 즉 계속해서 큰 지진이 일어나는 경우는 거의 없더라는 말이죠.

그런데 이것은 인간이 직접 일으키는 전쟁도 마찬가지더라는 거예요. 즉 인류의 전쟁사를 연구해 보니 큰 전쟁이 있던 시기가 있으면 한동안은 작은 전쟁만 일어나거나 평화가 유지된다는 겁니다. 참 이상하지요? 왜 이런 일이 벌어지는 것일까요? 여러분들이 생각할 때 좀 이상하지 않나요? 예전에는 우연의 일치라고 생각해서 이해할 수 없었던, 자연재해나 전쟁 등 인류에게 불행을 가져다주는 일들이 우연히 일어나는 것이 아니라 일정한 법칙을 가지고 일정한 패턴으로 일어나고 있다니요?

그렇다면 반대의 경우는 어떨까요? 인류의 행복이나 행운의 양도 정해진 것이 아닐까요? 참 신기한 일이 아닐 수가 없습니다.

이 이야기를 다른 말로 하면 불행이나 행운도 일종의 필연이라는 거잖아요? 즉 불행과 행운의 양은 정해져 있고 이러한 사건들이 필연적으로 일어난다는 겁니다. 우연적이고 목적이 없는 줄 알았던 세상에 규칙이 있고 법칙이 있다는 겁니다. 이것은 어찌 보면 지금까지의 유물적이고도 진화론적인 사상과 배치되는 이야기이지 결코 우호적인 거 같지는 않네요. 그렇지 않나요?

우연적이고 목적성이 없고 유물론적이라고 생각했던 이 우주와 세계가 이처럼 일정한 질서 위에 세워진 것이라는 겁니다. 즉 위의 내용을 잘 생각해보면 우주에는 창조라는 긍정적인 면에서만 신비로운 질서만 있는 것이 아니라, 자연재해나 전쟁 등의 부정적인 면에서도 질서가 있다는 거예요.

진화론자들은 이 복잡계 이론을 이용해서 진화를 설명하려고 하는 경향이 있습니다. 하지만 지적 설계론자들은 이를 창조론에 접목을 시키려고 합니다. 당연히 접목이 되지요. 복잡계 이론의 핵심은 무질서하게 보이는 것 속에도 질서가 존재한다는 겁니다.

이것은 이렇게 해석을 해야 해요. 즉 처음에는 질서가 먼저 존재했어요. 하지만 어떤 이유로 무질서가 들어왔습니다. 즉 시간의 세계라는 질서의 세계에 공간의 세계라는 무질서가 들어온 것입니다. 하지만 시간의 세계는 공간의 세계보다 훨씬 더 우월한 존재이기 때문에 공간의 세계를 지배했습니다. 즉 질서가 무질서를 통제한 거죠.

즉 이 우주는 무질서한 진화가 지배한 것이 아니라 지적설계라는 질서가 지배한 것이에요. 하지만 시간의 세계는 공간의 세계를 억압하는 식으로 지배한 것은 아니에요. 즉 공간의 세계를 인정하면서 공간의 세계에서 자신의 건축물(생명체)들을 지어 논 겁니다.

생명체는 시간의 존재이거든요. 생명체는 시간의 존재이기 때문에 공간의 세계와는 아주 이질적인 존재가 된 것입니다. 지금도 시간의 존재인 생명체는 시간의 세계에 접속해 있습니다. 그래서 우리 공간의 세계에서는 생명체를 절대 다시 살릴 수가 없는 거예요.

이러한 시간의 세계 즉 영원불멸의 세계는 인간의 실수로 인해 깨지게 된 겁니다. 즉 이러한 이유로 시간의 세계가 떠나고 질서 세계의 화석이라고 볼 수 있는 혼돈 속의 질서가 남게 된 거죠. 이것은 실체적 시간이 사라지고, 지금은 시간의 화석인 시계만 남은 것과 비슷합니다.

앞에서 이야기했던 맹장염을 다시 예로 들어 볼게요. 우리나라 기준으로 보통 1년에 500명당 1명은 무조건 맹장염에 걸립니다. 물론 종족이나 인종에 따라 차이가 있겠지만 맹장염에는 누군가 반드시 걸리게 되어있다는 것입니다. 즉 이러한 불행에 빠지는 사람의 수가 정해져 있다는 것입니다. 이것을 다시 이야기해 보면 무질서 속에도 질서가 있다는 것입니다. 즉 불행의 양은 정해져 있고 그 불행이 무조건적으로 나누어진다는 것이죠.

이러한 내용을 보자면 일종의 할당량 같은 것이 존재하는 것처럼 보이죠? 즉 저주의 할당량이 정해져 있다는 것입니다.

우리가 흔히 우스갯소리로 하는 이야기로 신은 공평하다는 이야기를 하죠? 모든 인간에게는 장점과 단점이 있는데, 이것이 바로 공평하다는 거예요. 즉 잘생긴 사람은 몸이 아프다든지, 가난한데 성격이 좋다든지 하는 식이죠.

프랙탈 구조에 대해서는 들어보셨을 겁니다. 프랙탈의 기본 구조는 여러 군데서 볼 수가 있는데요. 아래 그림을 보시면 작은 별 모양이 모여서 큰 별 모양을 만들어 내는 것을 볼 수가 있지요? 즉 불규칙하게 보이는 것도 그 속에 일정한 규칙을 가지고 있다는 거예요.

그림 8-5. 프랙탈 구조. 작은 별 모양이 수백 개가 모여서 다시 별 모양을 이루고 있다. 프랙탈 구조를 보면 우리가 사는 우주의 복잡성 속에 숨어 있는 규칙성을 보여준다. 복잡계 이론은 가만히 보면 진화론보다는 지적설계론에 가까운 이론이다. 진화론은 본질적으로 질서와는 거리가 멀다.

사실 따지고 보면, 이러한 우연적이고 무작위처럼 보이는 구조에도 이러한 일정한 규칙이 있다는 것은, 우주에는 규칙 있다는 것이 진리라는 것을 보여 줍니다. 우리가 사는 우주에 수학이 있는 것처럼, 우주에는 기본적인 규칙이 있다는 것이죠. 사실 진화론자들은 이 복잡계 이론을 자신들의 전유물인 양 가져다 쓰고 있는데요. 하지만 복잡계 이론은 오히려 우주의 질서를 이야기해 주는 것처럼 보입니다. 즉 진화론과는 거리가 먼 이야기라는 말입니다.

2. 프리고진 이론은 너무 단순한 것을 가지고 침소봉대하는 경향이 있다

프리고진의 버나드 세포에 대해서는 그전에 수차례 말씀드린 바 있습니다. 즉 물을 극도로 뜨겁게 끓이면 일정한 규칙의 대류가 나타나는데 그것을 바로 버나드 세포라고 한다고 했습니다. 여기에서 '세포'라는 말을 썼는데 이는 마치 진화에 의해서 생명체가 만들어질 수 있다는 식의 표현같네요. 하지만 여러분 보시기에 어떤가요? 이러한 간단한 대류 현상 정도와 그 복잡한 세포를 비교한다는 게 말이 되나요?

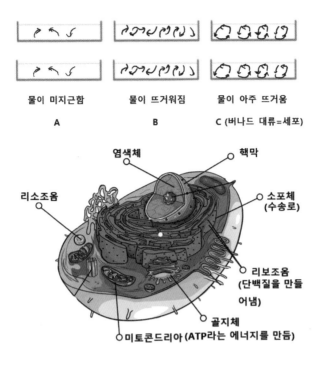

물이 미지근함　　　　물이 뜨거워짐　　　　물이 아주 뜨거움

A　　　　　　　　　　B　　　　　　　C (버나드 대류=세포)

염색체　　　　　　　핵막

리소조옴

소포체
(수송로)

리보조옴
(단백질을 만들
어냄)

골지체

미토콘드리아 (ATP라는 에너지를 만듦)

그림 8-6. 프리고진의 이론은 아주 간단하다. 즉 물을 단순히 끓이기만 하면 수증기가 되어 날아가 버리지만, 극단적으로 끓이면 일정한 규칙이 나타난다는 것이다. 이것을 평형계에서 먼 비선형계라고 하는데, 이처럼 자연계에서는 극단적인 상황에 노출이 되면, 오히려 일정한 규칙이 나타난다는 것이다. 이것을 진화론자들이 엄청나게 환영하게 된다. 하지만 위의 그림에서 보듯이 버나드 세포라고 하는 물의 대류와 밑의 그림에 있는 진짜 세포와 비교가 될 수 있을까? 프리고진을 따르는 사람들은 위의 버나드 세포가 나중에 발전하면 아래와 같은 진짜 세포가 만들어질 수 있다고 주장하는 것이다.

　프리고진은 이 논문 가지고 1977년도에 노벨상을 받았어요. 이게 여러분이 볼 때 무슨 노벨상을 탈 만한 내용인가요?

　이것이 세포를 만들어내는 과정과 무슨 관계가 있을까요? 기껏 열 대류 현상 정도를 마치 세포가 만들어질 수 있는 과정처럼 만들어 놓고, 버나드 세포라고 이름을 지은 거잖아요? 이 정도를 가지고 창조론과 반대되는 이론을 정립을 했다고 주장하고 있습니다. 그리고 노벨상까지 준 거예요. 노벨상을 받는다는 것은 엄청 힘든 일이잖아요? 하지만 프리고진은 참 쉽게(?) 노벨상을 탄 거 같습니다. 같은 맥락에서 1953년의 밀러의 실험이 생각나네요. 밀러도 역시 매우 쉽게 노벨상을 탄 케이스이거든요.

요즘 진화론자들은 프리고진을 대단한 사람처럼 이야기를 하는데 실제 내용을 보면 이렇게 별 내용이 없어요. 물론 자세한 내용으로 들어가면 복잡한 내용이기는 합니다. 하지만 실제 핵심적인 내용은 이거예요. 즉 열역학 2법칙은 무질서도가 증가하는 법칙인데 프리고진은 이러한 열역학 2법칙에 대해서 단지 다른 의견을 내놓은 것에 불과해요. 그런데 그게 아주 진화론자들에게 아주 크게 받아들여진 것입니다.

또 한 예를 들자면 프리고진의 후배 러시아 학자들 중에 벨루조프와 자보틴스키 이 두 사람이 연구한 게 있어요. 이 두 사람은 몇 가지의 화학물질을 섞어 보았는데 여기에서 일정한 규칙을 발견하게 됩니다. 이 실험은 세슘 이온을 촉매로 하는 말론산의 브롬화 반응입니다. 그런데 이 실험 과정에서 아래 그림과 같은 다소 신기하게 보이는 반응이 일어나게 됩니다. 이는 일종의 진동 반응이라고 하는데 1959년 소련의 벨루조프라는 과학자가 처음으로 발견하고 그 후에 자보틴스키에 의해 상세히 검토되었습니다.

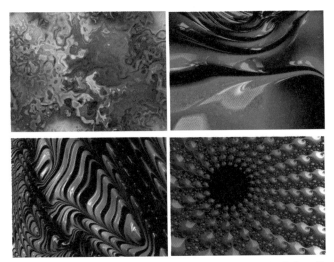

그림 8-7. 벨루조프-자보틴스키 실험의 가상도. 즉 이 실험은 세슘 이온을 촉매로 하는, 말론산의 브롬화 반응 실험이다. 이 과정에서 이 가상도와 같은 정밀한 상태를 보여주게 된다. 진화론자들은 이 실험을 보고 프리고진의 실험과 같이 비평형계의 자가조직 현상이라는 다소 과격한 주장을 한다.[13]

진화론자들은 이 실험에 대해서도 아주 대단한 것처럼 이야기하는데, 이 실험은 실제로는 일정한 무늬를 나타내는 데 불과합니다. 즉 프리고진의 버나드 세포가 열에 의한 대류 현상이었다면 이는 일종의 화학물질의 대류 현상이라고 할까요? 즉 화학물질의 결합 시에 아주 특이한 규칙성이 나타나는 겁니다. 아주 좀 특이한 현상이기는 하죠? 하지만 이러한 정도의 규칙성을 가지고 이 세상의 모든 법칙을 설명하려고 하는 것은 너무 논리의 비약이지요. 심지어 이러한 단순한 화학 반응 정도를 가지고 생명이라는 엄청나게 복잡한 현상을 설명을 하려

---

13) 일리야 프리고진, 이사벨 스탠저스 공저, 『혼돈으로부터의 질서』, 신국조 옮김, 자유아카데미 출판사, 2011년. P 215-216.

하고 있습니다. 어불성설이지요.

이러한 단순한 물질의 대류 현상과 지금까지 이야기한 생명의 복잡함을 한번 생각을 해 봅시다. 비교가 되나요? 지적 설계자가 없는 생명현상을 설명하려고 하니, 이런 무리한 억지 논리가 나오는 겁니다. 지금까지 이야기한 지적설계론과 진화론의 논쟁을 비교를 해 보세요. 이게 비교가 가능한 이야기인가요? 어이가 없지요? 그 유명한 프리고진의 창발 이론과 복잡계의 이야기가 이 정도입니다. 이 정도의 단순한 현상을 가지고 진화론을 증명을 하려고 하고 있는 거예요.

지적설계론에서는 10의 65승(10^{65})이니 4의 1,000승(4^{1000})이니 하는 엄청난 경우의 수를 가지고 이야기를 하고 있는데, 진화론자들은 고작 이 정도 가지고 생명현상을 설명을 하려고 하다니요!

복잡계 이론에서의 복잡성이라는 것은 생명현상이라는 그 복잡성과는 비교할 수가 없는 정도예요. 사실 복잡계 이론은 생명현상에 비해서는 너무 단순한 논리이지요. 즉 그 둘을 비교하기에는 복잡계 이론이 너무 단순하다는 겁니다. 그 정도 논리 가지고 창조론을 공격한단 말이에요.

사실 극 현대적인 학문의 세계 즉 우리 시대의 선구적인 학자들에게는 진화론이 강력히 의심을 받고 있어요. 물론 지금 대세를 잡고 있는 것은 진화론이 분명하지만, 우리가 살고 있는 극 현대의 선구적인 과학자들이나 학자들에게는 반드시 그렇지는 않다는 것입니다. 그분들이 보기에는 진화론은 상당한 문제점을 가지고 있는 학문체계이거든요.

물론 예전에는 모르는 게 많고 밝혀진 게 별로 없었기 때문에 진화론 같은 이론들이 무조건 받아들여졌었죠. 하지만 이제는 너무나 많

은 것이 밝혀지고 알게 되니까 생각이 바뀌게 된 것입니다. 특히 생명
의 근원이 정보 인자라는 것이 밝혀지면서 지적설계론이 나오거나 외
계인설 등이 나오는 거예요. 앞에서도 말씀드렸다시피 외계인설도 어
떤 면에서는 지적설계론과 맥을 같이 한다고 했습니다. 즉 이러한 복
잡한 생명체가 저절로 자연에 의해서 진화되었다고 보기에는 힘들다
는 거죠. 그래서 외계인이라는 다른 창조자를 설정하는 겁니다. 실제
로 그들은 외계인을 신이라고 이야기합니다. 즉 외계인이라는 새로운
신을 가정을 하는 거예요.

그림 8-8. 요즈음 유행하는 외계인설은 또 다른 창조론으로 보아야 한다. 즉 1990년대 이후의
발전된 분자생물학에 의하자면 진화라는 것이 점점 불가능해 보이는 것도 사실이다.
그래서 신도 인정하기 싫고 진화론도 못믿겠다고 생각하는 사람들이 외계인설에 빠져
드는 것이다. 하지만 외계인설은 외계인 자체를 누가 만들었냐고 하는 물음에 빠지는
순환논리에 빠지게 된다.

　　외계인설의 외계인도 바로 그러한 개념으로 보시면 됩니다. 바로 신
을 대신한 것이 외계인이잖아요? 하지만 앞에서도 말씀드렸다시피 여
기에도 역시 문제가 있다고 했지요? 그럼 그 외계인은 누가 창조했냐
는 거예요. 즉 일종의 순환논리에 빠지게 된다고 했습니다.

단연코 말씀드리는데 화성에서 박테리아가 발견이 된다고 해도 이건 진화된 것이 아니라는 점은 제가 누차 말씀드렸습니다. 이건 진화된 게 아니에요. 창조된 겁니다. 박테리아 한 마리 만들어 질려면 확률이 얼마나 된다 그랬어요? 수만조 년이 걸려도 단백질 하나 만들어내기 힘들어요. 수만조 년이 걸려도 부족한 판인데 그에 비하면 45억 년이라는 지구의 시간이나, 심지어 137억 년이라는 우주의 시간은 거의 찰나의 시간 정도밖에 안 된다고 이야기했죠?

신천동설이라고 이야기했습니다. 생명을 중심으로 우주가 돌아가고 있다는 겁니다. 즉 우리 공간우주에는 이러한 생명체를 만들어내고 살릴 힘이 없어요. 에너지가 부족합니다. 하지만 우주에는 이러한 생명체가 죽고 나서 다시 끊임없이 살아나고 있잖아요? 즉 시간의 세계인 사후세계와 공간의 세계인 현세가 연결되지 않고는 불가능한 일이라고 했습니다. 생명은 순환하지만 인간의 영혼은 순환하지 못해요. 그것이 바로 신이 이야기한 정녕 죽는 삶입니다. 윤회를 주장하는 사람들은 이걸 보기는 본 거예요. 하지만 분간은 못 했어요. 즉 생명의 순환과 영혼의 순환을 섞어서 본 거죠.

복잡계 이론은 요즘 제일 각광받는 이론입니다. 복잡계 이론을 가장 많이 응용하는 것이 기상청 예보 프로그램입니다. 어차피 처음에 복잡계 이론의 시작도 로렌츠라는 기상학자에 의해서 시작이 되었듯이, 기상학에서 복잡계 이론을 제일 많이 적용을 하고 있습니다. 즉 기상예보를 하기 위해 그동안 전 지구적으로 쌓여온 데이터를 가지고 슈퍼컴퓨터에 입력을 해요. 그럼 그것을 재료로 슈퍼컴퓨터가 모든 가능성을 예측해서 가장 가능성이 높은 데이터를 예측해 주는 것입니다. 요즈음 기상예보는 다 이런 복잡계 이론을 활용하는 겁니다.

이는 의료계에서도 확장되고 있는데요. 최근에 할리우드 배우 중에 유명 배우인 앤젤리나 졸리가 유방암을 예방하는 차원에서 자신의 가슴을 없애는 수술을 한 것 들어 보셨죠? 그것도 이러한 복잡계 이론에 입각해서 시행을 한 겁니다. 즉 다양한 자신의 유전자 분석, 현재 질환 진행 정도, 가슴 상태 등을 포함해서 지금 현재 상태에서 유방암에 걸릴 확률이 높게 나오기 때문에 미리 유방절제술을 시행을 한 거예요. 사람들이 엄청 놀랐지요. 이것도 위의 기상예보처럼 한 사람의 많은 데이터를 집어넣어서 날씨를 예측하는 것처럼 병을 예측한다는 원리입니다.

이는 심지어 주식시장에서도 쓰이고 있는데요. 요즈음 잘 나오는 빅 데이터가 이런 원리예요. 즉 정치, 경제, 사회, 문화 등 세상 돌아가는 것을 데이터로 만들어서 슈퍼컴퓨터에 집어넣으면 컴퓨터가 알아서 분석해서 주가를 예측해 준다는 겁니다. 그래서 요새 빅데이터를 중요시하는 이유이기도 하죠. 아무튼 이러한 복잡계 이론은 사회 각 분야에서 쓰이고 응용이 되고 있습니다.

그래서 요새 복잡계 이론이 모든 난제를 해결해 줄 것처럼 떠들어 대지만 결국은 복잡계 이론도 핵심적인 것은 복잡하게 보이는 사건이나 자연현상 속에 반드시 규칙이 있다는 것이거든요. 규칙이 있다는 것은 질서가 있다는 것을 의미합니다. 사실 진화론의 핵심이 무엇입니까? 우연성과 무작위성, 그리고 무질서 아닌가요? 우리가 지금 쓰고 있는 진화론이라는 말 자체는 원래의 진화론과는 거리가 멀어요. 오히려 지적설계론에 가깝습니다. 즉 우리가 쓰는 진화론이라는 것은 결국은 발전론을 말하고 있거든요.

학문이란 것은 보는 사람의 시각에 따라 다릅니다. 칼은 강도가 쓰면 사람을 죽이는 거지만, 요리사가 쓰면 요리를 만드는 거잖아요? 즉 기독교인들이 복잡계 이론을 기독교적으로 연구를 하면 기독교적인 학문이 되는 거고요, 비기독교인들이 연구를 해서 기독교를 공격하면 반기독교적인 학문이 되는 거예요. 과학은 중립적인 것이라고 했지요? 마치 칼과 같은 거예요. 우리가 어떠한 시각으로 보고, 어떻게 쓰냐에 따라서 달라진다는 겁니다.

복잡계 이론과 프리고진의 창발이론은 같이 보셔도 됩니다. 같은 맥락을 가지고 있어요. 하지만 이것도 자세히 들어가면 이야기 자체가 복잡하고 굉장히 수식도 많고 한데, 여기서 그것까지 이야기하면 너무 복잡한 이야기가 될 것 같습니다. 아무튼 복잡계 이론과 프리고진 이론은 비슷한 시스템을 가지고 있다는 정도만 알고 계시면 될 것 같습니다.

복잡계 이론은 가만히 보면 오히려 지적설계론을 지지하는 이론입니다. 그것을 처음 주장한 프리고진이나 그 후의 복잡계 이론가들이 대부분 진화론자들이기 때문에 그런 것이지, 실제로 복잡계 이론을 보면 실로 그 속에 지적설계의 흔적이 담겨 있는 것을 보여준다는 겁니다. 즉 혼돈 속에도 질서가 있다는 것이죠. 자연재난, 전쟁 같은 인류의 불행, 질병이나 사고 등등 인간사의 모든 불행이나 사고에도 일정한 양이 있고, 일정한 규칙이 있다는 겁니다.

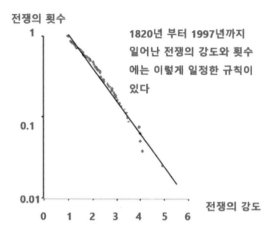

그림 8-9. 복잡계 이론으로 분석한 1820년부터 1997년까지 일어난 전쟁의 분석도. 전쟁의 강도가 약한 것은 자주 일어나고 전쟁의 강도가 강한 것은 아주 드물게 일어나는 것을 볼 수 있다. 이것은 지진이나 태풍 등의 분석에도 비슷하게 나타난다. 즉 이는 인류사회에 불행을 끼치는 요소에도 일정한 규칙이 있음을 볼 수 있다. 인류의 불행이 일어나는 것도 우연에 의해서 일어난다기 보다는 누군가 조절하고 있다는 느낌을 주는 것이 사실이다. 규칙성이 있다는 것은 누군가의 조절이 있다라는 것을 반증하기 때문이다.[14]

이것이 진화론적으로 보이시나요? 오히려 이것은 지적설계의 흔적을 보여주는 것 같습니다. 신으로부터 벗어난 인간세계에는 자연재해나 사고, 질병의 양이 일정하게 정해지게 되었다는 것입니다. 즉 저주의 양이 일정하게 정해져 있음을 보여주고 있습니다. 참 놀라운 이야기이지요?

즉 인류사회의 불행은 일정한 양을 가지고 있으며, 이것이 불특정 다수에게 무작위적으로 뿌려지고 있다는 거예요. 매우 질서적인 이야기이지요? 말 그대로 혼돈 속에도 일정한 질서가 있다는 말입니다. 이것을 비기독교인인 프리고진이나 복잡계연구 하시는 분들이 발견했다는 것도 참 아이러니 한 일입니다.

---

14)   닐 존슨, 『복잡한 세계 숨겨진패턴』, 한국복잡계학회 역, 바다출판사, 2015년, 제 9장.

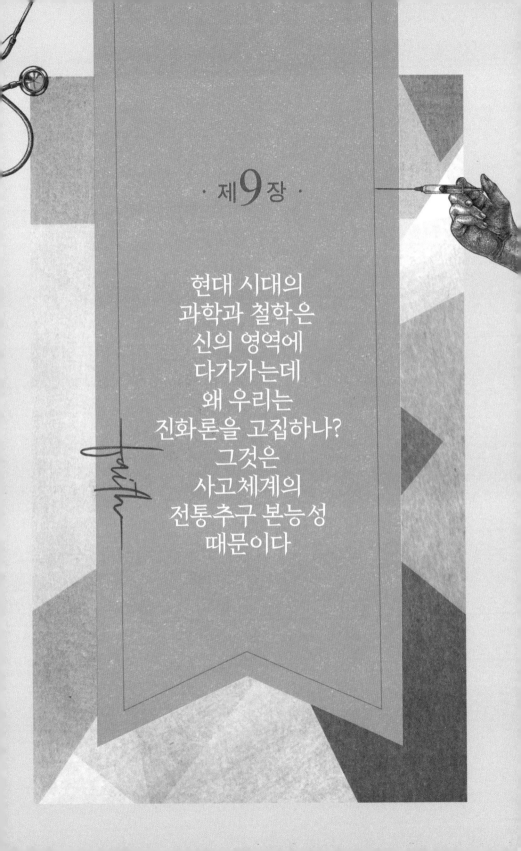

· 제 9 장 ·

현대 시대의
과학과 철학은
신의 영역에
다가가는데
왜 우리는
진화론을 고집하나?
그것은
사고체계의
전통추구 본능성
때문이다

이번 장에서는 현재 한국 사회를 지배하는 주된 사상이 무엇인가 이야기를 먼저 해보는 것으로 이야기를 시작하겠습니다. 우리가 일반적으로 그 시대를 지배하는 많은 사상이 있습니다.

고려시대를 보자면 불교사상이 지배적인 사상이었죠, 근데 역사가 조선시대로 넘어가면서 유교로 바뀌게 됩니다. 하지만 조선시대 내내 이것은 잘 지켜지지 않았습니다.

그림 9-1. 고려시대에서 조선시대로 넘어갈 때 불교를 억압하고 유교를 숭상하는 것이 기본 국가정책이었으나 일반 국민들이 유교를 인정하기에는 수백 년이 걸렸다. 즉 대부분의 민중들은 조선시대 내내 불교를 숭상하였다.

왜냐하면 대부분의 대중들은 아직도 불교에 심취해 있었기 때문입니다. 왜 그랬을까요? 그 이유로는 과학은 빨리 바뀌는 데 반해 사고체계는 빨리 변하지 않기 때문입니다.

이러한 현상은 서양 사회에도 그대로 나타나게 되는데요, 예를 들자면 중세시대의 신 중심의 사고가 바뀌는 데에도 많은 시간이 걸리는 것을 볼 수가 있습니다. 즉 1500년대에 시작된 르네상스의 기본 시각은 신중심주의의 생각에서 탈피하여 인간 중심의 생각으로 돌아가자는 것이었습니다. 하지만 대부분의 대중들은 여전히 기독교를 믿고 있었습니다.

21세기를 사는 대한민국도 마찬가지입니다. 지금 현재 대한민국 사람들의 바닥에 흐르고 있는 기본적인 사고방식이 무엇일까요? 어떤 사람들은 불교라고 말씀하시는 분들도 있고 어떤 사람들은 유교주의적 사고방식, 어떤 분들은 과학주의적 사고방식, 또 어떤 분들은 민주주의가 우리의 기본적인 사고방식이라고 말하는 분들도 있을 것입니다. 하지만 우리가 잊지 말아야 할 것은 항상 한 사회의 기본적인 사고방식은 그 직전 사회의 영향을 많이 받는다는 것입니다.

즉 우리 현대사회는 바로 전 시대의 사상이었던 유교주의의 영향을 많이 받고 있습니다. 지금은 덜 심합니다마는 1960~1970년대만 해도 얼마나 심했습니까? 그때의 사회문제가 될 정도였지요. 사회는 민주화, 산업화가 진행되어 서구화가 진행되고 있는데 남자들의 가부장적인 사고방식은 바뀌지를 않아서 사회문제로까지 인식될 정도였지요. 지금도 명절만 되면 여자들이 명절 증후군에 시달릴 정도로 전근대적인 사고방식이 다시 나타나서 현대 한국 사회를 뒤흔들어 놓기도 하지요?

그림 9-2. 정작 지금 민주화된 사회에서 갈등을 일으키는 것은 남성들의 유교주의적 사고방식,

즉 가부장적인 사고방식이다. 즉 조선시대에는 불교가 유교를, 대한민국에서는 유교주의가 민주주의와 갈등을 일으키고 있는 것이다. 그 이유는 바로 과학은 빨리 변하지만 인간의 사고는 빨리 변하지 않기 때문이다. 이를 사고체계의 전통추구 본능이라고 한다.

하지만 정작 조선시대에는 이러한 현상의 반대 현상이 나타났다는 것을 기억하셔야 합니다. 즉 조선시대의 가장 큰 화두는 무엇이었을까요? 그것은 고려시대를 극복하는 것이었습니다. 그중에서도 제일 먼저 불교를 타파해야 할 미신(?) 같은 것으로 치부하였었지요. 그래서 제일 먼저 내세운 정책이 억불 숭유 정책 아니었습니까? 말 그대로 불교를 억압하고 유교를 장려한다는 뜻이었지요.

하지만 지금 대한민국 사회의 문제는 유교주의적 사고방식이 문제가 되고 있습니다. 참 아이러니하지요? 그만큼 그 사회의 저변 의식, 즉 관습이나 제도는 하루아침에 이루어지는 것이 아니라는 겁니다. 즉 시간이 많이 필요하다는 것이지요.

이를 두고 무의식을 이야기하는 사람들이 있는데요 무의식에 대해서 한 번쯤은 모두 들어봤을 것입니다. 무의식을 흔히들 빙산에 비유를 많이 합니다. 즉 무의식은 표면의식과 비교했을 때 엄청 크고 표면의식은 빙산의 일각으로 표현할 만큼 작다는 뜻입니다.

무의식이 그만큼 커서 인간의 행동을 좌우하는 힘이 있다고 생각했기 때문입니다. 실제로 무의식은 표면의식보다 훨씬 더 깊고 광대한 배경을 가지고 있습니다. 심지어 칼 융이라는 사람은 이를 사회 전체로 확대를 시켜 '집단 무의식'이라는 개념을 제시하기도 하였습니다. 즉 개인의 무의식을 확대하여 사회에까지 확대를 시킨 것이죠.

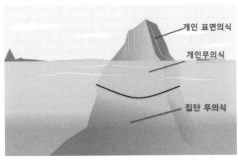

그림 9-3. 인간에게는 표면의식과 무의식이라는 게 있는데 더 깊은 곳으로 가면 그 사회의 집단 무의식이라는 게 있다. 이 집단 무의식이라는 것은 바뀌는데 수백 년이 걸린다. 그것이 바로 사고체계의 전통추구 본능의 심리학이다.

그런데 문제는 이러한 사회의 집단 무의식이 형성되기까지에는 많은 시간이 걸린다는 것입니다. 즉 하루아침에 만들어지는 것이 아니라는 거죠. 적어도 100년에서 많게는 300년까지 걸립니다. 시간이 많이 걸리는 이유로 '사고체계의 전통 추구 본능'이라는 말을 제시해 봅니다. 즉 사고체계는 쉽게 변하지 않는다는 말입니다. 왜 그럴까요? 사람들이 물건을 살 때는 최신 제품을 선호하는 경향이 있습니다. 하지만 사고방식은 예전 것을 선호합니다. 왜냐하면 그것이 편하기 때문입니다. 즉 사고의 체계를 바꾸면 사는 게 무지 힘들어지거든요. 사는 게 복잡해진다는 것입니다. 그래서 특별한 계기가 없는 한 인간이 사고체계를 바꾸는 일은 그렇게 흔한 일은 아닙니다. 그것은 본능과도 같은 일이지요. 이를 사고체계의 전통추구 본능이라고 합니다. 즉, 사고체계는 일종의 본능과도 같다고 보시면 됩니다.

그래서 고대시대에서 중세시대로, 중세시대에서 근대로, 근대에서 현대로 넘어오는 동안 일반 군중들의 사고방식이 바뀌게 되기까지는 시간이 많이 걸렸습니다. 특히 신학과 관련해서는 중세에서 그대로 넘어오는 과정에서 얼마나 많은 진통이 있었는지는 여러분들도 익히 아는 바여서 더 이상은 설명을 드릴 필요가 없을 거 같습니다. 중세 말기에는 종교권력이 얼마나 타락할 수 있는지를 여실히 보여주었기 때문입니다.

지금 저는 현대의 이야기를 하려 합니다. 인간 사회의 기저를 이루는 무의식 즉 그 시대를 지배하는 일종의 시대정신이라고 할까요? 아무튼 그러한 것에 대해서 이야기하고자 합니다.

2000년대에 들어와서는 진화론과 유물론적인 사고방식이 이제 대세를 형성해 가며 주된 사상으로 자리 잡아가는 것이 세계적인 추세인 거 같습니다. 1800년대에는 유물론적이고 물질적인 사고방식이 사회 상류층들의 주된 소유물이었다면 이제는 모든 대중들이 진화론을 받아들이고 유물적인 사고방식을 갖게 되는 거 같아요. 진화론이 나오고 유물론적인 사고방식이 나온 지 150년이 되어갑니다. 150여 년이 되어가면서 이제 자리를 잡아가는 거죠.

하지만 정작 1990년대 이후의 생물학적 연구들이나 천문학적인 연구들은 위와 같이 우주진화론이나 생물진화론에 심각한 의문을 제기를 하고 있습니다. 참 아이러니 한 일이죠? 즉, 위에서도 보면 대한민국 사회가 산업화와 민주화된 가운데에 전 시대의 유교의 가부장적인 사고방식과 갈등을 겪는 것과 비슷하다고 보시면 됩니다.

즉 한 시대의 과학이 제대로 인정을 받으려면 수백 년이 걸리기 때문입니다.

좀 어려운 말일 수도 있는데 실제 현실적으로 생각해보면 사고체계라는 것은 일종의 패러다임이라고 볼 수 있어요. 그리고 그 사고체계가 완성되기까지에는 이것을 이루는 근저에 무의식이 있습니다. 이 무의식이라는 것이 아주 중요합니다.

근데 무의식은 하루아침에 생기는 것이 아닙니다. 즉 그 사람의 유전적인 요소와 개인의 경험, 가족의 경험 등등 많은 요소로 이루어지게 됩니다. 즉 하루아침에 생기는 것이 아니라는 것이지요.

사회도 이러한 무의식을 가질 수가 있습니다. 즉 그 사회의 역사, 지리적인 여건, 그 사회 구성원들의 고유의 특질 등등이 그 사회의 무의식을 형성하는 겁니다.[15]

그리고 이는 시대에도 해당이 되는데요, 우리가 주목하고자 하는 바가 이것입니다. 즉 그 시대의 주류의 사고, 그 시대의 무의식을 형성하는 사고의 체계는 하루아침에 이루어지는 것이 아니라는 것입니다. 즉 어떨 때는 100년, 길게는 300년까지도 걸립니다. 개인도 무의식의 지배를 받는 것처럼 어떠한 사회나 시대도 그 고유의 무의식의 지배를 받는다는 거죠.

무의식이라는 개념을 제일 먼저 이야기한 사람이 프로이트(AD 1856~1939)라는 사람인데요, 프로이트에 의해서 처음으로 무의식이라는 것이 발견이 되어서 그 후로 오늘날까지 정신과나 심리학에서 많이 주로 많이 사용하고 있습니다.

그렇다면 무의식이라는 것이 무엇일까요? 간단하게 한번 살펴보도록 하겠습니다. 보통 우리의 실제 생활에서 저희들이 말하거나 행동하거나 하는 것은 표면의식에서 나타나게 됩니다. 그 표면의식의 근본을

---

15) 칼 구스타프 융, 『칼융이 본 프로이트와 정신분석』, 정명진 옮김, 부글북스, 2018년

이루는 것은 잠재의식 즉 무의식이라는 것이죠. 이를 두고 흔히 빙산의 일각으로 표현하죠. 잠재의식은 굉장히 크고 표면의식은 아주 작다는 거예요. 그런데 표면의식에서 나타나는 모든 행동 패턴이나 이런 것들은 잠재의식이 결정한다는 것입니다. 이것이 현대 심리학이나 정신분석 이론의 기본적인 생각입니다.

이것을 사회에 도입한 사람이 바로 구스타프 칼 융(AD 1875~1961)이란 사람이라고 했습니다. 이 사람은 원래 프로이트의 제자이기도 하지만 나중에 프로이트와는 다른 길을 가게 됩니다. 즉 개개인적 심리학보다는 이를 확대시켜 사회적으로 집단적으로 해석하려 했습니다. 그래서 이 사람은 집단 무의식을 이야기했어요. 똑같은 무의식이지만 어떠한 사회나 국가에서 가지고 있던 특별한 행동패턴 등을 연구하였습니다. 프로이트는 개인을 가지고 이야기했다면 융은 집단을 가지고 이야기를 한 거죠. 훨씬 발전시켜서 이야기를 합니다.

즉, 이 집단 무의식은 하루아침에 이루어지는 것이 아닙니다. 수백년의 시간이 걸리는 것입니다. 신을 믿던 중세시대에서 신을 믿지 않는 근세시대로 넘어갈 때가 그랬었고, 불교를 믿던 고려시대에서 유교를 숭상하던 조선시대로 넘어갈 때도 그랬습니다. 그리고 조선시대에서 넘어온 유교가 이제 와서야 지금의 대한민국에서 영향을 미치는 상황이 벌어지고 있는 일이기도 합니다. 주기가 몇 년이냐 봤을 땐 100에서 300년 정도까지 봅니다.

왜 이 이야기를 하냐면 사고체계의 특성상 인간의 사고라는 것은 본능적으로 전통을 추구한다는 것이죠. 그것도 너무 오래된 전통이 아니라 100년에서 300년 정도 전의 사상이에요. 너무 오래된 사상은 당연히 영향력이 없지요.

　정작 그 시대 사람들에게 영향을 미치는 것은 현시대의 사상이 아닙니다. 즉 그 직전 사회의 사상이나 사고체계가 고정이 되면서 그다음 시대에 강력한 영향을 미칩니다. 그렇게 되기 위해서는 일정한 사고의 틀이 100~300년 정도는 유지되어야 합니다. 그래야 사람들에게 영향을 미칠 수가 있게 되는 거거든요.

　그러면 '현재를 사는 사람들에게 가장 큰 영향을 주는 사고체계는 무엇일까?'에 대해서 이야기해 보겠습니다.

　저희들이 근대철학을 1700~1800년대까지로 보고 1900년대 이후를 현대철학으로 분류하듯이 과학시대도 비슷하게 해석해 볼 수가 있어요. 그런데 실제로 저희들이 가장 중요시해야 될 철학이나 과학은 현대철학과 과학이거든요. 하지만 현대과학이 실제로 100년 이상이 되기는 했지만 실제로 현대를 사는 대중들의 마음을 움직이는 것은 근대과학이에요. 즉 여기에서도 사고체계의 전통 추구본능이 적용된다는 것입니다. 즉 선도적인 사람들은 그 시대의 철학이나 과학을 열심히 공부하며 자기의 것으로 받아들이는 반면 많은 대중들은 아직도 100~300년 전의 사상이나 철학, 심지어 과학마저도 서서히 받아들인다는 것입니다.

　예를 든다면 다윈이 1859년에 종의 기원을 썼을 때 그 당시의 거의 대부분의 사람들은 그를 미친 사람 취급을 했습니다.

그림 9-4. 1859년 다윈의 『종의 기원』 발표 이후에도 그 시대의 사람들은 진화론을 믿지 않았다. 그 당시 대부분의 사람들은 기독교인이었기 때문이다. 이 또한 사고체계의 전통 추구 본능 때문이라고 볼 수 있다.

실제로 다윈은 자기의 책으로 인해 기독교인들한테 테러를 당할까 봐 두려워하기도 했다고 합니다. 그 당시에도 르네상스 운동을 통해서 신에 대한 반대 분위기가 사회에 확산되고는 있었으나 대부분의 대중들은 아직도 기독교를 믿고 있었거든요. 즉 그 당시에도 이렇게 과학적 사상과 일반 대중들의 사고체계와는 괴리가 있었다는 것이죠. 그 이유는 역시 사람들의 사고체계가 바뀌는 데는 수백 년이 걸리기 때문입니다.

근대과학의 특징을 보자면 과학 만능주의, 과학 절대주의로 이야기할 수 있겠습니다. 즉 한마디로 이야기하자면 과학으로 무엇이든지 할 수 있다는 것이지요. 이에 반해서 현대과학의 특징은 아주 다릅니다. 현대과학은 좀 극단적으로 이야기하자면 이와 반대 개념으로 생각하면 됩니다. 즉 과학을 절대적이거나 만능주의로 보지 않고 상대적으로 보고, 비판적으로 받아들입니다.

현대에 들어오면서 서양인들은 사고방식이 상대적으로 바뀌고 있습니다. 반면에 원래 상대적인 사고를 하던 동양인들은 서양을 배우고자 하여 오히려 과학 절대적인 사고로 바뀌게 되었어요. 현대가 되기 전에 근대에는 이와는 상황이 반대였습니다. 즉 동양인은 직관적이고도 상대적인 사고를 하고 있었고, 서양인은 오히려 객관적이고 과학 절대주의적인 입장을 취하였습니다. 왜냐하면 서양 사람들은 과학의 힘을 알고 있었죠. 그들은 산업혁명이라는 엄청난 변화를 겪으면서 산업화 근대화를 이미 1700년대~1800년대에 겪었습니다.

우리나라는 산업화, 근대화가 언제 시작되었지요? 아마 1970년대부터 시작이 되었을 겁니다. 아마 식민지 생활을 겪었던 대부분의 나라들이 비슷한 상황을 겪었을 겁니다. 그 거대한 중국마저도 우리나라보다 늦게 산업화, 근대화가 시작되지 않았습니까? 즉 서양사회는 근대주의적 산업화 이후의 사고방식이 이미 현대주의적인 것으로 변하게 되어 살고 있고, 동양이나 제3세계처럼 이제서야 산업화, 근대화를 겪는 사회는 근대주의적인 사고방식으로 살아가는 것이 어찌 보면 당연한 일일지도 모르겠습니다.

즉 우리나라 여자들이 남자들이 유교주의적인 고지식한 모습을 보일 때 가장 많이 하는 말이 "전근대적인 사고방식을 버려라"라는 말들을 제일 많이 하는데 참 적절한 표현이죠? 즉 조선시대의 사고방식에 머물러 있다는 말이에요. 조선시대를 벗어난 지가 벌써 100년이 넘어가는데도 아직도 그런 소리가 나오고 있습니다.

왜냐하면 그만큼 사상체계 즉 사고방식이 변하게 되는 것은 느리게 된다는 것입니다. 과학사적인 측면에서 볼 때도 과학적 사고방식이 그 사회의 사고방식을 바꾸는 데는 시간이 많이 걸립니다.

기독교가 과학의 피해를 많이 봤다고 이야기를 했는데요. 그런 경우가 사실 많아요. 1600년대 말에 만유인력의 법칙을 발표한 뉴턴도 그중의 한 명이었습니다. 뉴턴은 신앙심이 독실한 사람이었거든요. 자기가 발견한 신의 진리를 이 세상 사람들에게 알려주겠다는 의도를 가지고 만유인력의 법칙을 발표했는데요. 하지만 뉴턴의 만유인력의 법칙의 발표 이후에 의도치 않게 결국 이신론이라는 것이 나오게 되죠.

그림 9-5. 실제로 뉴턴의 만유인력의 법칙은 이신론에 큰 논리적인 근거를 제공한 것이 사실이다.

이신론이란 유신론과는 다르게 신의 존재를 인정하기는 하지만 신은 우리와 같이 있는 것이 아니고 창조 후에는 멀리 떨어져서 자연법칙에 관여하지 않는다는 이론입니다. 즉 유신론에서 이신론으로 변질이 된 거예요. 즉 그 당시 사람들이 가만히 보니까 우주의 모든 진리가 실제로 수학적으로 표현이 되고 과학적으로 표현이 되게 되었어요. 물론 신도 존재하는 것 같기는 하지만 우주는 그 신에 의해서가 아니라 일정한 법칙에서 의해서 돌아가고 있는 것처럼 보인단 말이에요. 그래서 내린 결론이 신은 창조만 해 놓고 지금은 우주에서 떠났고 우리를 돌아보지 않고 있다고 생각을 한 것입니다. 이것이 바로 이신론의 내용이거든요. 이러한 이신론이 뉴턴 이후에 급격히 발달하게 되죠. 이제 신은 존재하기는 하지만 우리의 삶에는 관여하지 않고 지켜보고만 있다는 겁니다.

그 후로 과학의 발전을 통해서 신이 점점 필요 없게 되는 그런 문화가 형성이 되면서 신학이 철저하게 무너지게 되죠. 그래서 교회는 과학에 대해서 굉장히 알레르기가 심해지게 돼요. 근데 저는 그러한 생각이 오히려 지금은 맞지 않는다고 생각을 합니다.

왜냐하면 이미 기독교는 바닥까지 떨어졌어요. 더 이상 떨어질 때도 없죠. 오늘날에 개독교 이야기까지 나오고 있을 정도입니다. 그리고 요새 우리 시대에 지성인이라고 하는 사람들 중에서 누가 신에 대해서 이야기합니까? 하지만 앞에서 이야기했듯이 현대에 와서는 오히려 이러한 현대과학이 신학적인 영감을 주고 있어요.

그리고 이 책에서 이야기한 내용들도 다 이런 내용입니다. 즉 현대과학과 철학이 얼마나 신학에 다가서고 있는가를 이야기하고자 하는 것입니다. 근대주의보다는 현대의 모든 학문이 이제는 거의 완성 단계에 가는 것처럼 보인다고 해야 할까요? 즉 유아기를 넘어서 사춘기에 접어드는 것처럼 현대의 모든 학문이 반성적인 학문체계가 되어가고 있습니다. 이를 현대철학에서는 해체주의라고 이야기하기도 합니다. 해체주의라는 것은 기존 근대주의의 학문체계에 대한 반성으로 기존의 체계를 허물고 새로운 것을 추구하자는 의미의 철학 용어입니다.

앞에서 말씀드린 바대로 1700~1800년대의 근대주의 시대에는 일반 대중들이 신을 엄청 믿었어요. 하지만 그때 당시에도 자본가들이나 상류층들은 신을 거의 안 믿었습니다. 하지만 지금은 어떻게 됐죠? 그 전통(?)이 그대로 이어져서 옮겨와서 일반 대중들도 신을 안 믿죠? 즉 근대주의적 사고방식이 200~300년 만에 완전히 자리를 잡은 겁니다. 즉 이러한 과학 체계의 변화에 따른 사상의 변화 그리고 그것이 일반 대중에까지 영향을 미치게 되기까지는 위에서 보듯이 몇백 년이 걸린 다는 것입니다.

인간은 사고방식에 있어서는 이렇듯 전통 추구의 본능이 있다고 있습니다. 지금 우리 시대의 화두는 당연히 진화론이죠. 그 전 시대에는 아주 논쟁이 많았던 진화론이지만 지금은 아주 대중에게 가장 친숙하고도 가까운 얼굴이 되어버렸죠. 하지만 분명히 이 책에서 이야기하는바 진화론은 아직 논쟁 중에 있는 학문이라는 것을 정확하게 말씀드리고 싶네요.

그리고 현대에 들어와서 변화된 과학적 인식, 즉 상대성이론이나 양자역학, 빅뱅이론, 블랙홀이론, 분자생물학에 의한 진화론에 대한 인식 변화 등이 우리 사회의 사고방식을 바꾸는 데는 앞으로도 수백 년 정도의 상당한 시간이 걸릴 것이라는 것입니다.

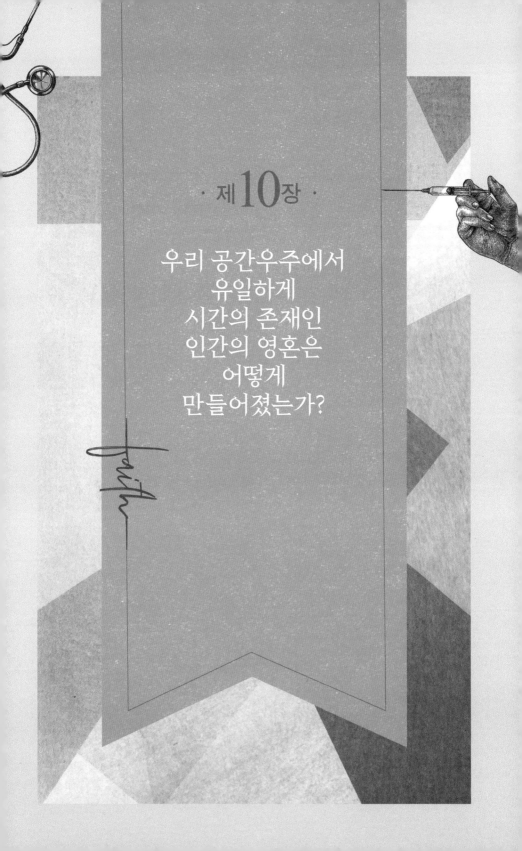

· 제 **10**장 ·

우리 공간우주에서
유일하게
시간의 존재인
인간의 영혼은
어떻게
만들어졌는가?

1. 영혼의 기본적 요소인 언어와 시간론과의 관계

그렇다면 이제부터는 시간론 시간에 이야기했었던 이야기를 다시 전개하려고 합니다. 즉 영혼과 시간에 관한 이야기입니다.

동물과 사람의 성장과정을 봅시다. 어떻게 하면 동물은 동물로 태어나서 동물이 되고, 인간은 인간으로 태어나서 인간이 되는 걸까요? 그 과정에 도대체 뭐가 관여를 하기에 이렇게 달라지는 것일까요?

동물과 사람에게 공통적인 것을 들라 하면 바로 본능을 들 수가 있죠. 본능이라고 하면 제일 먼저 떠오르는 게 식욕, 성욕, 수면욕, 생존욕 등등 이런 것들이 있습니다. 기본적으로 갖고 있는 본능 욕구는 동물과 인간이 공통적으로 가지고 있어요.

인간과 동물이 성장하는 과정을 볼까요? 어떠한 생물이 자극이라는 것을 받게 되면 어떻게 됩니까? 반사라는 것을 하게 되죠? 반사작용에는 두 가지가 있어요. 무조건 반사가 있고, 조건 반사가 있지요. 무조건 반사라는 것은, 예를 들자면 우리가 보통 사람의 무릎을 탁탁 치면 다리가 자연적으로 올라가는 것 많이들 보셨죠? 이것을 무조건 반사라고 합니다. 이와 대비되는 반사로는 조건반사라는 것이 있어요. 파블로프의 실험이라고 하는 조건반사 실험 다들 들어보셨죠? 개한테 땡땡땡하고 일정한 시간에 종을 쳐서 신호를 보낸 뒤 그 시간에 밥을 주는 행위를 반복하면, 나중에는 종을 치기만 해도 개가 그 소리를 듣고 침을 흘린다는 것이 그 실험의 내용입니다.

그림 10-1. 반사에 의해서 학습을 하게 되는 동물들. 무조건 반사와 조건반사에 의해서만 학습하는 동물에 반해, 인간은 이 조건 반사 외에 언어 반사까지 있다는 점이 다르다.

여기서부터 차이가 나타나게 됩니다. 인간한테는 뭐가 추가가 되냐면 바로 '언어 반사'라는 게 추가가 돼요. 이게 엄청나게 학습과정의 차이를 보이게 되죠. 학습과정을 통해서 자기 자신을 발전시켜나가는 것은 동물과 인간이 똑같습니다. 하지만 어디서 차이가 나게 되냐면 바로 언어가 있냐 없냐는 것이 그 차이를 나타내게 돼요. 즉 동물은 그 학습과정에서 조건 반사와 무조건 반사만을 사용하는 데 반해, 인간은 거기에 더해서 언어 반사라는 아주 고차원적인 학습과정을 사용하게 돼요. 이게 가장 큰 차이점입니다.

자 볼까요? 반사라는 것은 자극이라는 게 있어야 나타나게 되죠? 자극 중에 가장 기본적인 자극이라면 어떤 것들이 있죠? 시각 자극과 청각 자극이 있죠? 하지만 그뿐만이 아닙니다. 미각도 있고, 후각이라는 것도 있습니다. 하지만 이러한 감각에 대한 반응이라는 것은 동물들한테도 다 있는 것입니다.

그렇다면 인간만의 다른 것은 무엇일까요? 한마디로 정리하자면 동물들은 조건반사와 무조건 반사만 발전시키는 반면, 인간에게는 이들과는 다른 언어반사라는 게 따로 있다고 했어요. 즉 생후 12개월 정도에 진입하면 벌써 이때부터는 언어라고 하는 동물과 완전히 질적으로 달라진 반사 학습법을 배우게 됩니다.

동물과 인간을 비교해 보면은 동물은 뭐라 그래야 될까요? 오로지 한 곳에만 집중하고 있어요. 고양이나 개를 봅시다. 개들이 멍하고 있을 때가 있나요? 개나 고양이들은 멍하고 있을 때가 거의 없습니다. 졸음이 올 때를 빼놓고는 동물들은 멍하고 있을 때가 거의 없거든요. 사실 멍하고 있는 것도 인간의 특권이에요. 고양이나 개는 항상 긴장해 있어요. 먹을 것, 잘 것 등등 모든 것에 아주 반사적이죠. 즉 동물들은 기본적인 반사만 발달시킨단 말이에요. 그것이 생존에 아주 유리하기 때문입니다. 물론 저도 개를 키워보니까 알게 되었는데, 개를 한 10년 키워보시면 사람같이 되는 것처럼 보여요. 하지만 그것은 저희들이 느끼는 거고, 실질적으로는 개가 사람이 되지는 않잖아요. 의사소통이 어느 정도 되기는 하죠.

그림 10-2. 개를 10년 정도 키우다 보면 거의 사람처럼 행동하는 것을 볼 수 있다. 하지만 이때에도 개는 자기 자신의 본능에 밖에 관심이 없다. 단지 그것을 세련되게 표현하는 것일 뿐이다.

여담이지만 인간과 개 사이에는 일종의 공명현상이라는 게 일어난다고 합니다. 즉 우리 속담으로 하자면 "서당 개 3년이면 풍월을 읊는다."라는 말이 있지요? 옛날 사람들도 집에서 키우는 개들과의 교감 현상을 이렇게 표현을 한 거 같습니다. 즉 인간들의 네트워크인 언어를 완전히 흉내 낼 수는 없지만 인간들의 언어로 인한 밀접한 네트워크를 개가 몸으로 어느 정도는 배우게 된다는 것입니다. 개들이 하는 행동 패턴을 보면 곧 말을 알아듣고, 말을 할 수 있을 거 같은 정도이지요? 하지만 개들이 말을 하는 것은 아니잖아요? 개는 개일뿐이지 사람이 되는 것은 아니라는 말입니다. 바로 언어의 차이 때문이에요.

마찬가지로 진화론주의자들이 100년 동안 시도하다가 실패한 일이 있죠? 바로 침팬지에게 언어를 가르치는 것이었습니다. 유인원 중에 제일 지능이 높은 존재가 바로 침팬지이거든요? 침팬지의 지능은 알려져 있어요. 보통 사람으로 치면 5살에서 7살까지의 지능이 나온다고 합니다. 그러면 아이큐가 대충 80에서 100까지도 나온다고 해요.

그림 10-3. 침팬지의 지능은 거의 인간의 지능에 육박하는 것으로 알려져 있다. 그런데 왜 언어 구사를 못하는 것일까?

그런데 왜 말을 못 할까요? 진화론적으로 이것은 이해가 안 되는 내용입니다. 우리가 생각할 때는 당연하다고 생각하지만 진화론자들에게는 좀 이해하기 힘든 일이었습니다. 그만큼 말을 한다는 것에 대해서 의미를 두지 않았기 때문입니다. 정확히 말한다면 우리는 아직도 우리가 어떻게 언어라는 것을 쓰는지도 밝혀내지 못하고 있어요. 그것을 밝혀내는 일이 점점 더 어려워지고 있습니다.

동물들은 아무 때나 어디서든지 무조건 긴장해 있죠. 왜냐하면 반사적인 것만 발달하게 되게 되었기 때문이에요. 우리가 이걸 전일적이라고 표현을 합니다. 즉 이 말은 오로지 한 곳에만 집중하면서 다른 데는 신경을 쓰지 못한다는 말입니다. 신경 자체를 분산을 못 시키는 거죠. 왜 그러냐면 조건반사와 무조건 반사중추만 발달해서 그래요.

그에 비해서 인간은 어떻게 됩니까? 인간 역시 반사중추가 발달해야 합니다. 하지만 인간은 조건, 무조건 반사중추만 발달시키지는 않지요? 또 뭐가 발달한다고 했죠? 자 여기서 중요한 이야기를 하려고 합니다.

이게 유명한 이론인데 이러한 언어에 대해서 이야기를 하신 분이 비고츠키(AD 1896~1934)란 분이예요. 중요한 이야기이기 때문에 앞에서도 여러 차례 이야기한 적이 있습니다. 이분은 러시아 교육자인데요, 피아제(AD 1896~1980)하고 쌍벽을 이룰 정도로 아동발달 심리학 연구를 많이 하신 분이에요. 러시아 학자였기 때문에 서구인들이나 우리에게는 조금 생소하신 분이라고 했습니다. 최근에 많이 연구되고 있는 분이지요.

이분이 굉장한 이론을 제시를 했죠. 이분의 연구에 의하자면 감각을 받아들이는 것에는 시각장과 청각장이 있다고 합니다. 그런데 이 중에서 시각장이라는 것은 시간이 안 걸린다고 해요. 딱 한눈에 보여 주는 거잖아요. 그러니까 동물과 인간은 시각의 보는 눈은 똑같습니다. 시간의 전후가 없기 때문이에요.

그런데 동물과 인간의 감각이 차이가 나는 것이 바로 청각이에요. 역시 동물에게는 청각이 시각과 같습니다. 딱 듣고 아는 거죠. 하지만 인간의 청각은 시간이 걸립니다. 언어 때문에 그렇습니다. 우리가 흔히 하는 말이 한국말은 끝까지 들어봐야 안다고 하죠? 즉 이해하는 데 시간이 걸린다는 말입니다. 언어에는 바로 시간의 개념이 있기 때문에 그렇습니다. 이해하는데 순차적으로 해석을 해야 하기 때문에 시간이 필요한 거예요.

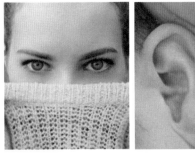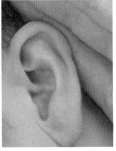

그림 10-4. 비고츠키에 따르면 인간의 눈은 인간의 뇌에 '공간장'을 형성하고 인간의 귀는 언어의 영향으로 인해 인간의 뇌에 '시간장'을 형성한다고 하는 아주 중요한 발견을 하였다. 언어에 의해 만들어지는 이 '시간장'이 인간의 뇌에 시간적인 존재를 만들어 주는 '영혼'이라는 기관이다.

즉 '시각장'은 순간으로 펼쳐지기 때문에 '시간이 걸리지 않는' 반면, '청각장' 은 이 말소리를 들으면서 정리를 해야 되는 '시간장이 형성'이 된다는 거죠.

언어에 의한 청각장의 특징은 시간적으로, 순차적으로 언어를 정리해야 된다는 겁니다. 시각이라는 것은 딱 보고 아는 거지만, 청각은 듣고 정리를 하고 논리를 채워 나가는 과정이 필요하다는 거예요. 이렇게 함으로써 시간장이 만들어진다는 겁니다. 이 사실은 굉장히 중요합니다. 굉장한 이론이에요.

그러니까 인간이 인간이 되는 것은 언어에 의한 청각장이 발달하면서 뇌 안에서 시간장이 생성이 되기 때문이라는 거죠. 그래서 인간은 이 시간장 안에서 영혼이라는 것을 형성하게 되고, 목적 지향적인 존재가 된다는 것입니다.

즉 인간은 이러한 시간장이 존재하므로 영혼의 특성을 띠게 되어 시간적인 존재 즉 목적지향적인 존재가 되고, 동물은 아무리 지능이 높다고 하여도 언어라는 것이 없기 때문에 이러한 시간장이 형성이 되지 않아 전일지향적, 즉 목적이 없는, 본능 지향적인 존재가 된다는 것입니다.

전일지향적이라는 말은 오로지 본능에만 집중을 한다는 말입니다. 즉 동물들은 오로지 먹고사는 것에만 관심을 가지지요? 집에서 개를 키워 보신 분들은 알겠지만, 개들을 한 10년 정도 키우면 사람 짓을 한다고 그러잖아요? 물론 개들이 인간과 언어 동화작용을 통해서 굉장히 영특해지는 것은 사실입니다. 하지만 그 영특해진다는 것이 자기의 본능에 더 충실해지게 된다는 것이지 인격적으로 성장한다는 것은 아니잖아요?

즉 개들이 어렸을 때는 먹을 것을 주라고 하는 방식이 짖기만 한다든지, 끙끙대는 등의 단순한 행위만을 했지만, 나이가 들어서는 눈짓을 한다든지 어떠한 제스처를 더 취한다든지 하는 것이 달라진다는 것일 뿐입니다. 개들은 아무리 나이가 먹어도 본능만을 추구합니다. 개들이 인간처럼 된다고 해서 말을 하거나, 양심을 추구하지는 않잖아요? 개들이 오로지 좋아하는 게 뭐예요? 먹는 즐거움밖에는 없잖아요? 그 부분은 개들이 설사 100년을 산다고 해도 똑같을 것입니다. 이것을 바로 전일지향적인 삶을 산다는 말입니다.

굉장히 중요한 내용입니다. 인간은 언어에 의한 시간장이 형성이 되면서, 영혼이 만들어지게 되고, 시간을 잡아내어 시간장을 형성한다는 겁니다. 그럼으로써 영혼적인 존재가 될 수가 있습니다. 동물은 이 과정이 없다는 거예요. 그래서 언어가 영혼을 만든다는 말이 이런 의미인 것입니다. 반대로 보자면 영혼이 있기 때문에 언어를 만든다고 할 수도 있습니다. 영혼이 먼저인가 언어가 먼저인가 물어본다면, 이것은 왔다 갔다 해도 됩니다. 심지어 어떤 구조주의 학자는 "내가 말을 하는 것이 아니라, 말 자체가 내 입을 통해서 자기 자신의 말을 한다."라고 말하기도 했습니다. 참 이상한 말이지요? 그만큼 언어를 중요시하는 거예요.

그런데 이러한 움직임은 최근에서야 나타난 겁니다. 거의 1950년대 이후라고 봐도 돼요. 그전에 학자들은 언어를 그저 단순한 진화과정에서 나타난 신호체계로만 생각을 했어요. 즉 개미들이 자기들끼리의 의사소통을 하기 위해 내놓는 페로몬이나, 돌고래들이 내는 고주파 정도의 신호체계 정도로만 생각을 했었지요. 하지만 이제는 언어야말로 인간이 인간다워지는데 가장 큰 역할을 하는 존재로 인식을 하게 된 것입니다.

그림 10-5. 예전에는 인간의 언어도 진화론적으로만 해석을 해서, 돌고래의 고주파 신호나 개미들이 신호로 사용하는 페로몬 정도의 신호체계 정도로만 생각을 했다. 하지만 현대 과학에서는 인간의 언어가 이러한 신호체계와는 근본적으로 다르다는 것이 밝혀지게 되었고, 이러한 과학적인 사조가 인문학이나 철학에까지 이르게 되었다. 그것이 바로 현대철학의 근간을 이루고 있는 구조주의 철학의 출발점이었다.

이러한 이유 때문에 동물은 전일지향적이고, 인간은 목적지향적인 존재가 된다고 합니다. 이 말은 좀 더 다르게 표현을 하자면 동물은 반사작용을 통해 오로지 본능적인 삶을 살기 때문에 전일지향적을 삶을 살게 된다는 거예요. 즉 반사운동에 끊임없이 노출되어 다른 것에는 전혀 관심이나 주의를 기울이지 않고, 오로지 먹을 것이나 생식에만 집중을 하게 되는 거죠.

그 반면에 인간은 성장발달 과정에서 벌써 생후 12개월부터 언어를 쓰기 시작하죠. 보통 발달학자들의 공통된 의견에 의하자면 6~7살이면 인간은 언어로 인한 직관적인 사고를 할 수 있다고 합니다. 그리고 12세가 넘어가면 직관적인 사고를 넘어 형식적인 사고를 하게 되어 문제를 해결해 간다고 해요. 즉 이 시기에 언어를 통해 인격과 직관, 양심 등등 인간 본연의 영혼적인 요소를 만들어 가는 것입니다. 그럼으로써 인간은 동물들의 전일지향적인 삶에서 벗어나게 되어, 영혼의 특징인 목적 지향적인 삶을 살아나가게 된다는 것이죠.

영혼에는 시간장이 있다고 그랬죠? 말 자체가 신적인 거예요. 자 언어를 구사한 최초의 존재가 누구죠? 신이 우주와 인간을 창조할 때 어떻게 했습니까? 언어로 창조를 했다고 되어 있지요? 그리고 심지어는 이 말씀 자체가 신이라고 까지 했습니다.

즉 말을 한다는 것 자체가 신적인 거예요. 인류 사회가 이제서야 그것을 알게 된 겁니다. 제가 구조주의 철학을 중요시하는 이유가 바로 그것입니다. 물론 구조주의 철학자들 대부분이 물론 유물론자이거나 무신론자입니다. 하지만 제가 구조주의 철학을 높이 평가하는 이유는 바로 이 언어라는 것에 대해서 비로소 현대학자들이 관심을 가지고 철학과 인문학, 과학에 임하고 있다는 겁니다.

신이 언어로 우주와 인간을 창조한 후에 인간한테 제일 먼저 시킨 일이 뭐였지요? 이름을 짓게 했잖아요? 즉 피조물들의 이름을 짓게 했습니다. 그리고 또한 신이 노아의 홍수 후에 인간의 바벨탑 사건으로 인해, 화가 나서 한 일이 뭐였어요? 언어를 나눠 버리잖아요. 그 뒤로 인류 역사는 엄청난 소용돌이로 빠져 버리게 됩니다. 즉 전쟁의 역사로 바뀌게 되죠. 인간이 인간을 서로 경계하기 시작한 것입니다.

그만큼 언어의 역할이 중요해요. 인류 역사를 보십시오. 인류가 똑같이 한 언어를 쓰고 있다고 생각하면 어떨까요? 전쟁이나 폭력이 이렇게까지 심했을까요? 아마 최소 100분의 1이나 1000분의 1 정도로 작았을 것이라는 생각이 듭니다. 물론 인간이 편한 삶을 살지는 못했겠지만 그래도 언어라도 통일되어 있었으면, 그 정도까지는 싸우지 않았을 것 같아요.

2. 인간의 언어가
인간의 영혼을 만들고
인간은 그 영혼을 통해서
시간의 세계와 교통할 수 있게 된다

인간이 언어를 통해서 청각장을 시간장으로 변형시키고, 그 시간장을 통해서 영혼을 만든다는 이야기는 아주 중요한 이야기입니다. 영혼은 시간적인 존재라는 이야기를 했지요? 영혼과 시간, 시간과 중력, 그리고 중력과 생명의 연관성을 잘 살펴보아야 합니다. 이런 면에서 본다면 중력자와 영혼은 우리가 사는 공간우주와 시간의 세계와의 사이를 연결해주는 일종의 매개체 역할을 하는 것들입니다.

언어와 영혼의 관계를 좀 더 깊이 들어가서 보겠습니다.

자 언어 반사의 자극에 대해서 볼게요. 뇌의 구조를 보면서 언어가 어떻게 우리의 정신을 자극을 하는가를 알아보도록 하겠습니다. 아래 그림에서 뇌의 기본 구조를 보세요. 뇌는 기본적으로 대뇌, 중뇌, 소뇌로 이루어져 있습니다. 대뇌는 앞에서부터 전두엽, 두정엽, 측두엽, 후두엽으로 되어 있고요.

그중에서도 측두엽은 청각을 담당하고 있습니다. 후두엽은 시각을 담당하고 있고, 두정엽은 운동과 감각을 담당하고 있으며 전두엽은 종합적인 사고를 담당합니다. 뇌의 구조를 단순하게 나누어 보면 이렇게 나누어져 있습니다. 즉 청각과 시각 등등의 감각을 받아들이고 이것을 모아서 종합적 판단을 하는 게 전두엽이라 보시면 됩니다.

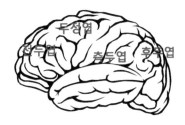

그림 10-6. 뇌는 대뇌, 중뇌, 소뇌로 나눌 수 있다. 그중 대뇌는 네 가지 부분으로 나눌 수 있는데 그것이 바로 전두엽, 두정엽, 측두엽, 후두엽이다. 전두엽은 종합판단을, 두정엽은 감각과 운동영역을, 측두엽은 청각을 담당하고, 후두엽은 시각을 주로 담당한다.

조금 더 전문적으로 들어가자면 측두엽에서 언어를 담당하는데요. 그중에서도 가장 중요한 영역이 두 가지가 있습니다. 이건 이미 다 밝혀진 거예요. 브로카라는 사람이 발견한 곳을 브로카 영역(AD 1861년 발견)이라 하고, 베르니케라는 사람이 밝혀낸 곳을 베르니케 영역(AD 1874년 발견)이라고 합니다. 인간만이 가지고 있는 언어의 뇌 영역입니다.

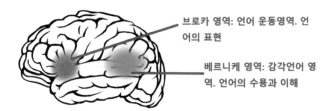

브로카 영역: 언어 운동영역. 언어의 표현

베르니케 영역: 감각언어 영역. 언어의 수용과 이해

그림 10-7. 대뇌의 측두엽에는 두 영역이 있는데 베르니케 영역과 브로카 영역이 그 두 가지이다. 그중에서 베르니케 영역은 언어를 감각하는 부분이어서 언어를 받아들이는 영역이고, 브로카 영역은 언어를 표현하는 영역이다.

우리가 소리를 들으면 귀에서 1차 해석을 합니다. 그리고 그다음으로는 언어감각을 담당하는 곳 즉 베르니케 영역으로 보내죠. 여기에서 언어를 해석하는 거예요. 그리고 그다음으로는 운동언어 영역인 브로카 영역으로 신호가 보내 말을 하게 됩니다. 즉 말을 듣고 그 말을 해석을 하는 곳이 베르니케 영역이고, 그 말을 해석을 해서 그것에 마땅한 언어를 만들어 내는 곳이 브로카 영역이라고 보시면 돼요.

이러한 과정을 통해서 어떻게 되겠습니까? 대뇌 전체적으로 지식이 쌓이게 되겠죠? 우리가 이것을 통상적으로는 학습이라고 합니다. 그다음에 이것을 기억시키는 겁니다. 기억은 지식을 쌓아주죠. 여기까지의 과정은 동물과 비슷합니다. 하지만 인간에게는 언어라는 매개체가 있어서 이러한 과정의 효율이 동물들과는 거의 무한대로 차이가 날 정도로 커지게 됩니다.

저는 전문 발달학자가 아닙니다. 하지만 저희가 상식적으로 생각을 해봐도 다 알 수 있는 것들이죠. 학습이라는 것은 인간에게나 동물에게나 반사작용을 더 강하게 해 주는 데 도움이 되는 것들이죠. 하지만 언어에 의한 인간의 학습은 인간을 훨씬 더 고차원의 존재로 만들어 준다는 겁니다.

신체 전반적으로 일어난 학습 내용은 최종적으로 대뇌에서 모여서 각자 상호작용을 하게 되고요, 판단과 정리까지 전두부에서 다하게 됩니다.

이런 과정을 통해서 언어를 받아들이고 말을 하게 되는데 자, 뇌라는 것은 신기한 거예요. 뇌에는 약 140억 개의 세포가 있는데 이것 또한 시냅스라는 것으로 연결이 되어 있습니다. 시냅스로 연결이 되어 있어서 거의 무한대에 가까운 용량을 가지고 있습니다. 컴퓨터로 따지자면 거의 무한대의 용량을 가진 컴퓨터인 셈이죠.

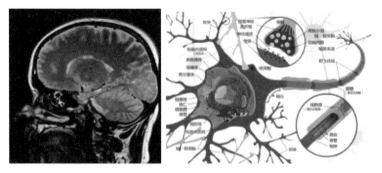

그림 10-8. 인간의 뇌세포는 시냅스로 연결이 되어 있다. 그런데 인간에서는 이 매개체가 조건,
무조건 반사에 의한 단순한 본능이 아니라, 언어 반사에 의한 언어의 세계가 된다. 그
럼으로써 시간장이 형성되게 되고, 이로 인해 동물에게는 생길 수 없는 영혼이라는
시간 존재가 형성이 되는 것이다.

언어라는 매개체의 힘은 과연 무엇일까요? 언어라는 매개체의 힘은
놀라운 정보력의 집적입니다. 이는 마치 DNA가 엄청나게 함축된 집
적도로 생명체에게 유전자로써 어마어마한 정보를 주는 것에 비유를
할 수가 있습니다. 우리의 언어를 가만히 살펴보면 정보를 함축하는
성격이 있음을 알 수가 있지요?

'위산'이라는 말을 살펴볼까요? 여기에는 보다 더 복잡한 말들이 들어가
있어요. '산'이라는 의미와 '위'라는 의미가 들어가 있죠? '위에 있는 산'이라
는 의미죠. 즉 이 말은 '위에 존재하는 산'이라고 하는 산이 있는 장소와 위산
의 특징적인 기능까지도 설명해 주고 있죠. 말 자체는 간단해 보이지만 이
말에는 수백 년간 연구해 온 결과, 즉 위에 있는 산이라는 엄청난 정보를 가
르쳐 주고 있는 겁니다.

중력이라는 말도 살펴보죠. 중력은 무게를 가진 우주의 모든 존재들
이 서로를 끌어당기는 힘이죠? 이것은 뉴턴에 의해서 밝혀진 개념입니

다. 즉 뉴턴이 말하기 전까지는 이러한 지식이 없었죠. 그러니 이 중력이라는 말 한마디에는 뉴턴의 물리수학적 지식과 그전의 어떠한 사람들도 알지 못했던 중력이라는 어마어마한 지식을 한순간에 갖게 된 것입니다. 즉 언어에는 이렇게 큰 힘이 있는 것이죠.

우리가 지금 쓰고 있는 언어들을 보세요. 우리가 쓰고 있는 언어들은 500년 전의 사람들이 볼 때는 거의 외계어처럼 들릴 것입니다. 엄청난 정보와 진리가 한마디 한마디에 들어가 있어요. 지금 시대의 초등학생들은 500년 전의 사람들에 비하면 엄청난 물리학자요, 화학자요, 인문학자인 것입니다. 이것이 바로 언어의 힘입니다.

우리가 극단적으로 이야기하자면 수학공식 같은 것도 공부하지요? 수학 공식이야말로 하나하나 만들어질 때까지 적게는 몇십 년부터 많게는 몇백 년에 이르기까지 당대 최고의 수학자들이 수많은 토론과 논쟁을 거쳐서 만들어진 것입니다. 그리고 그것을 공식 하나로 나타낸 것입니다.

그것을 지금 후대 사람들이 배우고 응축하여 그다음의 발전된 이론이 나오는 거지요. 이 얼마나 대단한 일입니까? 많은 과학이론과 공학이론들도 마찬가지입니다. 이러한 결론들은 언어로 표현이 되어 우리에게 내려오고 있습니다. 아마도 수백 년 전의 사람들은 지금 현재 저희들이 나누는 일상적인 용어들을 듣는다면 무슨 암호를 듣는 것과 같을 것입니다.

이러한 언어가 인간의 뇌 안에서 저장이 되고 수백억 개의 뇌세포 속의 시냅스에서 각자의 영역을 차지하면서 거의 무한대에 가까운 시스템을 통하여 연결이 되어 있는 것입니다. 실로 어마어마하지요? 이렇듯 과거에는 조금 복잡한 신호체계라고 여겨졌던 언어체계가 이렇게 인간의 모든 것을 좌우하는 존재가 되어 나타나게 된 겁니다.

자 이 뇌의 시냅스라는 것에 대해 한번 이야기해 봅시다. 우리 사회에서도 보면 나 자신은 한 사람이지만 많은 사람들과 연결이 되고 있지요? 우리 인간관계가 그렇잖아요. 한 사람이 많은 사람을 알고 이 사람을 통해서 더 많은 사람을 알고 있어요. 극단적인 예를 들자면 지구상에 사는 70억 명이라는데 이 70억 명이 서로가 서로에 대해서 잘 아는 관계라고 생각을 해보죠. 그러면 얼마나 많은 인간관계가 생기는 것일까요? 곱하기를 해 보시면 70억×70억이 되겠지요. 이것이 바로 시냅스의 원리입니다. 굉장한 숫자가 되겠지요? 하지만 우리의 뇌세포는 이 경우의 수가 더 많지요?

인간은 뇌라는 도로망도 엄청 발달해 있는데, 거기에 실어 나르는 화물이 최고도로 집적된 정보물(언어)이니, 인간의 뇌는 완벽한 시간장을 형성하게 된 것입니다. 이것이 바로 신이 인간에게 영혼이라는 시간장을 만들어 놓은 방법입니다. 그리고 이 영혼을 통해 인간은 시간의 세계에 들어갈 수 있게 된 것이죠.

동물도 수억 개의 뇌세포를 가지고 있고, 시냅스가 다 있긴 있죠. 하지만 그들에게는 언어라는 수단이 없기 때문에 정보를 효율적으로 축적하지를 못합니다. 언어가 없어서 시간장이라는 것을 형성을 못해요. 그러므로 동물들은 모두 공간장에 의해서 움직인다고 보아야 합니다. 즉 좀 더 쉽게 이야기하자면 '본능적으로만' 사는 존재라는 거예요 그러기 때문에 영혼을 가질 필요도 없고 가질 수도 없는 겁니다.

3. 인간 영혼의 특징

영혼이라는 시간장을 가진 인간은 특별한 영혼의 특성을 가지게 됩니다. 인간이 가진 영혼의 특징으로 들 수 있는 것은 일단은 양심을 들 수가 있다고 했지요? 동물한테는 양심이 있을까요, 없을까요? 동물은 자기보다 작으면 무조건 잡아먹잖아요?

제가 그전에도 수차례 개에 대해서 이야기했습니다. 개한테 인간 영혼의 특징인 양심이 있을까요? 없을까요? 개들 한 10년 키워보면 인간과 많이 닮아가는 것 같아서, 우리가 개들을 사람과 같이 착각하는 경우가 많은데요. 개들은 수백 년을 키워도 양심이란 것이 생기지 않습니다.

예를 들어 개를 한 10년간 키웠다 합시다. 그런데 그 주인이 갑자기 병으로 죽었어요. 그래서 개한테 밥을 못 챙겨줬어요. 그러면 그 개가 배고플 때 죽은 주인의 시체를 뜯어먹을까요? 안 먹을까요? 거의 99퍼센트는 먹지요. 개들은 죽은 주인을 위해 장사 지내지 않습니다. 개들은 그럴 이유도 없고, 그럴 능력도 없기 때문이죠.

사실 개들한테 이러한 양심을 요구하기는 힘들지요. 이유는 그들은 전일적인 삶, 즉 본능만을 추구하는 삶을 살기 때문이라고 말씀드렸습니다. 이것이 바로 영혼이 있는 인간과 영혼이 없는 동물 사이의 결정적인 차이입니다.

또한 인간의 상상력을 가만히 생각해보세요. 인간의 상상력은 시공을 초월합니다. 인간의 이러한 시공을 초월하는 모습이 인간 본연의 모습을 만들어 내는 것입니다. 영혼의 특징이 바로 시공을 초월하는 것이거든요.

인간의 언어는 마치 DNA처럼 엄청난 양의 정보를 축적하고 있습니다. 어쩌면 DNA 이상의 정보를 전달해 주는 역할을 하는지도 모릅니다. 현대생물학자들이 가장 집중하는 것이 바로 이 정보의 문제이거든요. 이 생물정보론은 진화론과는 아주 다른 성격의 것입니다. 물론 진화론자들은 이 정보론도 갖다가 잘 쓰고 있습니다. 제가 말씀드렸죠? 진화론과 창조론은 백지장 한 장의 차이라고요. 즉 진화론에서 진화를 일으키는 주체가 있다고 생각하면 지적설계론이나 창조론이 되고요, 주체가 없다고 생각하면 진화론이 되는 겁니다. 하지만 솔직하게 이야기하자면 우연과 자연선택을 기본 주제로 하는 진화론은 정보론과는 잘 맞지 않지요? 진화론은 정보론과는 어찌 보면 정반대의 것이기도 합니다.

또한 언어학자들 중에서는 인간이 어떻게 말을 하게 되었는지, 그리고 이 세상의 언어가 어떻게 이렇게 많아졌는지를 설명하는 것이, 진화론보다 더 어려운 일이라 고백을 하기도 합니다. 즉 이렇듯 언어의 발달과정을 밝히는 것도 아주 어려운 일입니다.

인간의 특징을 말로 표현하자면 한도 끝도 없지요. 하지만 그중에서 영혼의 가장 중요한 특징을 들자면 당연히 '자유의지'를 들 수가 있을 겁니다. 인간은 자유의지를 가지고 있습니다. 즉 신이 인간에게 준 가장 큰 특징은 언어로 만들어진 영혼이라는 것인데, 이 영혼의 가장 큰 부분을 차지하고 있는 부분이 바로 자유의지라는 것이에요. 자유의지를 한마디로 하자면 말 그대로 자기 마음대로 선택할 수 있다는 것이죠. 인간은 자기 마음대로 살 수가 있는 존재잖아요?

자유의지라는 것은 인간에게만 있는 아주 특이한 현상입니다. 물론 동물들도 자기들 마음대로는 살고 있는 것처럼 보이기는 합니다. 하지만 동물들에게 자유의지가 있다고 말하지는 않습니다. 왜냐하면 동물들은 오로지 "본능"에 의존해서 살아가기 때문입니다. 본능만을 위해서 사는 존재를 자유의지를 가지고 산다고는 말하지는 않잖아요? 그런 면에서 보면 동물들은 선택의 여지가 없는 삶을 사는 겁니다.

자유의지라는 말은 왠지 인문학적인 냄새가 많이 나지요? 네 그렇습니다. 자유의지는 인간의 이야기입니다. 물론 인간에게도 살려고 하는 본능은 있습니다. 하지만 인간에게는 본능적으로 사는 그 이상의 선택하려는 의지가 있잖아요? 즉 인간은 목적지향적으로 사는 존재이기 때문에 그렇습니다. 항상 선택이라는 것을 해야 하거든요.

여기에서 대두되는 문제가 바로 윤리의 문제입니다. 윤리의 문제는 인간의 영혼의 특성을 제일 잘 보여주는 문제입니다. 즉 인간이 선택을 할 때는 항상 가치관이라는 것을 동반을 하게 되는데요. 이 가치관이라는 것이 인간의 영혼의 특성을 잘 보여줍니다. 우리는 어떤 사람이 윤리적이거나 의로운 행동을 할 때 그 사람을 존경을 하게 됩니다. 즉 아무리 악인일지라도 어떠한 사람의 의로운 행동을 보면 존경심을 느끼게 돼요. 그것이 바로 인간에게 윤리의식 있다는 반증입니다.

참 이상하지요? 왜 인간들에게는 양심과 윤리의식이 있는 것일까요? 단순히 뇌의 용량이 커서 생긴 일일까요? 하지만 그 양심과 윤리의식이라는 것은 지구상에 사는 인간의 각 종족들마다 형태는 다르지만, 원시부족에 이르기까지 같이 가지고 있는 것입니다. 심지어 많은 현대의 문화 인류학자들은 그러한 공동체적인 윤리의식은 원시부족이 더 강하다고 이야기를 합니다. 즉 이러한 인간의 양심이나 윤리의식은 인간 본연의 선천적인 것이라는 것이죠.

가끔 인간 중에서도 전일적인 사고방식으로 사는 사람들이 있습니다. 전일적으로 산다는 말은 본능적으로 산다는 말이라고 했죠? 그들의 삶을 가만히 들여다보면 동물적인 면을 많이 닮아 있어요. 즉 본능에 집중을 하는 겁니다. 그래서 우리가 동물적으로 사는 사람들을 '금수 같은 놈이다.' 이렇게 이야기를 하죠?

양심이란 게 뭡니까? 베푸는 거잖아요? 즉 다른 사람을 배려하는 거예요. 다른 사람의 입장에 서서 남을 배려하고 포용, 이해하는 거죠. 왜 인간에게만 이런 게 생기는 것일까요? 그것은 바로 인간이 영혼을 가지고 있기 때문에 생기는 겁니다.

그리고 인간에게만 있는 특성 중의 하나는 이타심이 있다는 것입니다. 이타심이란 남을 위하는 것이지요. 어떠한 사람들은 남을 위해서 자기 자신을 희생하기도 합니다. 동물사회에는 절대 나타나지 않는 현상입니다. 물론 동물사회에도 자기 자식을 돌보는 것은 공통적이지요? 하지만 그것을 가지고 우리가 이타적이라고 하거나 희생적이라고는 이야기하지 않습니다. 그것은 본능이거든요. 동물은 본능에는 인간보다 더 충실합니다. 하지만 동물의 세계에서는 이타적인 현상은 볼 수가 없습니다.

본능적으로 사는 것을 나쁘다고는 할 수는 없으나 우리가 하고자 하는 이야기는 무엇이 인간을 이타적으로 만드느냐는 겁니다. 동물 세계에선 없는 일이 인간의 세계에서는 중요한 덕목으로 자리 잡고 있지요. 우리의 일상생활에서는 에티켓이나 예의범절이라는 말로 인간이 기본적으로 이타적으로 살 것을 중요한 덕목으로 규정해 놓고 있습니다.

이러한 모든 것들이 인간의 영혼에서 비롯된 것입니다. 그 핵심에 언어가 자리 잡고 있다는 것입니다.

인간의 언어는 본능적인 조건반사와 무조건반사 외에 언어반사라는 제3의 학습도구를 만들고 본능적인 반사와는 차원이 다른 양의 정보를 만들어 주었습니다. 그리고 인간의 뇌라는 도로를 통해서 뇌에 시간장이라는 것을 만들어 인간의 영혼을 만들어나갑니다. 즉 여기서는 뇌의 용량이라는 것은 그리 큰 역할을 하지 못합니다. 인간이 영혼을 형성하는 것은 언어의 영향이지 뇌의 용량의 크기가 아니거든요.

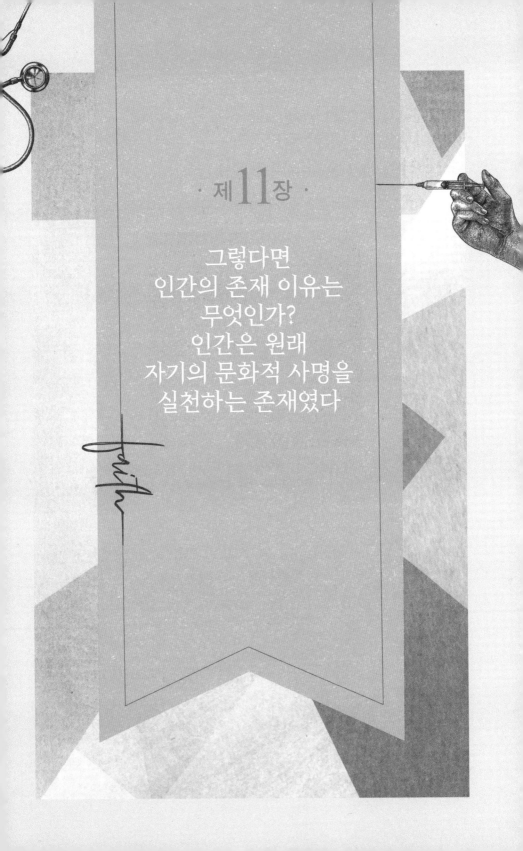

· 제 11장 ·

그렇다면
인간의 존재 이유는
무엇인가?
인간은 원래
자기의 문화적 사명을
실천하는 존재였다

1. 인간이 가장 먼저 해야 할 일은 자기 자신의 위대성을 깨닫는 것이다. 인간은 신적인 존재, 시간적인 존재이기 때문이다

그림 11-1. 인간은 시간의 존재 즉 신적인 존재이다. 인간은 자기 자신의 위대성을 깨달아야 한다. 그리고 자기 자신의 언어적-영혼적인 문화 사명 또한 깨달아야 한다. 우리는 그것을 잃어버린 상태이다.

'너 자신을 알 라'라고 말한 철학자가 있죠? 그렇습니다. 인간은 자기 자신에 대해서 알 필요가 있습니다. 인간은 자기 자신에 대해서 너무 모르고 있어요. 우리는 동물의 후손이 아닙니다. 시간의 세계에서 온 시간의 존재들입니다. 즉 영적인 존재, 신적인 존재들입니다. 한 사람 한 사람이 밤에 빛나는 스타와 같이 빛나는 존재이지요. 한 인간의 문제는 전 우주에 영향을 미치게 됩니다. 인간 한 사람 한 사람이 시간의 존재요, 영적인 존재이며, 신적인 존재들이기 때문에 그렇습니다.

이 세상에 사는 인간들이 가장 위대해 지는 순간은 자기자신의 문화적인 사명을 발견하고 실천할 때입니다. 그것은 말 그대로 무에서의 유의 창조이기 때문에 그렇습니다. 즉 신적인 일이라는 것입니다. 우주적인 일이라는 것이죠. 바로 인간이 영적인 존재이기 때문에 의미를 갖는 다는 것입니다. 그 일이 아무리 우리가 봤을 때 소소한 일일 지라도 그렇습니다. 일의 크기, 중요도가 있는 게 아닙니다. 그것 하나하나가 우주의 역사를 바꾸는 일이거든요.

우리가 역사를 공부하면 대부분이 왕이나 황제들의 역사를 공부하지요? 그건 왜 그럴까요? 그것은 그것이 역사적으로 의미가 있는 일이기 때문에 그런 겁니다. 그렇듯이 의미 없는 공간의 세계에서는 시간의 존재인 인간이 하는 일만이 유일한 의미를 갖는다는 것입니다. 우리가 다른 사람을 사랑하는 일, 다른 사람을 위하는 일, 과학을 공부하는 일, 봉사의 삶을 실천하는 일 등등 다른 사람을 위하는 모든 일이 전 우주적인 의미를 갖기 때문입니다.

우주에 있는 모든 존재들 즉 일개 바위에서 동물에 이르기까지 공간의 존재들은 남을 위하는 일을 하지 않습니다. 또한 문화를 창조하는 법이 없습니다. 그들은 시간의 존재들이 아니기 때문입니다. 물론 이 말이 자연을 무시하거나 동물을 무시하라는 말은 아닙니다. 그들은 신이 인간에게 보호하라고 맡겨 두신 존재들이기 때문입니다. 하지만 그들을 인간과 동급에 두고 숭배하는 일은 없어야겠습니다.

2. 인간이 위대한 것은
인간은 언어-영혼적인 존재이기 때문이다.
그러므로
기본적으로 문화적인 존재이다

인간이 언어적인 존재라는 자체가 이미 인간이 문화적인 존재라는 것을 의미합니다. 인간의 특성은 영혼을 가지고 있다는 것이라고 했죠? 인간은 영혼을 가지게 됨으로써 영적인 존재 즉 시간의 존재가 된다고 했습니다.

즉 인간은 언어적인 존재이고 그것을 통해서 인간은 영혼의 존재가 되며 그러한 영혼적인 특성이 바로 인간을 문화적인 존재로 만든다는 것입니다.

사실 따지고 보면 인간이 하는 모든 일이 바로 문화적인 것입니다. 인간이 이룩한 모든 문화가 언어로 된 것이기 때문입니다. 위대한 과학적인 발견도, 문학작품도, 법과 제도도, 미술작품에 이르기까지요! 인간 생활의 모든 것이 바로 언어의 소산물이거든요.

이러한 내용 자체가 인간이 바로 언어에 의해서 살아가며 그 언어에 의해 만들어진 인간세계에서 자기 자신의 언어적인 세계를 발견해야 한다는 것입니다. 그 자기 자신만의 고유한 언어의 세계가 바로 자신이 살아가야 할 문화적인 사명의 세계라는 것입니다. 그러한 면에서 본다면 인간은 자기의 욕망만을 위해서 전일적으로 살아가는 동물의 삶과는 구별이 되는 존재라고 할 수 있을 것입니다. 즉 금수적인 사람과 인간의 삶은 구별이 된다고 하는 것이죠.

그런데 요즘 사람들은 왜 자꾸 자기를 동물이라고 생각을 하는 것일까요? 1700~1800년 시대의 근대적인, 미개한 과학을 통해서 생겨난 유물론적인 사상과 진화론의 짧은 소견(?)에 의해서 자기 자신을 동물과 같다고 자꾸 말하는 것을 보면 이건 무엇인가 잘못되어도 한참 잘못되었다는 생각이 듭니다.

인간은 동물이 아닙니다. 동물이 아닌 사람에게 자꾸 동물인 것을 강요를 하니까 요즘 시대에 문제가 많아지는 것입니다. 초식동물인 소에게 육식적인 사료를 주면 어떻게 되지요? 광우병이라는 것에 걸리게 되죠? 반대로 육식동물인 사자에게 계속 풀만 먹이면 어떻게 되지요? 바로 미치게 되는 겁니다.

그림 11-2. 인간은 동물이 아니다. 인간에게 자꾸 동물이라고 말하는 것은 마치 풀을 먹는 소에게 고기를 먹여 광우병에 걸리게 하거나, 사자에게 풀만 먹여 미치게 하는 것과 같다. 요즘 인간 사회에 문제가 많아지게 되는 원인을 제공하고 있다.

동물이 아닌 인간에게 너는 동물이라고 자꾸 강요를 하니까 인간이 정말 불행해지게 되는 거예요. 실제로 요즈음 실제로 동물처럼 행동하는 사람들도 나오고 있습니다.

우리는 학창 시절에 인간은 인간다워야 한다고 배우죠? 그렇다면 인간다운 것은 무엇을 말하는 것일까요? 네 맞습니다. 인간은 인간이에요. 그리고 그 인간의 참된 모습은 자기 자신의 언어로 자신만의 문화적인 세계를 만들어갈 때 비로소 행복해지는 것입니다.

3. 인간이 불행해진 이유는 우주가 양자역학적으로 불안정해져서 원형적인 삶을 잃게 되었기 때문이다

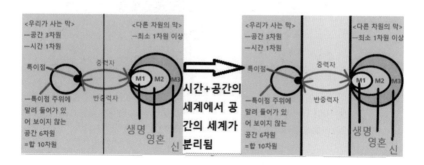

그림 11-3. 인간의 타락 이후 시간의 세계가 공간의 세계와 분리가 됨으로써 우주와 인간은 양자적으로 불안정한 상태 즉 물질의 우연성과 확률성이라는 대단히 불편한 상태에 놓이게 된다.

양자역학 부분에서 이미 말씀드린 바 있습니다만 우주는 시간의 세계가 공간의 세계에서부터 분리가 됨으로써 양자 역학적인 불안정성 즉 물질의 포악성에 노출이 되게 되었습니다. 우주 물질세계의 모든 것이 양자적인 불안정에 빠지게 되어 물질적으로 불안정해지게 되었듯이 인간의 몸과 마음도 모두 불안정해지게 되었다는 것입니다.

그림 11-4. 우리의 삶이 불안정해진 이유는 바로 우주의 물질적, 양자역학적인 불안정성이 우리 공간우주의 생활을 지배하게 되었기 때문이다.

또한 인간이 불행해지는 이유는 바로 인간이 자기 자신의 문화적인 사명이 무엇인지를 모르게 되었기 때문입니다. 즉 자기가 무엇을 해야 하는지를 모르기 때문이라는 것이죠. 우리가 흔히 말하는 자아실현 적인 개념과도 비슷하다고 보시면 되겠습니다.

우리는 우리의 원형적인 인간의 삶을 잃게 되었습니다. 우주와 인간 은 완전한 세계인 시간의 세계에서 벗어나 공간의 세계라는 양자역학 이 지배하는 우연성과 확률의 세계에 노출이 되게 되어 버렸습니다. 인간 고유의 원형적인 삶을 잃게 된 것이죠.

인간이 이러한 환경에서 살아간다는 것은 엄청나게 힘든 일입니다.

그래서 여러 종교나 철학의 주제가 되기도 하죠. 비관적인 사상인 실존철학이나 힌두교나 불교에서는 이를 고통의 삶이라고 이야기합니다. 바로 이렇게 불안정한 공간의 세계에서 살아가는 인간에 대한 적나라한 표현입니다.

여기에서 중요한 것은 우리는 이러한 상태를 인정을 하고 받아들여야 한다는 것입니다. 이것을 불평하고 원망하는 것은 어리석은 일이라는 것이죠. 이것이 바로 타락 이후에 인간의 분수에 맞는 삶이라는 것입니다. 이것을 인정을 하고 출발하는 것이 옳다는 것입니다. 인간의 당연한 위치이며 당연히 인간이 있어야 할 자리라는 것이죠. 신을 원망하는 것이 원칙이 아니라는 말이에요.

4. 그렇다면 인간은 '참다운 나'가 되기 위해 어떠한 노력을 기울여야 하는가?

인간은 참다운 나를 발견하기 위해 부단히 노력해야 합니다. 왜냐하면 그것은 쉽게 발견되지 않기 때문입니다.

앞에서 여러 차례 말씀드렸다시피 인간은 이미 원형적인 삶을 잃은 상태입니다. 그러므로 이러한 원형적인 삶을 되찾기 위해서는 언어적인 노력을 기울여야 합니다. 기도를 한다거나 성경 등등 좋은 책을 많이 읽고 명상들을 많이 하게 되면 이러한 언어의 세계가 열리게 된다는 것이죠. 이를 흔히 영적인 세계로 이해하셔도 될 것 같습니다. 즉 언어의 세계가 바로 영적인 세계이기 때문입니다.

인간은 이러한 면에서 관계적인 것을 아주 중요시해야 합니다. 즉 인간의 세계는 언어의 관계로 이루어진 세계이기 때문이죠. 자기 혼자만의 생각과 행동으로는 절대 그 세계에 이를 수가 없습니다. 즉 자기 자신을 발견하기 위해서 많은 명상과 기도가 필요하고 많은 사람들과의 대화가 필요한 것입니다.

그리고 그러한 깨달음은 사회활동을 하면서도 발견할 수가 있습니다. 자기의 직업을 통해서 일을 하다가 발견할 수도 있고 사회적인 봉사활동을 통해서 발견할 수도 있습니다. 흔히들 그러한 내용을 수행하는 기관이 교육기관이라고만 생각을 하는데 꼭 그렇지는 않다는 것이죠. 인간이 사는 모든 곳이 인간에게는 언어적인 학습장이기 때문입니다.

많은 여행을 통해서도 깨달을 수도 있습니다. 이러한 행위는 다른 나라나 다른 지역에 가서 그들의 인문적인 것 즉 언어적인 것을 배움으로써 깨달을 수도 있는 것입니다.

그림 11-5. 인생의 진정한 답은 자기 자신안에 있다. 하지만 내 안에 있는 것을 발견하기 위해서는 신과의 만남, 다른 사람과의 만남, 다른 문화와의 만남이 필요하다.

제일 중요한 것은 삶 전체가 이러한 것을 발견하는 과정이라는 것을 깨닫고 부단히 노력하는 것입니다. 저는 여기에서 종교적인 것만을 이야기하는 것이 아닙니다. 인간의 원형적인 것을 이야기하고 있습니다. 즉 신이 인간을 창조할 때 원래 이렇게 만들어 놨다는 것이죠.

시간의 세계와 공간의 세계가 결합되어 있던 원형적인 세계에서는 이러한 노력이 굳이 필요하지 않았습니다. 그때에는 이미 인간은 알고 있었거든요. 즉 원형적인 세계에서는 인간은 태어나자마자 자기 자신의 문화적인 사명을 깨달았습니다. 지금처럼 헤맬 필요가 없었죠.

하지만 지금의 시대는 그러한 시대가 아닙니다. 인간은 끊임없이 답을 찾아야 하는 존재가 되었죠. 인간은 불행해지고야 만 것입니다. 왜냐하면 자기 자신이 무엇을 하고 살아야 하는지를 잃어버리게 되었기 때문입니다.

사람이 살 때 가장 많이 힘들 때가 언제일까요? 물론 여러 가지가 있겠지만 그중의 하나가 이럴까 저럴까 결정을 못 내릴 때입니다. 이럴 때가 되면 밤잠을 못 자게 되죠.

이 남자랑 결혼을 해야 하나 말아야 하나, 어떠한 직업을 선택을 해야 하나, 이 직장에 계속 다녀야 하나 말아야 하나 등등의 문제가 생기면 엄청나게 고민이 됩니다. 하지만 무엇인가가 결정이 되면 어떻게 되죠? 그렇게 맘이 편할 수가 없습니다. 우리는 평생 살면서 이러한 고민 속에 삽니다. 하지만 반드시 그 속에 답은 있기 마련입니다.

우리가 찾는 답도 마찬가지입니다. 우리의 문화적인 사명을 깨닫는 사람은 엄청나게 행복한 사람입니다. 어떤 사람은 봉사하는 삶에서 찾는 사람도 있습니다. 해외 선교사로 나가는 사람도 있고요. 어떤 사람은 자기 가정 안에서 문화사명을 깨닫는 사람도 있습니다. 어떤 사람은 자기의 취미 생활을 통해서 깨닫는 사람들도 있습니다.

하지만 그러한 삶일지라도 그것의 가장 큰 기준은 그것을 통해서 자기 자신이 행복한가 아닌가를 잘 볼 수 있어야 합니다. 인간이 자기 자신이 행복할 때야 비로소 다른 사람을 돌아보게 됩니다. 그것은 인간의 본성이거든요.

또 한 가지 중요한 점은 이러한 삶이 나의 문화사명적인 측면에서 볼 때 얼마나 남에게 도움을 주는 것인지를 볼 수 있어야 합니다. 즉 문화사명은 인간관계 속에서 사회 속에서 이루어지는 것이거든요. 언어적인 측면에서나 영혼적인 측면에서 볼 때도 그렇습니다. 인간의 본성 중의 하나는 남의 행복이 더 커 보인다는 것입니다. 이것을 부정적으로 이야기하자면 남의 떡이 더 커 보인다는 말로 표현할 수 있지만 긍정적으로 해석하자면 남의 행복을 위할 때 자기 자신의 행복을 위해서 살 때보다 훨씬 더 그 일이 더 값져 보이게 된다는 말입니다.

원형적인 틀이 깨어져 있는 인간의 삶은 고통스러운 것입니다. 우리는 양자역학적 불안정에 있는 우주에서 사는 인간이니까요. 하지만 인간의 삶은 아직도 유효합니다. 시간의 흔적인 시계처럼 인간의 원형의 흔적이 아직도 남아 있거든요. 그 문화적인 사명을 발견하고 실천할 때 우리는 인간 원형의 삶을 맛볼 수 있으며 그때야말로 우리의 영혼을 통해 시간의 세계에 들어가게 될 수가 있는 것입니다. 그 시간의 세계, 즉 신과 영혼의 세계에서 우리는 진정한 행복감과 만족감을 느낄 수 있으며 인간의 원형적인 삶을 누릴 수 있을 것입니다.

5. 결국에는
인간은 신을 만나야 한다

　이러한 면에서 볼 때 인간은 신을 만나야 하는 존재입니다. 바로 시간의 존재이자 또한 영적 존재이기 때문입니다. 즉 시간의 존재는 시간의 존재를 만나야 비로소 자기 자신의 사명을 발견하게 되거든요. 영적인 말이 통하기 때문에 그렇습니다.

　물론 인간의 이성도 큰 작용을 하는 것이 사실입니다. 하지만 인간의 이성이 최종적으로 하는 일은 언어를 구사하는 것입니다. 즉 인간의 영혼을 시간적인 존재로 만들어주는 것이지요. 그 최종 목적은 무엇일까요? 바로 그것은 인간의 영혼이 시간의 세계로 들어가서 신을 만나는 것입니다.

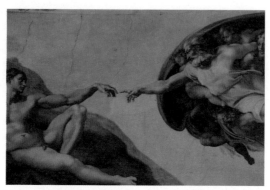

그림 11-6. 인간은 시간의 존재, 신적인 존재이므로 진정한 시간의 존재인 신 안에서 자기 자신의 진정한 원형의 삶을 발견할 수 있다.

　인간 자신의 노력으로는 한계가 있기 마련입니다. 인간은 공간에 속한 존재이기 때문입니다. 그러므로 인간은 반드시 신안에서 자기 자신을 발견하는 과정을 거쳐야 합니다.